新编高职旅游大类精品教材

JIUDIAN GUANLI YU
SHUZIHUA YUNYING GAILUN

酒店管理与数字化运营概论

陈明　李俊　主　编

徐锦屏　刘铮　魏日　副主编

旅游教育出版社
·北京·

图书在版编目（CIP）数据

酒店管理与数字化运营概论 / 陈明，李俊主编. --
北京 ：旅游教育出版社，2022.1（2025.1重印）
新编高职旅游大类精品教材
ISBN 978-7-5637-4297-4

Ⅰ. ①酒… Ⅱ. ①陈… ②李… Ⅲ. ①饭店－运营管理－高等职业教育－教材 Ⅳ. ①F719.2

中国版本图书馆CIP数据核字(2021)第167026号

新编高职旅游大类精品教材
酒店管理与数字化运营概论
陈明　李俊　主编

责任编辑	郭珍宏
出版单位	旅游教育出版社
地　　址	北京市朝阳区定福庄南里 1 号
邮　　编	100024
发行电话	（010）65778403　65728372　65767462（传真）
本社网址	www.tepcb.com
E - mail	tepfx@163.com
排版单位	北京旅教文化传播有限公司
印刷单位	天津雅泽印刷有限公司
经销单位	新华书店
开　　本	787 毫米 × 1092 毫米　1/16
印　　张	17.5
字　　数	319 千字
版　　次	2022 年 1 月第 1 版
印　　次	2025 年 1 月第 5 次印刷
定　　价	46.00 元

（图书如有装订差错请与发行部联系）

前　言

2020年是数字化转型元年。百年一遇的疫情给数字化按下了快进键，众多旅游企业意识到：数字化不仅关系效率高低，更关乎企业持续竞争能力与抗风险能力。面对数字化时代的挑战与机遇，无论是个人还是组织，似乎只有两个选项：要么乘风破浪，要么被淘汰。酒店数字化转型的重要性不言而喻，意味深远。因此，酒店管理概论课程的教材不仅要强调一定的理论性与科学性，还要体现可操作性与前瞻性。

同时，为贯彻落实《国家职业教育改革实施方案》《关于在院校实施“学历证书＋若干职业技能等级证书制度试点方案》（教职成〔2019〕6号）等文件精神，稳步推进“三教”改革，积极探索适应职业教育发展的“岗课赛证融通”的高素质技术技能型人才培养模式，我们在编写本教材的过程中，不仅参考了大量的最新旅游资料，如酒店数字化运营、“1+X”职业标准、餐饮世赛规则等，还将校企合作酒店提供的图片与鲜活案例，以及各种微信微博内容充实到我们的教材中，使之成为令人耳目一新的立体化教材。

全书分为三个部分，第一部分为基础理论，第二部分为职能管理，第三部分为业务管理，共十章。

本书由陈明、李俊担任主编，负责拟定提纲，完成全书的统稿、定稿及课件完善工作。具体分工如下：第一章酒店业概述由武汉民政职业学院陈明老师编写；第二章酒店管理理论由武汉民政职业学院陈明老师编写；第三章酒店组织与制度管理由武汉城市职业学院王玲老师、武昌职业学院刘铮老师编写；第四章酒店主要职能部门管理由武汉职业技术学院李俊老师编写；第五章酒店后勤保障管理由武汉商贸职业学院肖敏老师、洪梦琦老师编写；第六章酒店营销管理由武汉民政职业学院陈明老师编写；第七章酒店信息管理由江苏旅游职业学院魏日老师、武汉民政职业学院陈明老师编写；第八章酒店主要接待部门管理由长江职业学院杨场老师编写；第九章酒店质量管理由武汉民政职业学院梅俊方老师、武汉海事职业学院陈舟老师编写；第十章危机管理由武汉学院徐锦屏老师编写。另外为方便教学，本书还配有PPT讲义与习题。

本书在编写过程中，还得到了庄军老师、吴丽老师、吴朋老师、刘军老师、彭雯老师、周文勇老师、武汉金盾酒店集团人事经理周涌、武汉光谷凯悦酒店人力资源总监成妍、武汉光谷凯悦酒店意大利餐厅主管王梦珂、武汉泛海费尔蒙酒店值班经理刘晨、武汉世茂希尔顿酒店人力资源总监姜禾、武汉江滩世茂凡象酒店人事经理甘露、杭州太虚湖假日酒店客房部经理曾祥玉的大力支持与帮助。

由于编者水平有限，错漏之处在所难免，敬请读者不吝赐教。

编者

2021 年 12 月于武汉

目 录

第一部分　基础理论

第二部分　职能管理

第三部分 业务管理

第一部分

基础理论

第一章 酒店业概述

引　言

现代社会经济的发展，带来了世界旅游业的兴旺，酒店业也随之迅速发展起来，而且是越来越豪华、越来越现代化。近年来，在国际人才市场上，酒店管理人才出现了供不应求的局面。随着2008年北京奥运会、2010年上海世博会、2016年G20杭州峰会的成功举办，以及越来越多的国际大型活动将在中国举行，中国对旅游、酒店管理专业人才的需求也日益增大。大国崛起，离不开软实力。2016年9月，在G20杭州峰会上，中国作为东道主，不怯场、有自信，用文化征服了各方"宾客"，展现了中国力量和文化自信，让世界惊艳。西湖美景、杭州美食、经典的越剧唱段、漂亮的中国服饰、随处可见的中国特色和杭州元素展现着中国文化的软实力，让参加G20杭州峰会的各国政要、企业家和记者深深地感受到中国文化的魅力。不少参会者坦言：中国太棒了！杭州太棒了！本章主要阐述了酒店及酒店产品的概念、特点及作用等，并通过案例与知识链接等从不同层面对酒店进行阐述。

学习目标

- 掌握酒店的概念及特点。
- 了解酒店的类型。
- 掌握酒店的等级及分类。
- 理解酒店业的发展史。

关键词

酒店　酒店产品　酒店类型　酒店等级

导入案例

某日16：30左右，某公司张总带客抵店入住，他向总台接待员感叹道："今晚又得带客到别处用餐了。"大堂副理闻讯后立即上前了解情况，才知客人了解到今晚餐饮部有两场婚宴，担心影响其客户用餐。大堂副理耐心地做了解释："张总，您提到的情况以前确实存在，但是对此餐饮部已给予了高度重视并有所改观。我们在搞好婚宴接待的同时，安排一部分高级厨师为散客掌勺，以确保散客菜肴的烹饪质量，再加上事先充分的准备，一般不会影响上菜速度与菜肴味道。不过，由于服务员工作量较大，一些细致服务可能无法提供，但是我想你们会谅解的，对吧？”张总马上大度地表示：“那当然没有问题，我还是很相信宾馆的服务质量与卫生条件的。小姐，那你就帮我预订一个包厢吧。”大堂副理通知餐饮部给张总预留了包厢，并提请关注散客就餐的速度与质量。

点评：（1）大堂副理能够细心地捕捉稍纵即逝的信息，洞悉张总的心理，并及时地作出令人信服的解释，挽留了就餐客人，反映了她的机智和责任心。

（2）对服务要求较高的客人，大堂副理也可以请其稍作休息，19点以后再去餐厅（因为婚宴上菜时间集中在18：00~19：00）。另外，还可以请客人先预订菜品，让厨房提前准备，以减少客人到餐厅后的等待时间。

启示：应洞悉客人的心理需求，深知客人的喜忧爱好。不能把客人的消费仅仅看作在酒店吃一顿饭、住一个晚上的事，而要把客人在酒店的一次消费变成一次难忘的经历，把与客人交往的每一个接触点变成以情服务的亮点，以超值超越期待的服务，让客人带着满意与惊喜离开，从而赢得回头客，增加客人的回头率和忠诚度。我们酒店人要学会用心到极致，在客人的惊喜中找到富有价值的人生。

（资料来源：http：//www.360doc.com/content/12/1026/16/6017453_243916029.shtml）

第一节　酒店的概念、特点及功能

知识链接

“中国服务”的内涵

“中国服务”的思想内涵简单概括为三句话，即：国际水平、本土特色和物超所值。

一、国际水平

国际水平要具有标准意义、制度意义及示范意义。要敢于扬弃，推陈出新；取其精华，为我所用。

二、本土特色

本土特色要体现“中国意识”“中国品格”“中国性情”与“中国传统”。

三、物超所值

一是产品应该定制开发并让客人享受到超值服务；二是实现物超所值靠低成本及高附加值；三是利用科技创新对服务增值。

简而言之，“中国服务”就是要用国际标准抓规范，让本土特色、物超所值成亮点，为市场提供出具有较高性价比的系列产品。

（资料来源：首旅集团2021年全国1+X餐饮服务管理技能等级证书师资培训（中级）班　宋扬　专家讲座部分观点 2021年5月17—24日）

一、酒店的概念

对“酒店”一词的解释可追溯到千年以前，早在1800年，《国际词典》中就有描述：“酒店是为大众准备住宿、饮食与服务的一种建筑或场所。”

《美利坚百科全书》对酒店的定义是：酒店是一个公共住宿设施，它一般提供食品、酒水和其他服务。

《大不列颠百科全书》对酒店的定义是：酒店是在商业性的基础上向公众提供住宿，也往往提供膳食的建筑物。

美国《酒店法》中关于酒店的定义是：“酒店是为社会公众提供住宿的场所，它提供餐厅、客房服务、大厅服务、电话服务、洗衣服务，以及家具和设备等的使用。”

综合以上这些定义，现代酒店应当具备以下两个条件：

首先，应当拥有一座或多座经国家批准的建筑物和住宿设施。

其次，应当能够为客人和社会公众提供住宿、餐饮及其他有关服务。

特别提示

酒店应属于住宿业

根据《国民经济行业分类》（GB/T 4754-2017），住宿业（代码大类61），指为旅行者提供短期留宿场所的活动，有些单位只提供住宿，也有些单位提供住宿、饮食、商务、娱乐一体的服务，本类不包括主要按月或按年长期出租房屋住所的活动。包括旅游饭店、一般旅馆、经济型连锁酒店、其他一般旅馆、民宿服务、露营地服务、其他住宿业。餐饮业（代码大类62），指通过即时制作加工、商业销售和服务性劳动等，向消费者提供食品和消费场所及设施的服务。包括正餐服务、快餐服务、饮料及冷饮服务、餐饮配送及外卖送餐服务、其他餐饮业。

按照国家经济行业分类的规定，酒店应属于住宿业，餐厅、餐馆则属于餐饮业，两者属于不同的行业，不应混淆。

现代酒店是指通过有形的空间、产品、设备和无形的氛围、服务等，为顾客提供一段涵盖食、住、行、游、购、娱等方面的住宿体验与经历。现代酒店提供的产品服务日益多样化、个性化和综合化，为顾客带来全方位的住宿体验。①

拓展知识

酒店的别称

“酒店”在中国的称谓不完全一样。有的称酒店，有的称宾馆，此外还有大酒店、国宾馆、迎宾馆、旅馆、旅社、大厦、招待所、度假村、培训中心、会议中心、会馆、国际俱乐部等称谓，但其性质是相同的（我国古代还称作亭驿、逆旅、私馆、客舍、客栈等）。

① 魏卫.酒店管理概论［M］武汉：华中科技大学出版社，2019.

即使在国外，称呼也不完全一致。

本书所讲的酒店是英文中的“Hotel”，指的是既有客房部又有餐饮部的酒店，至少是食宿俱备的场所。那些仅有客房而无餐饮的旅馆、仅有餐饮而无客房的餐馆酒家或仅有餐饮娱乐而无客房的娱乐场所均不在本书的探讨之列，但它们经营管理的原理与方法和我们说的酒店是相通的。

二、酒店的作用

现代交通业的发达，如铁路、高速公路、航运，特别是航空事业的发达，使地球变成了小小的地球村，这就为外出旅游、探亲、文化交流、经商等旅行活动提供了极大的便利。人们外出要留宿、要进餐、要娱乐、要购物，酒店正好为他们提供了这样的方便。随着世界旅游业的发展及国际交往的增多，酒店业在国民经济中的地位日趋重要，在一些旅游业发达的国家，它已成为国民经济中的重要支柱。酒店业对于国民经济发展的重要作用，主要体现在以下几方面。

第一，酒店以一种特殊的商品形式，吸引着人们用较多的钱去享受在家庭和其他地方享受不到的东西；以提供贸易场地、会议场所、住宿、餐饮、康乐及娱乐等优良服务来获得盈利，这样便直接助力了国家经济的发展。

第二，酒店是一种不出口的商品外贸经营方式，它的创汇率在某种程度上比商品出口的创汇率要高。因此酒店是赚取外汇的一个重要行业，它可以帮助国家平衡外汇支出。

第三，酒店业是一个综合性的服务行业，它的大力发展必然会促进社会上其他行业的发展，如建筑业、家私业、装修业、纺织业、化工业、食品加工业等行业。对活跃国民经济起到极大的促进作用。

第四，现代化的酒店必须要运用现代化的科学技术设备、实行现代化的科学管理，本国和本地区未达到的必然要从先进的国家和地区引进，其他行业也可以学习、模仿和借鉴，这样就必然会带动其他行业向现代化迈进。

第五，酒店的客人来自世界各地，他们中有各行业、各阶层的人士，有科学家、艺术家、政治家、企业家等，通过他们的来访可以促进科学技术交流、文化艺术交流、经济交流，同时也可以增进各国人民之间的相互了解和友谊。

第六，酒店业的发展，扩大了就业范围，给社会上的待业人员提供了大量的劳动就业机会。

特别提示

酒店的部门设置

世界各地的酒店不论等级如何，大都拥有以下几个部门为住客提供服务：前厅部、客房部、餐饮部、保安部、康乐部等。

前厅部：一般位于酒店一层大堂，为住客办理订房、入住登记、咨询以及行李存取放送等一系列服务。客人在旅程中遇到的任何问题都可以向前台服务人员进行咨询。此外，酒店前台还可以为客人提供叫早、订车以及其他代办服务。

客房部：客人旅程的舒适度与客房部提供的服务密不可分。主要表现在入住房间的整洁卫生、用品齐全、设施完好等方面。此外，客人对热水、冰块、洗衣、熨衣等方面的要求也由这一部门来完成。

餐饮部：多数酒店都拥有两家以上的餐厅以及咖啡厅、酒吧等为客人提供餐饮方面的服务。由于酒店讲究的是服务质量，因此它的价格也是比较贵的。

保安部：负责住店客人安全。如遇黑车宰客、强行兜售、倒汇换汇、偷盗等情况发生，客人均可向前台及保安人员求助。

康乐部：可分为以下几个部分，即健身房、器械健身、球类健身、游泳、桑拿、按摩等。

娱乐：卡拉OK、舞厅、表演等。

美容美发：提供化妆、按摩美容、理发、染发等服务。

医疗服务：一般高星级酒店都设有医务室。但只为宾客治疗常见的小病、小伤，对严重的或不能准确判断的病患，将负责替客人联系就近的大医院进行救治。

需注意的是，上述服务有的收取费用，有的则不收费，各酒店根据自身条件确定其收费项目和收费标准。

三、酒店的特点

从概念上说，酒店是一个以提供服务为主的综合性服务企业。酒店是指能够接待客人，为客人提供住宿、饮食、购物、娱乐和其他服务的综合性服务企业。从本质上讲，酒店生产和销售的只是一种产品——服务。酒店的产品是由酒店本身产生的为旅居者在酒店停留期间提供的使用价值的总和。酒店向客人提供的是由设备设施和劳务服务相结合的使用价值，这种使用价值从总体上被视为一个产品时，它是无形的，即没有在空间上可携带和可移动的实物的商品形态，这种酒店产品是就地消费的。这就决定了酒店是一个服务性行业，它所提供的产品是服务。

酒店最大的特点是服务，服务是酒店的支柱。酒店出售有形商品和无形商品：

（1）商品的数量是固定不变的。

（2）不能储存。

（3）受人的因素影响很大。

（4）酒店产品是高消费的产品。

（5）酒店产品是一个氛围浓的产品。

（6）酒店产品是高度职业化的产品。

拓展知识

酒店的任务是什么？

酒店的任务是创造社会效益、经济效益和生态效益最大化。

四、酒店产品

（一）酒店产品的含义

酒店的产品是指能够满足客人物质需求的有形设施、实物产品等有形产品与能够满足客人心理需求的无形劳动服务产品的有机结合。

酒店的产品是由若干个不同部门组成的总体。它包括提供给消费者的各种商品和服务，即向客人出售或出租的有形的和可计量的商品以及无形的或不便计量的商品，这种无形的“商品”与有形的物质商品结合起来，构成酒店的产品。例如：酒店的建筑物以及它的建造结构和舒适的起居设备、时间、空间、风景与环境，等等。

具体的有形产品，如餐饮、酒吧、客房等；各种服务，如接待、礼貌及气氛。因此酒店顾客的消费是直接的，它不同于其他消费。其他消费形式是花钱购物然后才消费，而酒店消费则是酒店创造一种优美舒适方便的环境，使顾客置身于这样的环境中消费，酒店为顾客提供各种直接和间接的服务。酒店产品的质量完全是通过人尤其是住进酒店的顾客的感受来检验的。所以，要使酒店受到顾客欢迎，赢得顾客的信赖，得到顾客的好评，酒店产品的质量优良起着决定性的作用。

简而言之，从顾客的角度讲，酒店产品是一段住宿经历。它既包括物质产品，也包括心理上的感受。从酒店的角度讲，酒店产品是酒店有形设施和无形服务的综合。它包括酒店的位置、设施、服务、气氛、形象及酒店的价格等。

（二）酒店产品的特点

同一般商品比较，酒店产品具有以下特点：

（1）生产与消费同步。满足的是人即时的需求。

（2）价值不能储存。客房是只有 24 小时寿命的商品，因此又被喻为“易坏性最大的商品”。

（3）受人的因素影响很大。酒店服务是无形的，具有不可捉摸性。不同民族习惯、经历、消费水平的顾客对同一服务的感受与评价是不一样的。不同国家或地区的人，在消费需要、购买习惯与购买行为等方面也存在差别。一般而言，一个国家或地区的都市化程度越高，对于旅游产品的需求也越大。在游客构成中，城市居民出游的比例总是高于乡村；另外，由于游客来自不同的地域，他们对于饮食、住宿、穿着、娱乐的要求也不尽相同。

（4）具有综合性和季节性。旅游受季节、气候等自然条件和各国休假制度的影响。

职业决定一个人闲暇时间的长短及分配，也决定旅游的天数和季节。如教师有较长的寒暑假可以外出，并且集中于冬、夏两季；而对一般游客来说，职业限制其休假日一般多集中在双休日和重大节日。

拓展知识

我国的节假日

在我国，一年 365 天中节假日有 110 天，除去“清明”“五一”“端午”三个短假，

"十一""春节"两个长假，还有 80 多天的假期，占到假日总数的 2/3 以上。同时，广大消费者由于年龄、文化、地域、价值观念的不同，因而对休闲时间的支配也不尽相同，分为若干个层次。离退休的老人，闲暇时间多，只要天气不错，身体允许，在有组织、有计划的基础上，出游时间是非常灵活的；中年人平时工作繁忙，双休日主要用来处理家事、调节身心，偶尔心情好也可以出游；青年人，特别是大中院校学生，热情活泼，是双休日和节假日旅游的生力军。在这几个层次中，至少两个层次的人群是可以在占总数 2/3 的日常假期中出游的群体。

第二节　酒店的类型与等级

一、酒店的类型

（一）按客户需求划分

1. 商务型酒店

商务型酒店是以接待商务客人而非旅游度假客人为主的酒店。商务型酒店在地理位置、酒店设施、服务项目、价格等方面都以商务为出发点，尽可能地为商务客人提供便利。商务型酒店多位于城市中心，即 CBD，处在比较繁华的地段，以接待商务人士为主。相关商务设施必须配备齐全，如网络宽带，传真机等。随着酒店业的不断进步，商务型酒店也在不断完善与发展。如今的酒店多有独立的商务楼层。

2. 会议型酒店

会议型酒店是以接待会议客人为主的酒店，除食宿、娱乐外还为会议代表提供接送站、会议资料打印、录像摄像、旅游等服务。要求有较为完善的会议服务设施（大小会议室、同声传译设备、投影仪等）和功能齐全的娱乐设施（见图 1–1）。

图 1–1　武汉光谷凯悦酒店会议厅

3. 度假型酒店

主要是为宾客旅游、休假、开会、疗养等提供食宿及娱乐服务的一种酒店类型，此类酒店一般都建在风景优美的地方。度假型酒店的特点是服务周到、客房设计独特、配备特殊设施（如娱乐设施）（见图 1-2、图 1-3）。

图 1-2　杭州太虚湖假日酒店全景

图 1-3　杭州太虚湖假日酒店客房

4. 长住型酒店

此类型酒店为租住者提供较长时间的食宿服务。其客房多采用家庭式结构，以套房为主，有可供一个家庭使用的大套间，也有仅供一人使用的单人房间。它既提供一般酒店的服务，又提供一般家庭的服务。

5. 观光型酒店

该类型酒店主要为观光旅游者服务，多建在旅游点，经营特点是不仅要满足旅游者食宿的需要，还要求有公共服务设施，以满足旅游者休息、娱乐、购物的综合需要，使其旅游生活丰富多彩，得到精神上和物质上的享受。

6. 经济型酒店

经济型酒店多为旅游或出差者预备，其价格低廉，服务方便快捷。特点可以说是客人来去匆匆，总体节奏较快，实现住宿者和商家的互利。

7. 青年旅馆

青年旅馆以安全、经济、卫生为特点，接待对象以14~17岁的青少年为主。青年旅馆以床位论价，一般一个床位的收费相当于在当地买一份快餐的价格，为三星级酒店房价的1/10左右。青年旅馆以薄利多销为经营原则，其经营目的是非营利性的，允许价格与成本持平。

8. 公寓式酒店

公寓式酒店吸引懒人和忙人。酒店式服务公寓，最早始于1994年的欧洲，意为“酒店式的服务，公寓式的管理”，是当时旅游区内租给游客，供其临时休息的物业，由专门的管理公司进行统一上门管理，既有酒店的性质又相当于个人的“临时住宅”。这些物业就成了公寓式酒店的雏形。由于酒店式服务公寓主要集中在市中心的高档住宅区内，集住宅、酒店、会所多功能于一体，因此出租的价格一般都不低。

（二）按管理性质划分

（1）集团管理：酒店集团是由多个酒店组成，一般都拥有一个或多个品牌，同时采用各种不同经营方式。其经营方式主要有：集团直接经营所属酒店、集团按委托合同管理其他个人或集团的酒店、集团授权特许经营的酒店。（详细内容将在第三章介绍）

（2）连锁经营：连锁经营是指坚持以消费者为中心通过统一商品、统一价格、统一服务，广泛布点及时地最大限度地满足顾客所需的经营方式。连锁经营包括直营连锁（Regular Chain，简称RC）、自愿连锁（Voluntary Chain，简称VC）、连锁加盟（Franchise Chain，简称FC）三种类型。连锁酒店可以说是经济型酒店的精品，诸如莫泰、如家等知名品牌酒店，所占有的市场份额也是越来越大。

（3）自主经营：亦称独立经营，是指由个人或企业、组织独立拥有并经营的单体酒店。国际酒店中就酒店数量而言，自主经营酒店约占80%，主要集中在欧洲和北美。但由于规模较小，房间数仅占全球酒店客房总数的30%。

（三）按酒店计价方式分类

（1）欧式计价（European Plan，简写EP）酒店：只计房租，不包括餐饮费用。世界各地绝大多数酒店属于此类。

（2）美式计价（American Plan，简写AP）酒店：计算房租并包括三餐在内。目前，尚有一些地处偏远的度假型酒店采用美式计价法。

（3）修正美式计价（Modified Plan，简写MP）酒店：计算房租且包括两餐费用（早餐以及午餐和晚餐中选一餐），以使酒店的客人有较大的自由安排白天的活动。

（4）欧陆式计价（Continental Plan，简写CP）酒店：计算房租且包括欧陆式早餐费。此类酒店一般不设餐厅。

（5）百慕大计价（Bermuda Plan，简写BP）酒店：计算房租，包括美式早餐餐费。

特别提示

一般团体客人通过旅行社订房时，会在订房单上注明计价方式，如果没有注明则均以欧式计价方式计算。客房预订员在遇到团体客人订房时应特别注意，并在预订单上写清楚。客房还有其他多种计价方式：如平时价、周末价、按日期计价等，可根据住店日期自己计算每日房价。注意收费方式中的国际惯例。

（四）按酒店建筑规模划分

目前对于酒店的规模，旅游行政部门还没有一个统一的划分标准。较通行的分类方法是以客房和床位的数量多少，区分为大、中、小型三种。

（1）小型酒店：客房在300间以下。

（2）中型酒店：客房在300~600间。

（3）大型酒店：客房在600间以上。

二、酒店的等级

世界上的酒店繁多，为了便于对外推销和旅客选择酒店，各国政府或旅游业的团体机构，根据酒店的设施等条件，将酒店划分为不同的等级。

（一）我国的星级类型及标准

为了促进旅游业的发展，保护旅游者的利益，便于酒店之间的比较，我国从20世纪八九十年代开始，按照酒店的建筑设备、酒店规模、服务质量、管理水平，逐渐形成了一套通行的等级标准。将旅游酒店的等级分为五等，即五星（白金）、四星、三星、二星、一星酒店。

★一星级　卫生

★★二星级　方便

★★★三星级　舒适

★★★★四星级　高级+文化

★★★★★五星级　豪华+文化

★★★★★白金五星级　超豪华

五星酒店：这是旅游酒店的最高等级。其设备十分豪华，设施更加完善，除了房间设施豪华外，服务设施也很齐全。有各种各样的餐厅，较大规模的宴会厅、会议厅，综合服务比较齐备，可以作为社交、会议、娱乐、购物、消遣、保健等活动中心（见图1-4至图1-17）。

图1-4　武汉光谷凯悦酒店大堂吧

图 1–5 武汉光谷凯悦酒店意大利餐厅

图 1–6 武汉光谷凯悦酒店小宴会厅

图 1–7 深圳君悦酒店游泳池

图 1–8　深圳君悦酒店旋转餐厅

图 1–9　武汉世茂希尔顿酒店大堂吧

图 1–10　武汉世茂希尔顿酒店大堂吧茶席

图 1-11　武汉世茂希尔顿酒店网红打卡自助餐厅

图 1-12　武汉泛海费尔蒙酒店客房

图 1-13　武汉泛海费尔蒙酒店游泳池

图 1–14　武汉光明万丽酒店西餐厅全景

图 1–15　武汉光明万丽酒店大堂吧

图 1–16　武汉光明万丽酒店中餐厅

图 1–17 武汉光明万丽酒店客房

四星酒店：设备豪华，综合服务设施完善，服务项目多，服务质量优良，室内环境具有较高艺术性，提供优质服务。客人不仅能够得到高级的物质享受，也能获得很好的精神享受。

三星酒店：设备齐全，不仅提供食宿，还有会议室、游艺厅、酒吧间、咖啡厅、美容室等综合服务设施。这种属于中等水平的酒店在国际上最受欢迎，数量较多。

二星酒店：设备一般，除具备客房、餐厅等基本设施外，还有卖品部、邮电、理发等综合服务设施，服务质量较好，属于一般旅行等级。

一星酒店：设备简单，具备食、宿两个最基本的功能，能满足客人最简单的旅行需要。

（二）其他国家或地区酒店等级划分

酒店等级的确定主要是依据酒店的位置、环境的幽雅程度、设施的齐备情况、服务水准的高低。目前国际上在划分酒店等级方面还没有正式的规定，但有些标准是公认的。如清洁程度、设施水平、家具品质及维修保养、服务与豪华程度。各国和地区在划分酒店等级上都有自己的标准。

（1）欧洲的酒店有四个等级。它的四星级酒店通常有餐厅及酒吧；三星级酒店可能有；二星级酒店大多没有餐厅及酒吧；一星级酒店没有餐厅，但有欧陆式早餐供应。

（2）瑞士酒店协会采用五星等级制度划分酒店。

（3）美国汽车协会采用五粒钻石等级制度。该制度将酒店分为好、佳、优及突出几个等级。

特别提示

对优秀酒店的要求

优秀的酒店至少要符合下列要求。

（1）遵守一切关于消防、卫生和各种价格制度的法律条例；遵守任何关于向旅游者提供住宿设备和茶点的法定要求。

（2）按照酒店业预定执行法规，提前或于客人到达酒店时书面确认对拟提供的住房设备必须支付的收费总额。

（3）酒店里的气味应保证使住客和即将入住的客人任何时候进入酒店都感到满意。

（4）保持高度的安全和清洁。

（5）内外装饰都呈现出良好的状态。

（6）拥有便于客人使用的设备和家具，并使之保养良好。

（7）提供快捷而有礼貌的服务。

（8）在酒店公共场所的某些地方，设置付费电话，保持相对清静。

（9）提供光线及气温适宜的公共场所。

（10）向住客提供各类膳食服务。

（11）在餐厅内和其他适当的地方，都可以看到标明价格的菜牌，以供客人使用。

（12）每间都有格调和谐的装饰和布置，以及可供住客自由走动的足够空间。

上述提示所列举的要求，只是涉及物资、设备和服务项目方面的，任何酒店只要经过更新改造都是可以达到的。但应当记住，只有提供优良的服务、高水准的饮食、美好的环境，才有可能进入世界优秀酒店的行列。

第三节　酒店业的演变

酒店的产生和发展经历了一个漫长的过程，至今已有几千年的历史。现代的酒店，就是从中国的驿馆、中东的商队客店、古罗马的棚舍、欧洲的路边旅馆及美国的马车客栈演变而来的。

一、世界酒店业的发展历程

现代的酒店业是在传统的饮食和住宿产业基础上发展起来的，它的发展进程大体上可以分为四个时期。

（一）古代客栈时期（12—18 世纪）

客栈是随着商品生产和商品交换的发展而逐步发展起来的。最早的客栈，可以追溯到人类原始社会末期和奴隶社会初期，是为适应古代国家的对外交往、宗教和商业旅行、帝王和贵族巡游等活动的要求而产生的。

（二）豪华酒店时期（18 世纪末—19 世纪中叶）

随着资本主义经济和旅游业的产生和发展，旅游开始成为一种经济活动，专为上层统治阶级服务的豪华酒店应运而生。

（三）商业酒店时期（19 世纪末—20 世纪 50 年代）

商业酒店时期，是世界各国酒店最为活跃的时代，是酒店业发展的重要阶段，它使酒店业最终成为以一般平民为服务对象的产业，从各个方面奠定了现代酒店业的基础。

（四）现代新型酒店时期（20 世纪 50 年代以后）

第二次世界大战后，随着世界范围内的经济复苏和繁荣，人口的迅速增长，世界上出现了国际性的大众化旅游。科学技术的进步，使交通条件大为改善，为外出旅游创造了条件；劳动生产率的提高，人们可支配收入的增加，对外出旅游和享受酒店服务的需求迅速扩大，加快了旅游活动的普及化，世界各国政治、经济、文化等方面的交往日益频繁。这种社会需求的变化，促使酒店业由此进入到现代酒店时期。

拓展知识

旅客住酒店有哪些权利

1. 酒店无权选择旅客

酒店业是一种公共行业，这一特征要求酒店经营管理者要为公共利益而经营其业务。它的第一项义务就是不加歧视地接待所有顾客。酒店无权选择顾客，顾客投宿时只要举止适宜，并有钱支付酒店费用，酒店在法律上就有责任接待。

2. 旅客可以要求精神赔偿

在我国，对于旅客在酒店范围内遭受人身伤害的问题目前没有统一的规定，但一般来说，如果由于酒店的责任而造成旅客人身的伤害，酒店应按民法通则有关侵权行为的规定承担相应的民事赔偿责任。而且根据新的有关精神损害赔偿的司法解释，旅客可以向酒店要求精神赔偿。

3. 酒店是旅客财物的保险人

酒店是旅客财物的保险人，按绝对责任制的原则，酒店不论有无过失，均应对酒店财物的损失负责。但如旅客的财物损失源于自身的过失或有欺骗行为，或是因为天灾和战争，则这一规则不适用。旅客必须能够证明：他押有酒店登记客人的身份证；财物的损失是在酒店范围内发生的；损失的财物及其价值。

4. 不能提供预订的客房酒店要赔偿

旅客为了住店有保证，以电话、书面、电报等形式预约房间，而酒店也给予了适当的承诺，就是订房。不论旅客以何种方式订房，客人和酒店都已达成契约。

在客房预订中，经常发生旅客不按预订时间入住的问题，对此，酒店有权要求旅客支付违约金。但有时也会发生酒店不能按原预订给订房人安排住宿的情况。一旦出现这种情况，接待人员要征得客人的同意，在酒店里另换标准相近的房间，一般是就高不就低，并免收第一夜房价超出原订房的那部分。如果本酒店客满，应为客人联系安排另一家酒店，并代客支付到另一酒店的出租车费用。如果客人为订房支付了定金，酒店应双倍返还。

5. 吞占旅客遗落物品违法

客人离开酒店后，服务员如在客房内发现客人的遗留物，应记录在册，然后交客房部保管，等到客人来信或来电后，还给客人。

按新的《物权法》规定，对归还拾得物，拾得人可索取报酬，一般为拾得物价值的20%~30%。在此范围内，拾得人和遗落物的所有人可以协商，协商不成，由法院判决。但拾得人有报告、公告、保管的义务，拾得人不报告、公告，则构成违法。

（资料来源：https://zhuanlan.zhihu.com/p/351855914）

二、我国酒店业的发展历程

我国是文明古国，也是世界上最早出现酒店的国家之一。在中国古代，远在距今3000多年前的殷商时期就出现了官办的“驿站”，它是中国历史上最古老的官办住宿设施。

1. 中国古代的酒店业

中国古代酒店设施主要有驿站、迎宾馆等。在长达3000余年的历史中，中国古代旅馆出现了“馆”“驿”“舍”“店”四大类几十种称谓。如滇西北现存的明代客栈。此外，河北怀来鸡鸣驿，是我国现存最大、保存最为完好的一座古驿站。

2. 中国近代的酒店业

近代由于受到帝国主义国家铁蹄的践踏，中国沦为半殖民地半封建社会。而旅馆业的嬗变，也和交通工具的变化相伴相随。到晚清时期，随着轮船、火车的传入，中国旅馆业终于出现革命性的变化。当时的酒店业除有传统的旅馆之外，还出现了西式酒店和中西式酒店。如位于上海外滩的浦江饭店（老礼查饭店），是中国第一家近代意义的旅馆。

3. 中国现代的酒店业

我国现代酒店业的发展历史不长，但速度惊人。中华人民共和国成立后，我国各省的省会、直辖市以及各地风景区通过改建老酒店，建立了一批宾馆、招待所，其功能主要是用于干部休养、接待公事访问。营利并不是这些酒店的主要经营目的。自1978年我国开始实行对外开放政策以来，国家大力发展旅游业，这为我国现代酒店业的兴起和发展创造了前所未有的良好机遇。

（1）接待型经营、经验型管理阶段。20世纪50年代至党的十一届三中全会召开前的20多年间，我国的酒店作为对外交往的一条重要渠道，属于民间外交范畴，没有独立的经济地位。

总体而言，这个时期的中国旅游酒店数量稀少、设施陈旧、功能单一、条件简陋，体制上为接待型经营、经验型管理，以完成各项接待任务为主，是政府的接待活动场所，是计划经济的产物。

（2）开放型经营、规范化管理阶段。1978年实行改革开放后，我国的酒店业也因此经历了起步、发展到现代化管理的过程，一改过去的落后面貌，发展成为具有国际化先进水准的星级酒店行业。

（3）科学化经营、标准化管理阶段。为使我国酒店业的管理与服务符合国际惯例和国际标准，考虑到发展的客观形势的需要，我们吸收了国际通行的做法，推进酒店星级评定制度，使我国酒店业由低级阶段向全方位和国际现代化方向发展，逐步走入正轨并趋向成熟（见图1-18）。

（4）激烈竞争阶段。进入21世纪后，尤其是近几年酒店业有了较大的发展，有不少国际知名的酒店品牌落户国内，我国酒店行业呈现出“国内市场国际化、国际市场国内化”的态势。

经济型酒店也有了较快的发展。经济型酒店业态顺应国内中低档酒店产业升级的发展趋势，采用品牌化、连锁化、标准化等现代酒店经营理念和操作模式，可以迅速复制达到规模优势。

图 1–18　现代星级饭店

在酒店管理上，高端酒店通常选择托管经营，中低端酒店更多的是选择特许经营。业内人士指出，未来 5 年，国内高端酒店市场仍是国际品牌的天下，中端市场可能出现几个主导性的国内品牌，经济型酒店的发展仍具潜力。

拓展知识

未来的酒店客房

近年来，世界酒店业日益感到来自旅游者和新技术的双重压力。如何使酒店业更加适应旅游者的需要和科技的发展是新世纪酒店业最重要的研究课题之一。作为世界最负盛名的旅游院校之一，美国休斯敦大学希尔顿酒店和餐饮管理学院一直致力于研究符合酒店市场发展新趋势的产品。由于拥有一家提供全套服务的希尔顿酒店，该学院可以十分方便地试验与评估各种新的酒店技术，并随时了解住店客人的感受和建议。现在，他们正在其酒店内设计安装“21 世纪的酒店客房”虚拟现实、生物测定、“白色噪声”等三套先进技术，将赋予酒店客房传统的“舒适”“安全”等标准以全新的含义。著名酒店专家、希尔顿学院院长 Alan T.Stutts 博士介绍说，持续的科技进步和酒店业日益普遍使用的“常住客计划”使新世纪的酒店客房更趋向于由客人设计而不是由酒店来设计。由于常住客信息库已经记录了每一位客人的喜好，新的客房程序将与该信息库配合运作，从而使以下产品和技术在未来客房中成为可能：

- 光线唤醒。由于许多人习惯根据光线而不是闹铃声来调整起床时间，新的唤醒系统将会在客人设定的唤醒时间前半小时逐渐增强房间内的灯光，直到唤醒时刻的灯光亮如白昼。
- 无匙门锁系统。以指纹或视网膜鉴定客人身份。
- 虚拟现实的窗户。提供由客人自己选择的窗外风景。

● 自动感应系统。光线、声音和温度都可以根据每个客人的喜好来自动调节。

● “白色噪声”。客人可选择使自己感到最舒服的背景声音。

● 客房内虚拟娱乐中心。客人可在房间内参加高尔夫球、篮球等任何自己喜爱的娱乐活动。

● 客房内健身设备。供喜爱单独锻炼的客人使用。

● 电子控制的床垫。可使不同的客人都得到最舒服的床上感受。

● 营养学家根据客人身体状况专门设计的食谱。

针对未来的旅游者需求，特别是针对美国10年后将有一半以上的人口超过65岁这一新形势，客房将被设计得更适合老年人，如触摸式可调节的灯光、更方便使用的把手、更好的淋浴设备等。

总之，“未来客房”的目标是尽量满足所有客人——他们可以有不同的旅行目的（商务或度假），不同的年龄，不同的健康状况，不同的职业——对客房的要求。

（资料来源：https://www.hoteldisk.com/24473.html）

三、酒店业的现状与未来——世界酒店业发展特点

（一）酒店业的现状

（1）发展速度快。自第二次世界大战以后，世界经济得到飞速发展，旅游业、酒店业也得到了迅速发展。

（2）地域分布不均。世界旅游的主要地区为欧美主要经济发达国家，各种高档酒店也主要布局于欧洲及北美地区。

（3）商务和观光的游客构成了酒店业客源市场的主体。由于全球经济的发展、商务活动的全球化及不同国家的经济发展带来的家庭收入的增长，使商务和观光旅游者的人数大为增加，他们逐渐构成了大型城市酒店及度假型酒店等酒店业的客源市场主体。

（4）集团化经营成为重要特色。由于规模经营优势，使得生产国际化与资本国际化进一步促进了经营的集团化与国际化。这是世界经济发展的一个重要趋势。

（5）从酒店的拥有者与经营方面来看，多主体多元化。虽然个人或家庭拥有与经营的酒店仍然存在，但为数越来越少。而更多的或绝大多数的酒店是由某些行政机构，保险、金融公司或者其他制造业、交通运输业的公司投资兴建，请专业人员或专门从事管理的公司为其管理、经营。

这一方面反映出酒店建设的投资越来越大，变幻莫测的金融市场使筹资程序变得越来越复杂，投资人必须有相当殷实的财力；另一方面也说明，酒店业在世界范围内的竞争日趋尖锐、激烈，要使新型的现代化酒店不断营利，需要专门的人才与手段，需要掌握现代化的管理技术。

另外，酒店新业态发展也多姿多彩。如：美丽乡村体验、分享住宿、产权酒店投资、智慧酒店、康养酒店等。

特别提示

2018年，我国将旅游与文化融合，成立了文化与旅游部，强调文化与旅游的融合，加强文旅的深度融合，促进酒店优质发展，是未来酒店业发展的方向。

拓展知识

万达：输出海外酒店品牌，我们是认真的！

万达集团有一个小目标，就是四年百店，这个小目标早在2016年9月24日合肥万达文化酒店隆重开业时便完成了。现在的万达有了一个新的小目标：将万达的酒店开向全世界。

2017年2月23日，万达酒店及度假村与土耳其Mar Yapi公司就伊斯坦布尔万达文华酒店管理输出项目举行了隆重的签约仪式，意味着万达酒店及度假村第一个海外品牌输出项目的诞生，同时也标志着万达酒店成为中国酒店管理行业首个向海外实现豪华酒店管理输出的企业。这与在国外开酒店是完全不同的概念，万达此次做的并非去建酒店，而是去管理别人投资的酒店，打破当前高端酒店连锁均被外国品牌垄断的局面，从此，除了华为，世界上又多了一个“中国造”。

（二）展望

（1）世界酒店业将进入低速稳定发展时期。世界大部分地区和平安宁、经济发达、社会政治稳定，这对酒店经营管理来说十分重要。但是当世界经济、地区经济遇到麻烦，出现经济或金融危机时，旅游业、酒店业也会受到严重影响。因此，自2008年以来由美国次贷危机引起的金融危机，让全球的酒店业进入低速求稳发展阶段。

（2）区域发展速度不平衡更加突出。全球旅游业成三足鼎立之势，“三足”即西欧、北美及亚太地区。随着亚太地区经济的迅猛发展，其旅游业、酒店业发展势头喜人，相较北美、西欧年增长速度要快一些。20世纪80年代，西欧、北美接待国际旅客人次平均年增长速度为4%左右，而亚太地区超过了10%。这一地区接待国际旅游者所赢得的外汇收入达到世界总量的13.5%。进入21世纪以来，这个速度又将被打破，2025年中国将成为世界第一位的旅游目的地。

（3）酒店客源市场的新变化将引发酒店服务革命。人们的需求越来越多样化、多元化，顾客已不满意千篇一律、公式化的服务。酒店为了生存和发展，让顾客满意，于是在市场经济竞争中按顾客的实际需求，进行产品与服务组合，提供特殊的有针对性的个性化服务，这将成为争夺顾客、业务和市场的焦点。

拓展知识

了解和研究不同社会阶层人士对酒店的需求，以便更好地为宾客服务成为当今酒店在经营管理与服务操作过程方面极为热门的话题和实实在在要解决的问题。

相关机构曾经在法国进行过一次调查，题目是：法国人对酒店有怎样的需求？调查结果是从被调查者自己需求出发构思的理想酒店必须符合十四条标准，按其重要程度排列为：①洁净；②舒适；③宁静；④优质接待；⑤方便良好的早餐；⑥景致；⑦周围环境；⑧餐桌；⑨服务到客房；⑩咨询；⑪洗衣；⑫旅游信息；⑬秘书服务；⑭委托代办。

法国雷恩管理学院对下榻于一星酒店的顾客状况进行了研究，归纳出顾客最主要的需求：客房绝对干净（93%的人都有此要求）；热情微笑的接待（93%）；所到之处都十分清洁（91%）；有盥洗室（88%）；防噪声性能好（86%）；客房有卫生间（84%）；单身旅客对房间的安静隔音尤为重视。在法国进行的另一项调查中，当问到"如果您向朋友推荐一家酒店，您的标准是什么？"被调查者回答如下：热情待客（38%）；舒适（34%）；价格便宜（15%），吃得顺口（13%）。可见不论对于哪类旅客来说，接待水平与气氛永远是酒店最主要的方面。

因此，注重微小服务，微笑服务，使宾客有良好的感受已经成为世界酒店经营管理与服务发展的重要趋势，也成为宾客取舍酒店的关键因素。

（资料来源：https://www.meadin.com/52396.html）

（4）逐渐强化的集团化优势。近年来，世界酒店联号之间竞争激烈，相互兼并、联合、重组，其结果是酒店联号的平均规模在扩大，出现了一些特大的国际酒店联号。尤其是亚太地区的发展，如20世纪80年代的亚洲四小龙及中国经济的发展，引起了世界各大主要国际酒店联号的广泛重视。它们以各种方式涉足这一地区的酒店业，把东盟诸国及中国当成发展的重点。例如喜来登、假日酒店、希尔顿等著名国际酒店联号相继建起了各种酒店上百家，拥有大量的房间数。同时，亚太一些地区及国家，尤其是新兴的旅游国家纷纷采取相应的举措，大力发展自己的酒店业务系统，产生了一些如半岛、丽晶、新世界、全日空、南太平洋、新大谷、文化国际等著名的酒店集团与联号。

知识链接

酒店电子商务与数字化专业转型

——酒店业：变与不变的逻辑演绎

1. 商业模式改变

（1）当下是技术飞速发展、更新迭代迅捷的时代，大数据、云计算、物联网、虚拟现实、3D打印等风起云涌，这些技术跟商业的结合越来越紧密。

二十年前，创业是"一门好买卖"；十年前，创业是"一门好生意"；而现在，创业是"一群高知识分子用技术改变世界"。

（2）商业模式转向"顶层设计"导向。

人们对商业、企业的理解从传统的"试错导向"，开始走向"顶层设计"。

因此，很多创业和企业变革，都是谋定而后动的。不是不再需要试错了，而是由于有了顶层设计的思想，试错的次数和机会大大减少了。

（3）边界被不断地打破和重构。

各种传统的业界边界、壁垒、门槛、围墙，都在不断地被打破和重构。跨界学习、互动、连接，成了所有人的需求。因为这些变化，商业模式也呈现出与传统不同的趋势。

如果想从商业模式的视角，对自己的公司、项目和生意进行重构或调整时，必须要注意新的趋势，而不能只停留在过去的认知里。

变化之一：商业生态

企业想要长期在市场中生存下来，只有两种选择：构建具备未来巨大价值空间的商业生态，或者加入这类商业生态并在其中做出自己的贡献。

商业模式设计视角需从“企业内部”“合作伙伴”不断扩展到“商业生态”。

变化之二：技术革新

大数据、云计算撞击商业模式，广义的“互联网+”成为一种核心的商业模式设计维度。我们已经进入一个真正意义上的“万物互联”时代。很多原本我们认为是“隐性”的关系，都将逐渐“显化”。

变化之三：内生金融

内生金融是指基于企业自身的资产结构、现金流结构，设计金融结构。在外在形式上，体现为产品市场与资本市场的双轮驱动。

未来企业的商业模式，都需要同时打赢两场战争：产品市场上，获得用户的认可；资本市场上，获得投资者的追捧。其中资本市场上的设计，和内生金融结构的设计很有关系。

变化之四：集权与分权

产业层面的商业模式将分离为超级集权和超级分权。集权是水、电、网络等基础设施，分权是连上这个生态网络的资格。

这股风潮已经开始了几年了，苹果公司的 iProduct+APP Store 就是典型：苹果构建了整个移动互联网的网络平台基础，然后开放接口，第三方软件开发商可以在上面发布软件应用并获得回报。

变化之五：谨慎参股

企业的边界沿着业务交易关系和治理交易关系两个范畴展开，彼此独立。

酒店业商业模式重构：①输出价值观；②打造连锁品牌；③引入智能化手段降低成本。

2. 服务场景转换

（1）疫情冲击之后的行业洗牌

短期来看，酒店产品的不可储存性和时效性直接导致了疫情期间酒店收益的缺失，经营活动中止导致的直接结果就是酒店现金流中断。从长期看，酒店行业恢复到疫情前水平还需要经历一个不短的周期。

从需求端看，消费者对质的追求逐步取代了对量的要求，这对整个酒店行业来说是一剂很好的催化剂，将加速末端低质产品的淘汰速度，提升整个行业的服务产品品质和市场集中度。

（2）疫情对酒店行业的启发

星级酒店可以通过餐饮的线上运营渠道，拓宽周边及本地的市场。在疫情期间推出的

“无接触服务”加强了技术在酒店的应用，未来也可以在一定程度上降低人工成本。

疫情后人们对健康养生类型产品的关注及需求也将有所提高，这有利于酒店行业进一步深化相关产品的结构和类型。

酒店业的新场景：

①面向社区的餐饮，如深航酒店的实践。

②提高内部二消，如直播带来的二消冲动型市场。

③大卖场理念，如酒店变商场是否可行。

④合纵与连横策略，如酒店与景区、旅行社的协同；与合作酒店的协同等。

3. 经营业态转型

（1）+ 酒店形式化转型

健康 + 酒店

疗养 + 酒店

度假 + 酒店

娱乐 + 酒店

……

（2）创新业态转型

景区 + 酒店

民宿 + 酒店

购物中心 + 酒店

智能化 + 无人酒店

……

4. 技术驱动下的我国酒店业信息化进程

（1）在线业务模式转变

（2）互联网背景下的酒店业务重组

酒店销售环节的互联网化程度较高，产业链较成熟，如图 1-19、图 1-20 所示。

图 1-19 酒店销售的网络化

图 1–20　酒店网络化转型

酒店业态的巨大转变，如图 1–21 所示。

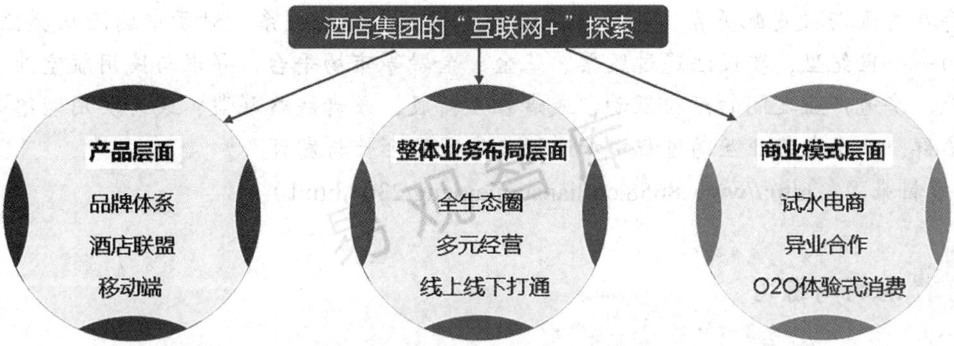

图 1–21　酒店经营业态的转变

（资料来源：文化和旅游新型人才培养计划院校培训班（一）：酒店管理与数字化运营专业建设研讨班 . 章牧 . 讲座文章有删减，2021 年 4 月 28 日）

拓展知识

我国酒店集团未来连锁经营战略

1. 全球化视角下的战略管理

在酒店业的市场环境和制度环境快速变化的今天，酒店的管理者必须考虑超越现在和企业之外的问题：客源市场的消费模式是否变动？政府的产业政策对我是否有利？替代型和互补型的厂商的发展战略和市场策略是什么？两年以后、五年以后，甚至更长时期以后我的企业的发展目标是什么？还需要什么资源等等。对上述问题的思考和解答将导致中国酒店管理的重心从“策略”到“战略”的转移。策略层面的管理行为正在成为常识和常规，而战略层面的管理行为则成为“企业家”的分水岭。没有战略层面的管理，中国的酒店企业也可能有一时的红火，但是不能保证其长期稳定的成长，也不能保证人力资源、营销网络等方面的良性运作。

2. 发展跨国经营

从国际酒店集团的发展进程来看，集团化与国际化是高度相关的，而国际化又是与客源流向相关的。就目前而言，中国酒店集团要不要搞跨国经营？答案应该是肯定的，关键是如何搞。搞跨国经营关键要融入、学习和创新：即融入跨国旅游企业集团的国际分工体系中去，充分发挥自己的比较优势，学习成功的国际酒店集团的商业运作和内部管理模式，充分发挥中华民族的传统文化智慧，结合国内旅游市场和出境旅游市场的变化进行持续的制度创新和技术创新。可以说，随着中国公民出境旅游市场的发育和壮大，中国酒店业采取更高级形式的跨国经营，在酒店产业全球化的进程中占有一席之地是完全有可能的事。

3. 致力于复合型酒店集团的建设

复合型酒店集团，在市场中具体表现为酒店集团与其他酒店集团或非酒店业企业集团通过资产融合、法人持股、人员派遣、市场契约等方式构成的集团有机体。其中各集团之间不存在支配与被支配关系，而是相互配合、相互支援的关系。对于中国酒店集团来说，在新的一个世纪里，要设法通过股票、基金、金融等市场平台，寻求与民用航空业、交通运输业、房地产业之间的产业互动，或者相互持股，或者战略联盟，或者共用网络等形成产业集群，从而在产业互动过程中加速酒店集团的生长与发育。

（资料来源：http://www.8658.cn/liansuojiameng/2301.html）

思考与练习

1. 什么是酒店？酒店产品有什么特点？
2. 酒店的功能有哪些？
3. 试述酒店的分类及等级划分。
4. 酒店集团有何优势？其管理模式对中国酒店有何借鉴意义？
5. 后疫情下，酒店业态有哪些变化？对应的措施有哪些？

第二章

酒店管理理论

引　言

人类的管理活动随着人类文明的产生而产生，在中国古代的《道德经》《孙子兵法》《论语》等著作中都有管理思想的体现。但是对管理理论的科学、系统研究只是近一百多年的事。这是因为当时的生产力还很不发达，生产经营活动并不复杂，管理职能比较简单。随着经济的快速发展，为了适应社会、企业、顾客的变化，各种管理理论应运而生。酒店的管理也不例外。本章主要阐述酒店管理理论的发展演变，酒店管理的基本含义、职能与方法等，并通过案例分享、拓展知识、特别提示等，从不同层面对酒店管理理论的发展与变化及其运用进行了介绍。

学习目标

- 了解酒店管理基本理论的发展演变。
- 掌握酒店管理的基本含义、内容。
- 掌握酒店管理的职能与方法。
- 理解酒店管理理论的新潮流。

关键词

管理　管理者　酒店管理　酒店管理职能

导入案例

人事部经理经常把招聘来的最佳人选提供给客房部，这两个部门和两个部门经理之间关系很融洽。但是前厅经理却抱怨道："人事部提供的人选总是不尽如人意。"而人事部经理否认有偏心，他解释道："客房部经理知道部门间如何配合，而前厅经理却办不到，他似乎总想凌驾于人，只想别人给他方便。当然他们都是为了工作，可处理问题的方式却不同。"

案例分析：在任何一个组织中，同级管理人员之间的矛盾与竞争都是存在的。每个部门都要努力完成各自的目标，又需得到其他部门的支持与合作。组织内部的沟通，不仅需要在质量目标、职责权限等组织结构方面的沟通，也需要人际关系的沟通。作为组织的领导者，应给员工创造一种良好的企业文化氛围，培养员工之间良好的人际关系，从而也会给组织带来效益。

（资料来源：http://www.hzbh.com/show.asp?id=7680）

第一节　酒店管理的理论基础

回顾管理理论的发展，可分为以下阶段。

一、第一阶段：科学管理理论

（一）科学管理理论产生的条件

（1）美国的工业化初期造成的劳资矛盾激化对管理提出了新的要求。

（2）经济危机的出现引发了大批企业破产，失业人数猛增。为此，需要建立有效的管理体制，来解决资本主义的社会关系矛盾。

（3）大量外来移民的涌入，为美国提供了劳动力，但这些移民大多来自农村，只会干体力活，无法适应机器大生产的要求。因此迫切需要一种新的管理方法，能在较短的时间内，把这些劳动力培养成适应工业生产需要的熟练工人。

（4）工业革命以来管理思想的积累为科学管理理论的产生提供了思想基础。

（二）主要代表人物

1. **弗雷德里克·泰勒**（Frederick W. Taylor 1856—1915）：**科学管理理论**

美国人，工程师，被誉为“科学管理之父”，他在管理方面的主要著作有《计件工资制》《车间管理》《科学管理原理》等。

主要贡献：通过时间动作分析，对工人提出科学的操作方法，以合理利用工时，提高工效；实行差别计件工资制；对工人进行科学的选择、培训和提高；制定科学的工艺规程，并用文件的形式固定下来以利推广；实行劳动分工，使管理与劳动分离。

科学管理的中心问题——提高劳动生产率。

2. **亨利·法约尔**（Henri Fayol，1841—1925）：**古典组织理论**

本理论研究的中心问题：组织结构和管理原则的合理化，管理人员职责分工的合理化。他第一个提出了管理的五要素即五职能理论：计划、组织、指挥、协调、控制；有效管理的 14 条原则：①分工；②权力与责任；③纪律；④统一命令；⑤统一领导；⑥员工个人要服从集体；⑦人员的报酬要公平；⑧集权；⑨等级链；⑩秩序；⑪平等；⑫人员保持稳定；⑬主动性；⑭集体精神。

重视对组织理论的研究；重视对管理者的素质与训练。

3. **马克斯·韦伯**（Max Weber）：**组织理论**

韦伯行政组织理论产生的历史背景，正是德国企业从小规模世袭管理，向大规模专业管理转变的关键时期。韦伯认为，人类社会存在 3 种为社会所接受的权力，即传统权力：

传统惯例或世袭得来；超凡权力：来源于别人的崇拜与追随；法定权力：理性——法律规定的权力。

任何组织都必须以某种形式的权力作为基础，没有某种形式的权力，任何组织都不能达到自己的目标。韦伯认为，只有法定权力才能作为行政组织体系的基础，其最根本的特征在于它提供了慎重的公正。原因在于：①管理的连续性使管理活动必须有秩序地进行。②以“能”为本的择人方式提供了理性基础。③领导者的权力并非无限，应受到约束。

韦伯对组织管理理论的伟大贡献在于明确而系统地指出理想的组织应以合理合法权力为基础，这样才能有效地维系组织的连续和目标的达成。为此，韦伯首推官僚组织（此处的官僚是中性的），并且阐述了规章制度是组织得以良性运作的基础和保证。企业的长生不老绝不仅仅依赖于其英雄人物的“超凡卓识”，应在更大程度上依赖于其“顺应自然”的原则体系——公正地识人、用人和人尽其才的体系。

其他组织理论还有：福特制：是指由福特首创的一套生产和管理制度。实行劳动分工，福特是流水生产线的发明者。亨利·福特（Henry Ford，1863—1947）是美国著名的汽车制造者，被大众普遍认为是大规模生产的第一位倡导者。切斯特·巴纳德（Chester Barnard）：权力接受理论。林德尔·厄威克（Lyndall Urwick）：归纳前人的思想，总结出比较完整、系统的管理理论，等等。

二、第二阶段：行为科学理论

随着技术的进步，工人的文化程度也有了提高。加上经济、政治形势的变化，科学管理理论中的一些观点不再有效。突出了企业经营的决策问题，这对企业管理提出了新的要求：要求运用更先进的管理手段；要求管理理论和经营方法能充分调动人的积极性。

（一）早期理论——人群关系理论

埃尔顿·梅奥（Elton Mayo）和“霍桑实验”（The Hawthorne Studies）（1927—1932）。

霍桑实验的结论——人际关系理论（Human Relation）。

（二）需求、动机、激励理论

1. 马斯洛（Abraham Maslow，1908—1970）：需求层次理论

人为了满足一定的需要，就会采取一定的行动，而当这种需要得到满足进而又会为满足新的需要产生新的行动。这是一个不断激励的过程。人的需要共分为五个层次，只有在较低层次的需要得到满足后，才会有较高层次的需要。生理需要：衣、食、住、行等生存的需要（经济人的假设）；安全需要：工作、财产、安全等；归属需要：爱戴、友谊、归属、爱情等；尊重需要：地位、受人尊敬、威望等；自我实现需要：发挥自己的才能，体现自我价值，实现理想和抱负。

2. 赫兹伯格（Frederick Herzberg）：双因素理论

影响工人情绪的因素主要有两大类：一是保健因素，这类因素对工人行为的影响类似卫生保健对人们身体的影响。保健因素对职工起不到激励的积极作用。二是激励因素，当这类因素具备时，可以起到明显的激励作用；当这类因素不具备时，会造成职工的极大不满。

双因素理论和需求层次理论有着很大的相似性。低层次的需求对应于保健因素；高层

次的需求对应于激励因素。

3. 弗鲁姆（Vroom）：期望理论

激励强度 = 效价 × 期望值

其中，效价指：个人对某一特定结果的感觉，取值范围［-1，1］。期望值指：个体对某个目标能够实现的概率估计，取值范围［0，100%］。

（三）人性理论

1. 麦克雷戈（Douglas McGregor，1906—1964）：X 理论和 Y 理论

X 理论：人性本恶（荀子），大多数人总是好逸恶劳的，没有创造力，安于现状，没有进取心。因此，必须进行强制、监督、指挥、惩罚并进行威胁，才能使他们付出足够的努力去完成给定的工作目标。

Y 理论：人性本善（孟子），人天生并不厌恶劳动，有一定的创造力，愿意承担责任，他们对工作是否喜欢取决于工作对他们是满足还是惩罚。因此，赏罚不是唯一的手段，人的自我控制才是达成组织目标的重要条件。

2. 乔伊·洛尔施（Joy Lorsch）和约翰·莫尔斯（John Morse）：超 Y 理论

不同的人对管理方式的要求不同，不同的情况应选择不同的管理方式。

三、第三阶段：管理理论丛林

美国管理学家哈罗德·孔茨（Harold Kootz）于 1961 年 12 月在美国《管理学杂志》上发表了《管理理论的丛林》一文，认为由于当时各类科学家对管理理论的兴趣有了极大的增长，他们为了各种目的，标新立异，导致管理理论的丛林蔓延滋生，使人们难于抉择。他当时划分了六个主要学派：管理过程学派、经理学派、人类行为学派、社会系统学派、决策理论过程学派、数学学派。

1980 年，孔茨又在《管理学会评论》上发表《再论管理理论的丛林》一文，指出经过这一段时间以后，管理理论的丛林不但存在，而且更加茂密，至少产生了 11 个学派：社会系统学派、决策理论学派、系统管理学派、经验主义学派、权变理论学派、数学（管理科学）学派、组织行为学派、经理角色学派、经营管理理论学派、社会技术系统学派、人际关系学派。

1. 权变理论学派

在特定的环境中，一个管理行为是否合理取决于各种因素。管理行为和管理方法一定要适应企业内外环境条件的变化。对于一个组织来说，没有什么永恒不变的管理模式。

2. 管理科学学派

理论特征：①以决策为主要着眼点，认为管理就是决策，给定各种决策分析模型；②以经济效果标准作为评价管理行为的依据；③依靠正规数学模型判断管理行为的可行性；④依靠计算机运算得出定量的结论。

巴纳德在组织管理理论方面的开创性研究，奠定了现代组织理论的基础，因为要将传统的组织改造为现代组织，就必须明确组织的目标、权力结构和决策机制，明确组织的动力结构即激励机制，明确组织内部的信息沟通机制，这三个方面是现代组织的柱石。

3. **赫伯特·西蒙（Herbert Simon）：决策理论学派**

以统计学及行为科学为基础，认为“管理即决策”，而决策又可分为程序性决策与非程序性决策。

四、第四阶段：现代管理理论

主要理论有：定量管理理论、系统管理理论、决策管理理论、战略管理理论、权变管理理论、知识管理理论、公司（企业）文化理论。

企业文化是企业在长期的生产经营实践中，所创造和形成的具有本企业特色的精神和某些物化的精神。它包括价值观念、历史传统、道德规范、行为准则、员工文化素质，以及蕴含在企业制度、企业形象、企业产品之中的文化特色。其中价值观念是企业文化的核心。

20 世纪六七十年代，日本经济起飞的奇迹引起了美国学者的震惊，他们通过美日企业的比较研究进行反思，最终导致了美国人从理论层面总结了那些在日本企业中行之有效的做法，并参照本国企业的一些成功经验，建立起一种新的企业管理理论——企业文化理论。因此，企业文化理论源于美国，根在日本。

（1）威廉·大内（William Ouchi）的《Z 理论》（1981），见表 2-1。

表 2-1　Z 理论模式

内容	美国模式（A）	日本模式（J）	Z 理论模式
对员工的雇用时间	短期雇用	终身雇用	长期雇用
决策方式	个人决策	集体决策	集体决策
责任制	个人责任制	集体责任制	个人责任制
上下级关系	上级不关心下级	上级十分关心下级	上级关心下级，关系融洽
对员工的培训	专业化的培训	非专业化的培训	全面的知识培训
员工的提升速度	快速提升	缓慢提升	准确评价、稳步提升
控制机制	直率的	含蓄的	含蓄而非正式的

特别提示

日本企业管理艺术——“7S”构架

战略（Strategy）：企业为谋求自身生存和发展的规划和决策；
结构（Structure）：一个企业的内部组织形式；
制度（Systems）：信息和决策在企业内传递的程序和系统；
人员（Staff）：企业内各方面人员的构成及其素质；
作风（Style）：企业职工的行为方式，也包括企业的传统作风；
技能（Skills）：企业职工所特有的工作能力；

最高目标（Super-ordinate Goals）：能真正激励职工，并将其个人目标和企业发展目标结合在一起的信念或目标。

（资料来源：http://article.chinautn.com/20080112/33390.html.）

（2）彼得·圣吉（Peter Senge）的《第五项修炼——学习型组织的艺术与实务》（1990）

学习型组织的五项修炼：自我超越；改善心智模式；建立共同愿望；团队学习；系统思考。

（3）迈克尔·哈默（Michael Hammer）和詹姆斯·钱比（James Champy）的《公司再造》（1994）

根据信息社会性的要求，彻底改变企业的本质，抛开旧的分工体系，将拆分开来的组织架构，如生产、营销、人力资源、财务、管理信息等部门，按照自然跨部门的作业流程，重新组装回去。

第二节　酒店管理职能与方法

一、管理

关于“管理”的概念有以下几种代表性的观点：

管理是由计划、组织、指挥、协调及控制等职能为要素组成的活动过程。——法约尔

管理是一种实践的综合艺术。——德鲁克

管理就是决策。——赫伯特·西蒙

管理就是设计并保持一种良好的环境，使人在群体里效率地完成既定目标的过程。——孔茨

管理是协调其他人的工作，有效率和有效果地实现组织目标的过程。——斯蒂芬·罗宾斯

综合前人的研究，管理的概念可以概括为：管理是管理者为了有效地实现组织目标、个人发展和社会责任，运用管理职能进行协调的过程。它包含四个方面：管理是人类有意识有目的的活动；管理应当是有效的；管理的本质是协调；协调是运用各种管理职能的过程。

二、管理者

管理者是负责掌管组织资源的使用以达到组织目标的人。评估管理者的管理绩效（Managerial Performance）可以从以下两个方面着手：

一是效率（Efficiency），意味着“正确地做事”。即正确做事的能力，是一个“投入—产出”的概念。一个有效的管理者所获得的产出或结果应与其为之付出的投入相当。如果管理者能够使达到目标所需的资源成本最小化，那么他们的工作就是有效率的。

二是效益（效果）（Effectiveness），意味着“做正确的事”。指对正确目标的选择。

一个选择了不恰当目标的管理者就是无效益的管理者。著名的管理学家彼得·德鲁克认为，效益实际上是组织成功的关键。在我们将注意力集中在有效率地做事之前，我们必须确认自己所做的事情是正确的。

有效益与效率的管理者是那些选择了正确的组织目标，并且具有有效利用资源技能的人。

特别提示

管理者的角色

所谓角色（Role）就是处于组织中某一位置的人所需要做的一系列特定的任务。一位有效的管理者在不同的背景下需要肩负和变换不同的角色。概括起来不下于以下几种：

人际关系型：挂名首脑、领导者、联络人。

信息型：监听者、传播者、发言人。

决策型：企业家、混乱驾驭者、资源分配者、谈判者。

拓展知识

洲际 CEO：我们关注的是打造一个非常棒的公司，而不是盲目追求做大

就在全球酒店集团不断增添新品牌或通过收购迅速扩张旗下品牌之时，洲际酒店集团（IHG）却并没有跟风，而是关注已有品牌，确保旗下所有酒店的质量和服务的一致性。

IHG 的 CEO Richard Solomons 在 2016 年第四季度电话财报会议上指出，尽管 IHG 的单位增长率可能稍低于其他酒店，但这主要是因为 IHG 正在对旗下所有酒店组合进行清理，尤其是在美洲，IHG 关闭了不符合其品牌标准的酒店。

2016 年，IHG 在美洲、欧洲、AMEA（亚洲、中东和非洲）及大中华区的净客房同比增长率分别为 1.8%、3.1%、4.8% 和 8.8%；全球净客房同比增长率为 3.1%。而希尔顿的全球净客房同比增长率为 6.6%。

Solomons 表示："从我们的角度来看，增加客房数量是一件易如反掌的事情，但我们希望打造一家高质量、可持续发展的酒店公司。你必须保证旗下品牌服务的一致性，而且能够历经风雨而不倒。大环境好的时候，提升客房数量很容易；但大环境不好的时候，就没那么容易了。在选择加盟酒店时，你得考虑酒店的地理位置。在选择关闭哪些酒店时，你必须有严格的标准，如果短期来说你不这样做，你就是在损害公司的长期利益。虽然我们也很想提高增长率，但我们不会以牺牲服务质量和公司未来的可持续发展为代价。"

在被问及 IHG 是否考虑增添更多新品牌时，Solomons 表示，只有在价格合适，而且能够创造经济价值时才会考虑。

Solomons 称："我们关注的是打造一个非常棒的公司，而不是盲目追求做大。"

品牌差异化

在谈及品牌差异化和市场上数不清的酒店品牌时，Solomons 认为 IHG 实现品牌差异化的方法目前很奏效。对他来说，品牌差异化并不是指酒店拥有众多品牌数量，而是每个

品牌都各有优势。

Solomons 说:“你要做的是将品牌做得更强大。假日酒店是目前最大的中端酒店品牌。IHG 的规模是排名第二的豪华酒店规模的两倍。而且在亚洲，IHG 在规模和品牌知名度方面都已经超过了香格里拉。从供应商的角度来说，增加品牌数量并不难，但如果你的品牌毫无意义可言，那么你弄那么多品牌只会让顾客感到困惑。所以，你要关注的不是品牌的数量，而是质量。”

在美洲市场上，IHG 重点关注的是提升皇冠假日酒店的整体质量。为此，IHG 投入了 2 亿多美元对皇冠假日酒店进行翻新，而且将美国市场上的营销预算增加了 200%。

为顾客提供个性化体验

在关注提升旗下每个品牌质量的同时，IHG 也在确保它能吸引各个年龄段的客人，而不仅仅是千禧一代。

Solomons 称:“我们在全球各地的品牌关注的是了解客人的需求。不论是哪一种类型的旅行者，他们都不可能一成不变。通过数字化变革改善客人的体验不仅仅适用于千禧一代。关键在于应对不同年龄段顾客的需求：如果他们想要个性化的互动，那你就和他们进行个性化互动；如果他们想通过数字渠道完成所有事情，那就帮他们去实现。与其纠结于不太科学的代际划分，不如想想如何为客人提供个性化服务。”

在谈及实现客人的个性化体验时,Solomons 认为这远不止于知道客人喜欢吃“青苹果”这么简单。“他们想要什么，我们就为他们提供什么。如果你想到酒店前台花上很长时间预订客房，然后由员工领你到客房，我们就按你想的做。如果你想在网上进行预订，也没问题。所以，个性化就是更好地了解你的客人，比如：他们喜欢什么样的客房，希望在什么时候登记入住。”

为了更好地收集客人的数据，Solomons 表示 IHG 和 Amadeus 将对新的客人预订系统进行试验，并关注顾客最想体验哪些方面。

IHG 2016 年财务状况

Solomons 表示，2016 年对 IHG 来说是很不错的一年，公司的收入说明了一切。

2016 财年洲际全球 RevPAR 上升了 1.8%，主要由于房价上涨 1.2%，创历史新高。净客房增长 3.1%，其中大中华区为 8.8%。全年总收入达 245 亿美元，同比增长 2%。Q4 洲际酒店集团全球 RevPAR 同比增长 1.7%，高于 Q3 的 1.3%，该措施有助于更高的房价和入住率。

尽管 IHG 的收入同比下降了 4.9% 至 2016 年的 17.1 亿美元，但基本收入同比增长 4.6% 至 15.8 亿美元，基本运营利润增长了 9.5%，基本每股收益增长了 23%。

此外，IHG 的数字渠道也取得了一定进步，数字收入为 43 亿美元。移动数字收入共计 16 亿美元，占全部数字流量的一半以上。

2016 年利润超过预期，其品牌包括皇冠酒店和洲际酒店，营业利润增长了 4%，达到 7.07 亿美元，而分析师预测为 6.95 亿美元。洲际酒店集团表示，将通过特别股息和股份合并向投资者返还 4 亿美元，特别股息将于 2017 年第二季度支付。洲际酒店集团还宣布总股息增加 11%，达每股 94 美分。

开设了 40 000 间客房，其中 90% 位于其“优先市场”，并与 500 多家新酒店签署了

76 000 间客房，这是 2008 年以来所签订的最高交易数量。筹建客房达 23 万间，增长 8%。其中 45% 正在建设中，90% 位于洲际的优先市场。

（资料来源：Hotelers. 微信公众号，2017-02-25.）

三、管理职能

管理的职责就是帮助组织充分利用其有限的资源实现组织目标。

管理者是如何实现这一目标的呢？他们是通过以下五种职能来实现的：计划、组织、协调、领导、控制（如图 2-1）。

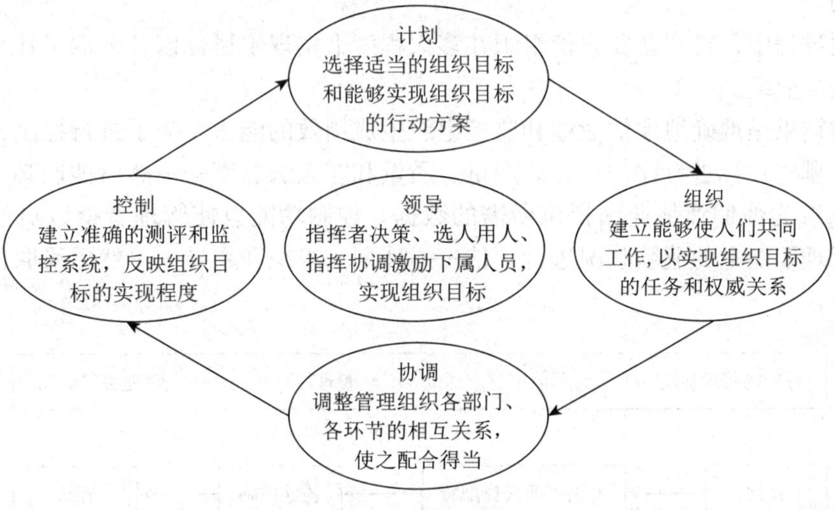

图 2-1 职能关系

处于各个级别和部门的管理者，无论是大的组织还是小的组织，无论是营利性还是非营利性组织，无论是在一个国家内运营还是在全球经营的组织，都必须履行上述这五种职能。

1. **计划**

计划是管理者用以识别和选择适当目标与行动方案的过程。它可以分为三个步骤：一是决定组织将要追求的目标；二是决定为了实现这一目标需要采取的行动路线；三是决定如何配置组织资源来实现上述目标。

计划是管理的职能，是为实现组织既定的目标，对未来的行动进行规划和安排的活动，是一项具体的行动方案。它是预先确定要去做什么，如何做，何时做，由谁去做的一种程序。

2. **组织**

组织是管理者建立一个工作关系构架从而使组织成员得以共同工作来实现组织目标的过程。组织过程包括根据人们特定的工作任务将他们分配到各个部门。在组织过程中，管理者也在不同的组织和个人之间设计了权力和责任，而且他们要决定如何最好地协调组织资源，尤其是人力资源。

组织的结果是组织结构的产生，一种正式的任务系统和汇报关系系统。通过这种系统，管理者能够协调和激励组织成员努力实现组织目标。组织结构决定了组织能在多大程度上很好地利用组织资源创造产品和提供服务。

3. 领导

在领导过程中，管理者要向员工描述一个清晰的愿景，调动组织成员的能动性，使他们理解他们在实现组织目标过程中所起的作用。管理者利用权力、影响、愿景、说服力和沟通等技能来协调个体和全体行为，从而使他们的努力能够得到充分的展现和利用。领导所产生的效果就是组织成员所表现出来的高度积极性和对组织的承诺。

4. 控制

在控制过程中，管理者要评价组织在多大程度上实现了目标以及采取了什么样的行动来保持和提高业绩。

控制的结果是准确地评估业绩和监控组织生成绩效的能力。为了进行控制，管理者必须决定要对哪些目标进行评估——如产量、质量和客人满意度——然后他们必须设计出信息和控制系统为他们评估业绩提供所需的数据。控制功能也使管理者得以对他们自己在其他三种管理职能上的业绩状况进行评估——计划、组织和领导——然后采取正确的措施（见图 2–2）。

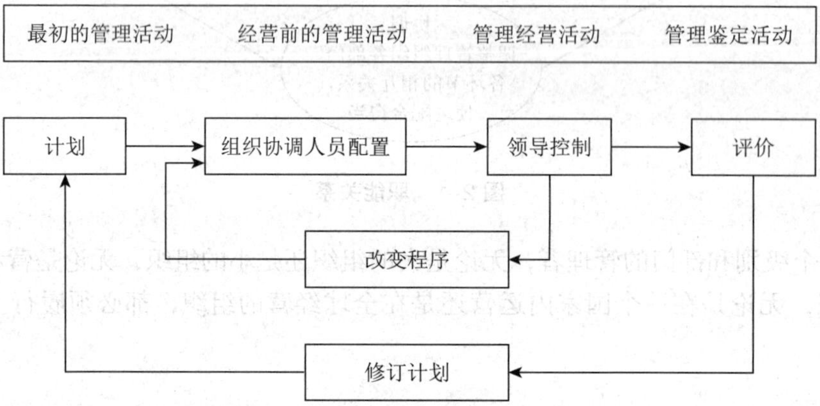

图 2–2　管理程序概要

图 2–2 说明，一是为达到目标，要进行组织、协调、配备人员等活动。二是一旦人员落实，管理者就能执行指挥活动并制定管理体系。当经营进行时，把这些责任付诸实施，是关键性问题。经理要评估计划和经营前活动成功还是失败。三是管理必须评价产生实际经营结果的行动效率，而这种经营结果又是在计划标准容许限度之内的。这种评价可能引起组织、协调、配备工作人员的改变。四是整个计划和管理程序的评价可能显示出需要修改主要计划，这仍然影响计划任务。

5. 协调

就是调整管理组织中各部门、各环节的相互关系，使之配合得当。协调包括对内、对外两个方面。对内就是调整好组织内部人际关系，其核心是沟通，难点是如何对待非正式群体，如何解决冲突，其结果形成内部人际关系；对外协调的是新式公关，难点是如何处理与政府、传媒、客户及社会公众的关系，其结果是树立企业形象。

拓展知识

管理层次

酒店的管理层次一般都呈金字塔式，从塔底到塔顶，由宽到窄。越往上层，管理难度越大，管理的幅度越小。现在国内比较常见的酒店管理是直线职能制管理，在该管理体制中，任何一级领导、管理人员、服务员都要明确自己的业务范围、工作职责及本人应该具有的工作技能和知识。酒店一般分为四个层次：

（一）服务员操作层

酒店要为客人提供高质量的服务，必须通过服务员的服务来体现。因此，服务员的素质、个人形象、礼仪、礼貌、语言交际能力、应变能力、服务技能和服务技巧等，是酒店提高服务质量的重要条件。总之，服务人员要根据岗位责任制的规定，明确自己的职责范围、服务程序、服务质量标准和应该具备的服务技能及理论知识，向主管或领班负责。

（二）督导管理层

该层包括主管和班组长，经理助理亦在此列。他们直接同职工打交道，是管理层与被管理层之间的桥梁。他们的主要职能是督导，但也起协调、沟通、控制等作用。主管（领班）主要负责安排日常工作，监督本班组服务员的服务工作，随时检查其服务是否符合本酒店的服务质量标准。主管（领班）还要随时协助本班服务员工作或是代班服务。特别是在服务高峰的时候，或是服务人员缺少的情况下，领班要亲自参加服务工作，因此领班必须具有较高的服务技能和服务技巧，是本班服务员的榜样，是服务现场的组织者和指挥者。否则他就不具备领导本班服务员的权威。主管对部门经理负责，领班对主管负责。

（三）中层管理层

该层包括各部门经理、副经理，或相当于这一职务的人员。中层管理人员上对总经理负责，下对基层管理人员负责，独当一面，责任重大，对饭店的经营管理起着重要的作用。该层人员主要职能是指导、控制、沟通、预算、决策等。部门经理主要负责本部门人员的工作分工、领导、指挥和监督。同时，还要负责制订本部门的工作计划，向上一级汇报本部门的工作，确定本部门的经营方针和服务标准，以求得最大的经济效益。作为一名部门经理不仅要有组织管理能力、经营能力、培训能力，熟悉掌握部门的服务标准、服务程序，同时还要具有实际工作经验并具有一定的服务技能。

（四）上层管理层

该层包括总经理、副总经理、总经理助理。他们的主要职责是规划、组织、决策、协调、革新、控制、外联等。一般来说，他们不直接领导很多部属。从上层管理人员的工作来看，亦可分为四个方面的责任：公关、人事、财产、财务。酒店的总经理主要负责制定企业的经营方针，确定和寻找酒店的客源市场和发展目标，同时对酒店的经营战略、管理手段和服务质量标准等重大业务问题做出决策。此外，还要选择、培训高素质的管理人员，负责指导公关宣传和对外的业务联系，使酒店不断提高美誉度和知名度。总经理对董事会负责。

但是，各层管理人员的职能并非一成不变的，也依时间或具体情况而变动。比如饭店营业好的时候，应侧重于决策、规划、协调、指导；营业下降时，应侧重于控制和预算。基层管理人员重点是督导、报告、协调；中层管理人员重点是控制和预算；上层管理人员重点是规划、决策、组织、控制、外联等。

（资料来源：http://www.canyin168.com/Print.aspx?id=6886.）

四、管理方法

管理方法是管理者履行管理职能和完成管理任务的方式、手段和措施的总称。

（一）制度管理法

是指饭店根据国家的各种法律、法令、规定等，将饭店管理中一些比较稳定的和具有规律性的管理事务，运用规章和制度的形式确定下来，以保证饭店经营活动正常进行的管理方法。其特点是：

（1）强制性。必须遵守、自省，违者必然受到制裁。

（2）权威性。制度本身高度规范，任何人都必须遵守。

（3）稳定性。制度一旦形成并颁布实施，就不能因人、因地而异或朝令夕改。

（4）防范性。制度是人们必须遵守的行为规范，制约任何人的行为，它可以起到预防作用。

（二）经济管理法

是指根据饭店客观经济规律，运用各种经济手段对劳动者进行引导和约束的管理方法。其特点是：

（1）间接性。以经济手段调节人的利益关系，而非直接干预和控制员工的行为。

（2）有偿性。按多劳多得的原则调节员工的行为。

（3）平等性。有一个统一的获利标准，如以规章制度来保证员工能平等获利。

（4）关联性。各种经济利益之间存在一定的关系，并且相互影响。

（三）行政管理法

是指采用饭店各级行政组织的行政命令、指示、规定、制度等有约束性的行政手段来管理饭店的方法。其特点是：

（1）强制性。行政命令、指示等必须执行，不得拖延和违抗。

（2）权威性。行政权力使下级对上级的指令必须遵守并执行。

（3）垂直性。行政方法直接作用于被管理者，一级管一级垂直进行，处理问题及时高效。

（4）无偿性。下级对上级的指令必须无条件服从和执行。

（四）教育管理法

是指通过说服教育、引导启发等形式，激发员工工作积极性和创造性，从而达到管理目的的一种管理方法。其特点是：

（1）灵活性。没有统一的模式，应因人、因地、因时而异。

（2）艰巨性。只有长期不懈的教育，才有可能改变人们的思想并影响其行为。

（3）广泛性。人的思想和行为的形成原因众多，教育方法也应对症下药，多方着手。

（4）持久性。只有持久不断的教育才能收到效果，而一旦有成效，其影响也深远而持久。

（五）表、单管理法

就是通过表、单的设计制作和传递处理，控制饭店业务经营活动的一种方法。这里的表、单分类如下：

（1）上级部门向下级部门发布的各种业务指令。

（2）各部门之间传递的业务表单。

（3）下级向上级呈递的各种报表。

（六）定量管理法

通过对管理对象数量关系的研究，遵循其量的规定性，利用数量关系进行管理的方法。

（七）走动管理法

又叫现场管理法，要求管理者深入现场，加强巡视检查，调节饭店业务经营活动中各方面关系的方法。

（八）感情管理法

通过对员工的思想、情绪、爱好、愿望、需求和社会关系的研究，加以引导，给予必要的满足，以实现预期目标的方法。

酒店是劳动密集型企业，也是情感密集型企业。

拓展知识

管理技巧

教育和经验都可以帮助管理者提高其利用组织资源的技能。一个管理者需要具备以下三种管理技能：

1. 技术技能

就酒店而言，技术技能是指本酒店、本岗位所需的专业技术与技能，它是在现代企业中达成有效的协作所不可或缺的。不仅工业企业需要技术技能，其他产业同样需要技术技能，对酒店而言也十分重要。

2. 观念技巧

即观念形成的能力。它是指一个管理者能进行抽象思考，有形成观念的能力；有一定管理理论水平，能使用管理思想，去解决实际问题；而且具有分析判断和决策的能力。

3. 人文技巧

即处理人际关系的能力。它是指与人共事合作的能力，包括对内联系同级，了解下属活动，激励与诱导下属的积极性，对外与有关组织和人员进行联系和协调。

不同层次的管理者具备这三种技巧的要求有异同（见图 2–3），如第一种技术技能，基层管理者，例如领班就必须熟悉精通本岗位的特殊性、专门性的技术技巧，否则他就不能指挥员工向客人提供优质服务。至于高层管理者，对技术技能的要求，不会像基层管理者那样重要，但亦需要有一般的了解和掌握，纯粹外行也是不行的。又如第三种是处理人际关系的能力，无论对于高层管理者、中层管理者还是基层管理者都同样重要，只是工作的对象和接触的范围不同而已。再如第二种观念形成的能力，对高层管理者来说则是非常重要的，因为一个高层管理者有没有现代化管理的观念、有没有敏锐的洞察力和创造精神、有没有正确的判断和决策的能力、有没有整体的观念，会关系到一个企业的成败。

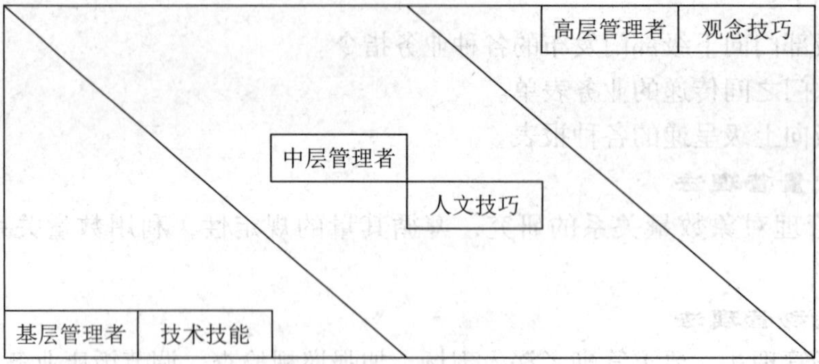

图 2-3　管理技巧

必须不断通过最新的教育培训，获得和提高观念能力、人际交往能力、技术能力，实现由服务操作技能向服务管理技能的转变以适应当今不断变化且日益激烈的竞争环境。

第三节　酒店管理理念

一、酒店管理的概念

酒店管理，实际上是酒店经营管理的简称，包括经营和管理两个方面，指酒店管理者在了解市场需求的前提下，为了有效实现酒店的规定目标，遵循一定的原则，运用各种管理方法，对酒店所拥有的人力、财力、物力、时间、信息等资源进行计划、组织、指挥、协调和控制等一系列活动的总和。

酒店经营（对外）侧重于市场，是指在国家政策指导下，根据市场经济的客观规律，对酒店的经营方向、目标、内容、形式等做出决策。也是酒店根据市场需求的变化，以独立的商品生产者的身份，面向市场，以商品生产和商品交换为手段，满足社会需要并实现酒店目标的活动。

酒店管理（对内）侧重于酒店内部，针对酒店具体的业务活动。即酒店管理者通过计划、组织、督导、沟通、协调、控制、预算、激励等管理手段使酒店的人、财、物等投入最小，但又能完成酒店的目标。

酒店管理的最终目标就是实现酒店的预定目标，取得一定的社会效益和经济效益。

二、酒店管理的内容

现代酒店是由多种业务、多个部门综合而成的一个整体组织。各部门的业务各不相同，这就形成了酒店庞杂的业务和繁复的事务。在经营管理中，管理者必须抓住酒店管理的基本内容管理好酒店。现代酒店管理的基本内容，本书分三个部分加以介绍：

第一部分是酒店管理的基础理论，包括酒店的含义和酒店管理的含义、酒店管理的基础理论、酒店管理的理论体系、酒店的组织管理。

第二部分是酒店横向的职能管理，包括酒店主要职能部门管理、后勤管理、市场营销管理、信息管理、创新发展等。

第三部分是纵向的业务管理，不是一般管理，不过多涉及各部门具体业务的操作，具体的操作有相关专业课程进行介绍。包括：业务管理、服务质量管理及危机管理等。

三、酒店管理的特征

酒店是生产和销售服务的企业，其管理既具有一般企业管理的共性，又有自身的特征，这些特征的形成来源于酒店产品的特点，主要表现为以下几点。

（一）生产流程管理的分散性

酒店企业既是最现代化的企业又是生产方法最传统的企业，先进的设施设备供客人使用，服务员则必须靠手工劳动来提供服务，往往是一对一进行服务，不像实物产品生产企业那样进行规模化大生产。酒店客人的需求及消费随机性很强，在酒店的活动轨迹是不固定的，致使酒店生产流程显现出非线性特点，每一个服务岗位和环节都是酒店产品的一道生产工序，但各工序之间的上下关系却很难固定，每一个环节都可能成为酒店产品的关键点，一个点出现问题，就意味着整个产品价值受损。因此，酒店生产流程的管理是连续进行的，这一特点决定了酒店管理必须注重目标管理，使各个岗位明确工作方向和预期目标。管理是否成功，只能以完成目标的程度来衡量。

（二）管理对象的复杂性

管理活动中人员的管理是最复杂的管理，一般企业人员的管理只是针对员工而言。但酒店业是“人”的行业，对人员的管理既包括员工又包括宾客，两者必须同时兼顾。服务人员既是酒店产品的生产者，又是酒店产品的组成元素，管理的成败往往在于管理者能否激励和鼓舞下属。酒店对顾客的管理通过酒店的服务活动和各种行业条例及规则实现，但客人也是千差万别的，这种差异增加了服务的难度。这一特点要求酒店管理者采取个性化管理方法，以提高酒店管理的水平和效率。

（三）管理协调的高难度

酒店产品是通过组合形成的整体性产品，不仅包括设施设备等硬件服务，还包括人员的劳务、信息等软件服务，是一个复杂的活动体系，需要各方位、各部门、各岗位紧密配合、协同连续地完成，而每一具体服务行为过程又是由分散的个体员工完成的，有着相对的独立性和自身的规律。要使酒店每项具体业务过程既按自身规律运作，又能服从整体目标，就需要大量的协调工作，因此，酒店管理对协调的要求很高。由于顾客需求五花八门，并且不断变化，随机性很强，酒店的管理制度、服务规范常常与客人消费需求产生矛盾，员工的服务又往往受客人需求的支配，这也增加了协调的频率和难度。这一特点要求酒店必须善于发现顾客的个性需求，针对个性服务方面对规范进行补充，对有效的接待方式方法进行研究和总结，将顾客需求与酒店有准备的或服务人员比较容易应对的服务形式相对应，从而提高协调的效率，化被动为主动，提高顾客的满意度。

知识拓展

未来的酒店管理模式，是数字化时代的科学管理

	泰勒科学管理的内涵 目的：提升工人劳动效率	酒店数字化管理的内涵 目的：提升效率和满意度
相同点	从经验成为科学	从经验成为科学
不同点	基于流程化分析	基于信息化分析
	采用实验室研究	采用数据化研究
	构建标准化思想	构建智能化思想

［资料来源：文化和旅游新型人才培养计划·院校培训班（一）：酒店管理与数字化运营专业建设研讨班 杨书帆 讲座文章部分观点 2021年4月28—30日.］

四、酒店管理的理念

酒店的竞争从根本上说是人的竞争。酒店的生存与发展取决于酒店管理者的意识。只有酒店管理者的意识达到了一定的境界之后，酒店的各项管理工作才能达到相应的水平；只有把新的理念变成酒店全体员工的一致行动时，才能产生巨大的推动力。

（一）酒店意识

酒店意识，就是每个员工应自觉遵守的酒店理念。它对统一员工的认识、指导大家的行为有着重要的作用。

1. 服务意识

服务：是以劳动的直接形式创造价值，满足宾客（顾客）需要的一种劳动方式。

服务的本质是：发现顾客需求，满足顾客需求。服务分为：①功能性服务，满足顾客的物质需求；②精神性服务，满足宾客的精神需求。

案例分享

顾客到前台来问询

顾客：我想问一下你们酒店最大的会议室可以坐多少人？一天费用是多少？

服务员A：对不起，先生，这个我不知道。您去销售部问一下好了。

服务员B：我们最大的会议室可以坐200人，一天的费用我不是很清楚，我问一下再答复您好吗？

服务员C：我们酒店最大的会议室可以坐200人，一天费用是1200元，请问您是要来租会议室吗？我可以帮您联系销售代表出来和您洽谈。

分析：服务员A、B都对业务不是很了解，服务员A不合格；但服务员B的态度是好的，较合格；服务员C是最佳的，他满足了顾客的需求，解答了客人的问题。

（资料来源：https://wenku.baidu.com/view/3dc4a6c9473610661ed9ad51f01dc281e43a569c.html）

要知道，顾客与酒店的关系是：

（1）顾客是我们的经理；

（2）顾客是我们的质量监督员；

（3）顾客是我们的顾问；

（4）顾客是酒店的义务推销员；

（5）顾客是服务产品的合作者。

因此，喜来登饭店著名的格言是：在旅馆经营方面，顾客比经理更高明。

2. 质量意识

服务质量是酒店的生命，质量就是效益，酒店服务质量好，收益多，社会整体效果好。优质服务不仅增加回头客，更使潜在顾客光顾，从而大大提高酒店的经济效益，使酒店在激烈的市场竞争中立于不败之地，在竞争中站稳脚跟，发展壮大。可以说，酒店的竞争归根结底是服务质量的竞争，服务质量是酒店的生命线。

3. 系统意识

酒店是由多种业务、多个部门组成的复杂系统，它是由相互作用、相互依赖的若干部门结合而成的具有特定功能并处在一定环境之中的有机整体。系统管理意识强调目标、强调系统的有效性。系统目标代表酒店根本的、长远的利益，达到系统目标，维护系统的整体利益，是酒店各子系统的共同利益所在。系统管理意识对各子系统强调责任。酒店经营管理系统的全部任务和目标都以一定的指标形式分解到各子系统。因此，在确立系统意识的同时，必须确立责任意识，以责任意识指导自己的行为。

（二）品牌意识

1. 品牌的含义

品牌主要是指用以区别不同企业生产销售的产品或服务的名称、标记、图案、形象或其他特征。包括品牌名称、品牌标记、品牌内涵等。

现有资料显示，国内大型的酒店管理集团在品牌建设中还存在着这样几个问题：一是有集团（公司）的品牌，但没有管理饭店的品牌，也就是说没有产品的品牌；二是一个集团内有了一个以上的品牌，但缺乏有效的整合，或是品牌之间定位不清，甚至出现交叉，或是对不同的品牌实行多头管理；三是品牌与所管理的酒店脱节，使用同一品牌的酒店从酒店档次到服务项目，从产品质量到工作流程差异很大，看不出是来自同一品牌的管理等。

加强品牌建设是任何一家大型酒店集团都不可回避的使命，也是其本职的工作。重点在于，对此要有足够的认识和重视，这是基础、是前提。其次，要使品牌具有实实在在的内涵。一个成熟的酒店品牌，应该有鲜明的建筑风格、鲜明的酒店环境、统一的服务产品、统一的工作流程。简单地讲，就是在没有人告知的情况下，通过酒店的产品能让人感到这是使用同一个品牌的酒店。最后，要进行品牌整合。对于大型的酒店集团，品牌的整合非常重要，这也是实施专业化管理的具体体现。品牌建设是大型酒店集团的灵魂所在，也是中国本土酒店集团的薄弱环节。

2. 品牌意识的主要内容

（1）提升经营理念，发挥品牌的凝聚功能；

（2）完善制度规程，统一品牌的行为识别；

（3）规划有形展示，形成统一的视觉识别；

（4）加强信息传播，提高品牌的认知度。

拓展知识

卡尔森

丽晶：5 星 +，丽晶酒店集团于 1970 年在中国香港成立。1992 年 8 月，四季与丽晶缔结联盟，1997 年 11 月，Carlson 并购国际丽晶酒店集团，但四季仍然负责管理丽晶旗下位于雅加达、吉隆坡、新加坡、中国台北、悉尼及洛杉矶比佛利山的丽晶酒店。香港新世界中心丽晶后挂牌洲际。上海龙之梦丽晶于 2008 年撤牌。

丽晶七海邮轮：原为丽笙七海邮轮，2006 年 3 月归到丽晶品牌下。2008 年 2 月，Carlson 以 10 亿美元将丽晶七海邮轮卖给投资公司 Apollo Management，该公司同时还拥有另外两个邮轮公司——大洋洲邮轮公司和挪威邮轮公司。

丽笙：4 星 +，在全球 61 个国家有 435 家酒店，另一品牌 Radisson SAS 为 Carlson 和斯堪的纳维亚航空共同持有。第一家 Radisson 于 1909 年在美国明尼安波利斯开业，后于 1962 年由 Carlson 并入。

丽亭：4 星，Carlson 于 1988 年创立，原为 park inn 的高级品牌。

丽怡：3 星，1987 年创立。

丽柏：Carlson 旗下经济型酒店品牌，1986 年创立。

（三）市场意识

1. 市场意识的树立

进入市场经济时代，酒店管理者要有强烈的市场意识，而作为酒店基石的员工，更需具备市场意识。好的经济效益、社会声誉，不是光靠管理层的努力就能够实现的，而是需要酒店中每位员工的共同努力才能做到。现代酒店员工除了爱岗敬业、尽职尽责外，还要有人人促销、人人参与市场开发、人人推销酒店，宣传酒店的意识行为。同时在社会外部大市场、酒店内部小市场、对客服务的具体工作中发现潜在的客源商机，接待好老顾客，留住新顾客，这些都是员工应具备的市场开发意识、客源竞争意识的体现。所以，现代酒店员工应该具有强烈的市场意识。在酒店中如果只有管理者有市场意识，而普通员工缺乏市场意识，那么这个酒店的入住率、经济效益是可想而知的。

2. 市场意识的主要内容

（1）建立适应市场经济的经营体制；

（2）明确目标市场，进行市场定位；

（3）加强信息管理，适应市场变化；

（4）把握市场机会，适时占领市场；

（5）全员促销，增加市场份额。

（四）人本意识与个性化服务

1. 人本意识的树立

古人云“为政之要，惟在得人”，企业兴旺人才为本。酒店行业的竞争是以服务及文化为主要内容的竞争，其实质就是人才的竞争。随着社会竞争的加剧，一批高学历、年纪轻、从业经验比较丰富的管理型、技能型员工成为各大酒店的重点争夺对象。如何避免优秀员工的流失是整个酒店行业所面临的紧迫而又现实的问题。掌握客户资源信息、从业经验比较丰富的管理型、技能型员工的流失直接导致酒店核心技术扩散，客户流失，市场缩减，经营成本上升。随着社会信息化的发展对于酒店行业显示出巨大作用，使得信息和知识管理成为酒店管理中最重要的环节。而信息和知识管理的核心就是人力资源的管理。现代人力资源理念更加注重开发人的潜能，通过开发和科学管理可以提升其价值，有时会创造出更大甚至意想不到的价值。人力资源是企业的重要资本，现代酒店要想赢得竞争优势，必须树立人本理念、实施人本管理。这是现代酒店发展的必然要求。

从本质上讲，酒店业生产和销售的产品只有一个，那就是服务。所以员工的素质与所提供服务产品的质量密切相关。而人本管理正是提高员工的素质、积极性和创造性的法宝，因为人本管理一方面把员工作为企业经营主体，另一方面把员工作为企业发展的支撑点。只有拥有了主人翁意识的员工才能做到“宾客至上”。正如国际假日集团的创始人凯蒙·威尔逊先生所说：“没有满意的员工也就没有满意的宾客；没有令员工满意的工作环境，就没有令顾客满意的享受环境。”正是酒店业中“宾客至上”的要求，使人本管理理念最终确定了员工的主体地位。人是企业最重要的资源和财富，作为劳动密集型行业的酒店业是为“人”——顾客——服务，但更应该重视“人”——员工的作用。当今，酒店业已经从传统的粗放式经营管理走向理性发展之路，人本管理理念为企业盈利能力及和谐发展能力的提高开辟了一个崭新的天地。因此，人本管理理念的落实程度对酒店经营活动具有决定性意义。

人本意识的主要内容：树立以人为本的理念；正确认识与使用员工；科学培训与激励人；注重管理技巧，实现以人为本。

2. 个性化服务

金钥匙会员及金钥匙组织标志（见图 2-4 至图 2-6）。

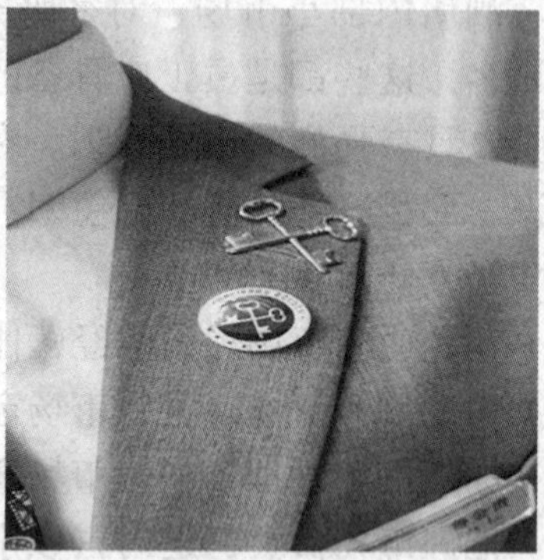

图 2-4、图 2-5　武汉金盾大酒店礼宾司　鲁金贵

图 2-6　金钥匙（Concierge）组织

拓展知识

坚定信念、砥砺前行

武汉地区 2019 年第四季度金钥匙分享会顺利举行

2019 年 12 月 22 日，中国金钥匙武汉地区第四季度金钥匙分享会在武汉保利江锦 1 号顺利召开。来自武汉地区各大酒店、物业联盟的 21 名金钥匙会员参加了此次分享会。会议由中国金钥匙武汉地区秘书长景宇亮先生主持，大家的积极参与使此次会议变得精彩非凡。此次会议旨在分享第 24 届中国金钥匙年会“更开放、更跨界、更变革——中国服务金钥匙宣言”的会议主旨，并围绕武汉地区 2020 年度金钥匙工作方向进行交流研讨。

首先由中国金钥匙武汉地区秘书长景宇亮先生对此次年会情况做了整体介绍，向地区金钥匙会员分享了武汉地区的获奖情况。与此同时，景宇亮先生为在年会期间积极参与年会接待礼仪进行服务协作的金钥匙会员，颁发了来自金钥匙总部的感谢信，并激励与会会员更多地投入到金钥匙事业中来。

随后，湖北保利大酒店新授徽金钥匙会员陶晶女士对第 24 届年会进行了分享，通过视频短片的形式回顾年会的精彩盛况，阐述了“更开放、更跨界、更改革”年会主题，分享参加年会的个人感受，同时站在新会员的角度对地区发展与建设提出建议，得到了在场金钥匙会员的共鸣与热烈掌声。

（资料来源：https://www.sohu.com/a/364603708_120066723）

（五）创新意识

1. 创新意识对饭店管理的重要性

（1）创新是饭店管理者的基本职能；

（2）创新意识是饭店发展的需要。

2. 创新的主要表现形式

（1）技术创新：应用网络技术、计算机技术、保安监控技术、成本控制技术。

例如：有的酒店系统可以精确地记录每个员工在作业的时候，用了多长时间、几度电、几升冷水、几升热水，在月终的时候会生成一份报表，员工的用水用电，工作效率一览无遗。配合酒店相应的奖惩措施，对能耗低效率高的员工进行奖励，对效率低能耗高的员工进行处罚。为了获得奖励而避免处罚，员工会自觉地降低工作时的能耗并且提高工作效率。经过一段时间，管理者就会发现，以前打扫一间房的标准是 15 分钟，现在降低到 10 分钟，以前一层楼需要 10 个清洁工，现在只需要 8 个人就够了。这种创新，就是降低员工的能耗，提高他们的工作效率。

（2）产品创新：包括产品的形态、内容、服务项目、组合方式、产品质量创新。

（3）制度创新：企业产权制度创新、经营制度创新、管理制度创新。

（4）组织创新：组织原则、管理体制、组织形式、组织结构人员安排的创新。

拓展知识

主题酒店

美国的拉斯维加斯可以说是主题酒店之都。主题是拉斯维加斯的灵魂与生命，一座座主题酒店就是一个个的景点。

（资料来源：蒋丁新．饭店管理（第 3 版）[M]．北京：高等教育出版社，2010.）

（5）环境创新：通过企业的创新活动改造环境，引导环境朝着对企业有利的方向发展。

（6）市场营销创新：市场需求创新、产品设计创新、销售渠道与方式创新、价格与促销创新。

拓展知识

酒店管理的创新

时代在变，社会在变，顾客需求也在变，一切都在变化中。作为一个企业，它同样需要变化创新，以适应社会和时代的发展。我们讲，企业的标准、流程和制度应该保持稳定，但那只是在特定的某段时间内相对固定，正如哲学里讲的：变是绝对的，不变是相对的。所以，对于酒店来讲，进行动态管理是必需的，创新是一个酒店生存发展的不二之选。管理创新的方式方法是多种多样的。

（1）要善于否定自己，不要自以为是。现有的东西也要善于否定，并且要在整个创新过程中反复否定。

（2）要反复地收集信息。特别是酒店行业，区域性比较强，别的地方有好的东西，我们得到了信息，就要从源头上下功夫，信息量一定要大。

（3）要注意借鉴。美国某企业有句话："综合就是创新。"

（4）要集思广益。大家可以坐在一起探讨，各抒己见，把自己的一些想法，一些点子都说出来。有人可能说得不对路，但别人听了可能会产生灵感。

（5）创造发明。创造发明就是人无我有，这是创新中最难的。

（6）研发成果要注意在实际工作中运用。我们的研发工作成果，一定要注意在实际工作中运用，脱离实际一切都毫无意义。

（资料来源：http://www.abaogao.com/c/canyin/N03827A804.html）

拓展知识

有效的创新

转型、创新作为流行词的当下，行业内各个集团和酒店也都在忙于转型和创新。有的酒店忙了两年多，被动地跟在流行潮流后面，结果是利润不见涨，干着急。原因很简单，创新也讲究效果。

谈到有效创新，同样可以运用"孙子兵法"中的精髓：知己知彼，百战不殆。在转型、创新中，酒店需要搞明白三件事：①顾客需求发生了哪些变化，是否有能力满足这些变化。②原有产品和服务是否还有目标客户，如果没有了，如何改变才能赢得新的目标客户。③新的产品和服务可以通过哪些渠道传达给目标客户。

过去两年多，不少酒店在盲目转型，盲目创新，其原因在于没有好好地研究和落实以上三点，结果无效。下面以行业中发生的案例来讨论转型、创新的有效与无效。

无效创新：

案例 1，如在一个国际品牌的高端酒店有一种"创新"：小酒吧冰柜内放了可乐、橙汁、雪碧，都是免费的；但收费的小酒吧账单项目上却印有：泡面 18 元，扑克牌 18 元，避孕套 25 元，这种创新显然是无效的。

案例 2，通过团购网销自助餐成为一种时兴。某高端酒店推出用网销半价自助餐，但成本要高出团购促销半价 20 元，推广期为两周。一般网购客户不是高端酒店的目标客户，酒店则是浪费两周时间和倒贴成本，这也是无效创新。

案例 3，一家在市中心极好地段的高星级商务酒店，为了减少人工成本而完成上级要求的利润指标，将原来按五星要求配置的各类餐厅、酒吧，除了早餐，全部外包；大堂四周，每个面积都出租，员工减少一半，纯利润增加，但作为一个五星级酒店，顾客的满意指数急剧下降。忘记自己是一个提供全服务的酒店，这种创新也是无效的。

有效创新：

案例 4，中餐收费模式创新。高端酒店餐饮中的零点一直是一个痛点，价位高，味道一般，人少难点。如何将痛点变为热点，推荐高端酒店可以去向“大董”学习收费模式的创新。一般的中餐标准为例盘和大盘两种，而只有一到两个顾客就餐往往感觉很难点菜，也因为这个原因，少有一两个顾客在高端酒店中餐零点就餐。“大董”的创新收费模式是：一个人都可以点上五六个菜，享用美食。如果一个菜的列盘可以供四人享用，收费为 68 元的话，一位顾客可以点这个菜肴被收费 18 元，如果另一个菜的列盘收费是 128 元，一位顾客可以点这个菜肴被收费 35 元，以此类推，一位顾客得到的是宴会中每人每位的份额，两人就餐同理类推。这种方法高端酒店可以仿效，会受到顾客欢迎的，功夫在于菜肴计量的标准化和愿意进行份额精细化。

案例 5，当地菜肴创新。业内都知道香格里拉大酒店有个配套的中餐品牌“夏宫”，这是在酒店业少有的餐饮品牌，也因为这个品牌，香格里拉各地大酒店的中餐业绩一直高于高端酒店的平均水平。业内人士也都知道，“夏宫”的菜肴以粤菜为主，搭配少量当地菜肴，粤菜由于原材料要求高而导致价位不低，而且高端酒店的中餐一般都主打粤菜。新开业的南京香格里拉大饭店，一改香记的传统，在南京这个消费不高的城市，根据江浙一带地区的当地居民口味，开出了一个新的餐饮品牌“江南灶”，厨师长找的就是当地社会餐饮的好口味高手，经过香格里拉的标准培训，把这些当地美味菜肴装入高端器皿，定价略高于社会餐饮，把大批的南京当地市民引入“江南灶”就餐，出现了高端酒店中餐零点未曾见过的场面，当地市民也为能在高大上的香格里拉品尝原汁原味的当地菜肴而奔走相告。

案例 6，基于“Review Pro”软件数据分析的早餐创新。杭州有家规模不大的单体饭店——逸酒店，在本身各方面条件不算优越的条件下，居然能赢得 30% 以上的境外顾客，RevPAR 水准与杭州的几家国际品牌相等，这和这个职业经理人团队的创新举措有关。当大多数国内酒店都在使用网上点评“慧评”网数据时，逸酒店使用了一般只有国际品牌才会使用的“Review Pro”软件，实时观察竞争对手的价位和顾客点评，不断吸取竞争对手中顾客的好评，改进自己酒店得到的差评，全体员工都有争取每天进步的心态。由于逸酒店面积不大，120 间房的酒店没有场地可以提供自助早餐，酒店团队推出目前行业少有的早餐套餐，除了水果、奶制品、面包、果汁可以随意无限量，每位顾客可以在酒店准备的美式、欧陆、亚洲、杭州套餐中任选一款，厨师长还行走在就餐区域不断征求顾客的意见。对于这样的早餐创新还是需要推荐和点赞。

总之，创新不能盲目跟风，创新是为了创利。有效的创新需要了解顾客，需要了解酒店团队开拓产品和服务的能力。“知己知彼，百战不殆”，有效创新一定有效创利。

（资料来源：星硕袁学娅专栏微信公众号，2016. 资料有整理 .）

（六）安全意识

安全是酒店经营的前提条件，一个国家旅游经济是否景气，安全是关键。如小的细节方面，洗硬质地面或地面打蜡时应放置告示牌；发现硬质地面有水，要立即擦干净；不可以在对客区域跑动。

（七）销售意识

（1）把握任何机会推销酒店产品。

（2）前台要尽量 UPSELL（高价）。

（3）对老客户要主动推介新的菜式。

（4）尽可能推介高价菜式，提高人均消费额。

（5）主动介绍酒店的其他服务项目。

（6）要先推销本店产品。

（八）公关意识

每个酒店人应该意识到自己的形象代表着酒店的形象；要通过注意自己的形象来维护和树立酒店形象。在工作中发扬团队合作精神，互相支持、协助，不要推诿、扯皮。

（九）成本效益意识

（1）酒店的效益影响和制约酒店的发展。

（2）酒店的经济效益与员工的切身利益息息相关。

（3）在酒店的经营中，开源和节流同等重要；要从一滴水、一度电、一张纸等一点一滴做起，养成节约的好习惯。

（十）卫生意识

（1）卫生、舒适的环境是吸引客人光临的条件。

（2）卫生因素对酒店的经营具有重要的意义。

（3）客房、餐厅及其他各经营场所要保持清洁卫生。

（4）用具干净，无污渍、印痕。

（十一）标准意识

（1）酒店业是一个比较规范的行业。

（2）每个岗位都有相应的工作程序。

（3）每项工作都有相应的标准。

（4）操作时要遵守操作程序并坚持工作标准，才能使我们的服务持续化程序化，才能使琐碎的工作制度化。

特别提示

酒店管理中应注意的问题

（1）制定完善的制度，加强员工的培训；

（2）以身作则，敢于管理，指示明确，抓好细微之处，做到“在关键的时候，出现在关键的位置，解决关键的问题”；

（3）奖罚分明，注意公平公正，合法合理；

（4）不要吝啬赞扬别人；

（5）注意做好双向、多向的沟通协调；

（6）注意处理好“小团体主义”。

思考与练习

1. 什么是管理？如何评估管理者的管理绩效？
2. 简述管理的职能。
3. 管理者分为几个层次？分别扮演怎样的角色？管理的技巧有哪些？
4. 试比较不同管理理论的基本思想。
5. 试述酒店管理职能、方法、概念及酒店管理理念。

第三章 酒店组织与制度管理

引 言

酒店是劳动密集型企业，人员众多，工种各异，管理过程精细复杂，加上产品中的服务含量又大，要实现管理目标，必须建立一个严密、科学、合理的机构设置。组织管理是有规律、有实际的常规性内容的管理，所以要使组织管理规范，就要有组织制度作保证。酒店组织结构的稳定、酒店组织的有效运行都需要制度的保证。本章从酒店业务组织的视角，阐述了酒店组织机构设置的原则、要求、方法和模式。并对酒店相关的组织制度作了较全面的论述，通过实例对世界酒店经营管理模式进行了介绍。

学习目标

- 了解酒店组织机构设置的原则和要求。
- 熟悉酒店组织机构设置的方法和模式。
- 掌握酒店相关的组织制度。
- 了解世界酒店经营管理模式。

关 键 词

酒店组织机构　直线职能制　酒店制度　酒店制度体系

导入案例

真爱文旅的定力，民族品牌的骄傲

听说有一个与众不同的山居酒店民族品牌——松赞，不做商业地产，自行投资、自行管理、自行运营，从2001年在自家宅基地开出第一家酒店，经过8年的摸索后开出了第二家，到目前为止20年了，一共才开了12家酒店。这些酒店全部开在喜玛拉雅到横断山脉区域，这些酒店的目标客户是欣赏秘境的小众、消费的高端，酒店所开之地的房价都高于国际品牌。对比目前众多地产企业将酒店作为工具拿地、融资，挂国际酒店品牌提升溢价的普遍现象，笔者对该品牌产生了学习研究的兴趣。是怎样的价值观能让创始人带领团队，不受短平快资本市场诱惑，精耕细作、注重细节、追求品质，将在地文化与国际水准结合，给目标消费者提供一个有爱心的住宿产品的体验呢？

要订松赞酒店，还真不容易，笔者这次西藏之旅计划行程中，途中共有两家松赞酒店，提前几周，只订到在拉萨林卡的那家，来古山居全满房没有订到。同仁们肯定想知道松赞酒店的均价是多少？2000 元，满房是常态。高品质除了原材料和文化特色，这家最高投资的拉萨林卡每房投资 300 万是保障，优质服务是有 1:1.25 的人房比的保证。这些指标，目前很多国际酒店品牌在地产投资商的捆绑下的一线城市往往都做不到，为何这家在高原、在秘境之地的酒店品牌能做到？

入住拉萨林卡松赞酒店时，正好遇到创始人白马多吉的妹妹月英。听月英介绍，她哥哥创始人白玛多吉从家乡开始，初心是不让美景被过度开发和消费，不让美景变成看似繁华的商业景区，为了让更多人在领略藏地壮美风景的同时，还能开启生命的智慧，还享受有藏文化特色的高端住宿产品和服务，这是创始人创办“松赞旅行”的理念和真正价值所在。松赞就是通过服务、引领消费者来到大山的褶皱里，在那些最美也最遗世独立的地方，舒适、便捷放松地体验藏地的诗和远方，找到各自的香巴拉。松赞有自己的旅行社、车队、旅游管家，高端定制旅游路线的客人，全部安排入住美景沿线的松赞酒店。

入住期间看到酒店普遍采用的木料和铜材以及羊毛壁挂，被告知木料从加拿大和美国进口，铜制品和羊毛壁挂都组织当地藏民加工，既让当地手工艺能够传承，又解决了当地藏民的就业，类似物品还有西藏彩绘、唐卡、藏文化家居饰品，等等。床上布件都是 80 支纱以上产品，布件和毛巾等的洗涤都送去当地的香格里拉大酒店。我们入住酒店后，在酒店享用了晚餐和第二天的早餐，没想到的是，酒店中、西餐的烹饪水平一流，菜品齐全，当问到那些食品原材料的来源，月英告诉我，都是从西安空运而至，虽然成本很高，但为了消费者的体验，他们坚持这样做。当我们享用到各类精美的西点时，以为有请外籍西点师，但被告知全体员工都是藏民。目前很多国内的民族品牌，西点往往是弱项，没想到在拉萨的藏族员工，能够做出有国际品牌酒店水准的西点，真不容易。

只有初中文化水平没有受过正规酒店业学习的月英告诉我，整个集团并没有接受过正规的酒店专业培训，问到为何能做到如此高品质，她的回答是：要求每个员工用爱心去做每一件事。“爱心”应该是松赞的精神品牌，有人说，“松赞”是中国的“安缦”，笔者体验后认为，“松赞”高于“安缦”，因为“松赞”酒店不仅仅是一个目的地的驿站，而且是秘境旅游 + 的住宿产品。20 年来，松赞专注打造由精品山居酒店和旅游产品串起来的茶马古道新滇藏线，未来还计划打造精品山居和旅游产品串起来的川藏线。松赞卖的不是酒店，其实是旅行。

松赞是一个区域性的民族品牌，是民族品牌的样板和骄傲。这个品牌有“魂”、有“根”，当下行业都在研讨如何做到文旅融合，如何走出文旅融合的发展道路，笔者认为，松赞就是一个最好的样板。

（资料来源：星硕袁学娅专栏微信号，袁学娅，2021-04-21.）

组织管理就是通过制定合理的组织结构，并设立组织的规章制度、行为规范、监督机制等将企业的人力、物力和财力以及各种资源进行有效的整合利用，从而形成一个完整的系统机构，促进组织目标的实现。如果说组织是实现组织目标的工具，那么组织管理活动则是关于如何运用组织这个“工具”来实现组织目标的，可见组织管理的重要性。

第一节 酒店组织管理与组织机构概述

一、酒店组织管理

（一）酒店组织管理的概念

酒店组织管理就是根据酒店的经营目标，建立组织机构，合理分配人员，明确责任和权力，协调各种关系，促进酒店经营目标实现的过程。酒店组织管理是实现酒店所有者、宾客和员工价值的保证；是调动酒店员工积极性，进而激发其潜能的重要途径；是提高酒店核心竞争力的重要途径。

（二）酒店组织管理的内容

组织管理是酒店管理的重要职能之一。酒店组织管理是否有成效，其结果将直接影响整个酒店的经营成果。酒店组织管理是通过确定酒店的奋斗目标，科学地组织各类人员的结构、确定职位、明确责任、协调各种关系来发挥组织的整体效能，从而实现酒店组织的目标。具体来说，酒店组织管理的内容主要包括以下四个方面。

1. 构建合理的组织结构

构建酒店组织结构的目的是对酒店员工的分工协作关系作出正式、规范的安排，建立一种有效的组织结构，实现酒店经营目标。其内容包括：

（1）制作组织结构图

组织结构图是全面反映酒店内部组织结构、权责关系、岗位分工、人员安排的综合图解。酒店组织结构图的要素包括：在明确业务分工的情况下进行一个层次的部门设置；按直线制的形式对下属业务单位和班组进行设置；对酒店组织做层次的划分，包括划分酒店的基础层次和各部门的层次；对职位的确定。

（2）划分业务范围

酒店在完成部门设置和管理层次划分后，要确定各部门各岗位的业务范围，并对牵涉多个部门的业务进行界面划分。在划分酒店业务范围时要把握几个要点：第一，酒店所有的业务都必须落实到具体的部门；第二，涉及几个部门的业务，既要注重部门与部门之间的协作与配合，同时要对各部门在同一业务上的权限和职责进行明确的界定；第三，业务分工和界面划分后，要以制度的形式予以规定。

2. 编制定员

编制定员是核定各岗位、各班组、各部门及全酒店的管理人员和服务人员的数量，并根据编制配备各类人员。编制定员首先要以班组为基础进行人员核定，分析相关因素确定定员，然后确定用工类型。编制定员是酒店制订人力资源管理计划的基础，科学安排各类人员的用工类型，对于合理使用人力资源、提高工作效率具有重要意义。

3. 组织任务的分配

组织任务的分配就是将组织目标的具体任务分解落实到各部门。酒店在进行组织任务分配时应注意以下几点：

（1）确定组织目标

组织目标是指一个组织未来一段时间内要实现的目的，它是管理者和组织中一切成员的行动指南，是组织决策、效率评价、协调和考核的基本依据。任何一个组织都是为一定的目标而组织起来的，目标是组织的最重要条件。酒店作为一个组织，无论其成员各自的目标有何不同，但一定有一个为其成员所接受的共同目标。

（2）分配任务

组织目标确定以后，组织中的各个部门都要齐心协力地为组织目标而奋斗。组织目标是在各部门完成各自任务的基础上实现的。因此，酒店要对各部门、各部门要对各岗位下达明确目标并分配具体的任务。首先，酒店要把计划指标进行分解，分解成能落实到各部门的部门指标，并把这些指标落实到各个部门。其次，把实现指标的各具体任务分配到各部门。最后，各部门根据指标和分配的任务制订本部门的部门计划。

（3）考核目标

目标考评是目标管理的重要环节，其基本目的是检验目标成果、考核管理绩效、改进领导工作和促进下级向更高的目标奋斗。组织在分配任务以后，就要了解任务如何完成，能否达到各阶段的目标，这就要对分配的任务和目标进行考核。酒店考核目标通常是以月为单位进行，考核目标时要对任务完成情况进行真实的评估，不能流于形式。考核完之后，还得对目标完成情况进行分析，并提出具体的建议和措施。

4. 组织变革

酒店的发展离不开组织变革，内外部环境的变化、酒店资源的不断整合与变动，都会给酒店带来机遇与挑战，这就要求酒店应随时对组织进行调整、改革和再设计。当酒店在运行中发现原先的组织设计不够完善或当内外部环境出现新的情况时，就有必要对酒店组织进行调整和变革，以提高组织的效能，增强组织的适应性。随着市场需求的不断变化，酒店也应对组织结构随时进行调整以适应市场需求的变化，使酒店在竞争中立于不败之地。

二、酒店组织机构

（一）酒店组织机构的设置原则和要求

酒店组织机构是酒店管理体制的核心。酒店管理体制中的领导管理体制是以组织机构的存在为前提条件的。那么，怎样才能建立一个行之有效的组织机构呢？下文将具体介绍。

1. 酒店组织机构的概念和特点

现代酒店组织机构，就是为实现酒店经营管理目标，由许多相互联系、彼此合作的部门和人员，共同形成的一个有机的整体。它是一个集体力量，是在人员分工、职能分化的基础上的一种组织形式，其特点为：

（1）职权分离，互相制衡

组织机构的作用是运用权力来协调酒店管理中的各种关系。而组织权力因组织机构的等级层次不同，权力大小亦不同。同样，管理人员在组织机构中的职位高低和工作岗位不同，其权力大小也不一样。组织机构是一种群体活动，因此，在酒店管理中，“职权分离，互相制衡”是组织机构的显著特点。

（2）一体三面，协调配合

所谓“一体”是指酒店的组织机构和组织管理都是一个整体。它要求机构设计要从整体利益出发形成系统，各级机构及其各岗主管经理的职权分工也要从整体利益出发，形成一个分工明确、职权清楚、互相制衡又互相协调的整体。所谓“三面”是指酒店组织机构同时具有三个层面：一是具有清晰的职位，各级、各岗的层次、顺序、岗位职责规范十分清楚；二是具有流畅的信息沟通渠道，组织机构中的信息系统、信息管理制度健全；三是具有协调与配合精神，组织气氛要和谐，能够用组织手段来保证组织目标的实现。

（3）目的明确，适应环境

酒店设置组织机构的目的就是完成经营管理任务。在这一总目标下，各级组织机构的等级不同，其具体目的和管理任务也不同。因此，酒店组织机构的设置、各级组织和各岗人员的安排，都要以目标、任务为基础，日常的组织管理工作也要以组织目的为基本出发点，保证目的明确，任务清楚。与此同时，酒店组织机构又要适应环境。它包括两个方面：一是组织机构设计时，要充分考虑国家和地方政府的有关政策和要求、酒店所处的市场环境、市场竞争状况、酒店性质和投资结构等，以保证组织机构设置及其人员安排、岗位职责规范等与客观外界环境相适应；二是当酒店外界环境，包括国家和地方的经济环境、市场环境、酒店性质和投资结构等变化时，酒店的组织机构设计、人员安排、岗位职责等也要随之变化。

拓展知识

树立管理的资产观和战略观

（1）酒店管理的资产观对管理资产的完全理解，存在三个层次。

①管理资产是由消费者确定的对资产的理解。酒店管理资产具体定义为与管理名称和符号相联系的附加在产品或者服务上的管理价值，由“四度”构成，即知名度、美誉度、联想度和忠诚度。本质上，酒店管理是消费者心目中的形象，管理资产是由消费者确定的。在管理概念的认识上普遍存在一种误区，即把管理看成企业自己的东西，一种商标权，一种与竞争者相区别的标识，而轻视消费者的需求和偏好，忽视消费者在其中的地位。酒店管理创建的任务就是如何将管理牢牢地占据消费者的心理空间，在消费者心目中树立牢固的地位。

②管理资产实质是“关系”。它包括有形资产与无形资产、个体企业与同行企业、酒店企业与消费者等方面的关系。

③管理资产作为无形资产是一项战略资产。管理资产是战略性的问题，无形资产的基础是建立竞争优势和未来盈利，“创值能力”才是管理的真正价值。实现低成本风险扩张可以通过短期特许经营权转让等方式，长期在资本市场上与资本运作结合获得信贷、融资和股票价格或在企业并购中实现溢价。其中管理资产评估是创值能力的量化。

（2）战略性酒店管理是一项战略资产，酒店管理就必须由企业高层亲自作出对管理的战略性决策，这也是中国酒店管理现状的迫切要求。酒店管理进行战略性管理的核心理念就是酒店企业一切管理应以管理资产最大化为指导思想。以管理资产为核心统率和整合企业的一切价值活动。

（3）服务质量是塑造管理的基础。服务质量是酒店企业的生命，酒店的管理归根究底要以服务质量和信誉为保证，服务质量始终贯穿于管理的过程。

例如万豪酒店集团制订的长达200页的《万豪管理维护计划》，把酒店每一个服务点的标准要求都详细规定，组织培训，并建立检查和评估体系。

（4）建立管理的组织结构。管理的组织结构是酒店的保障。战略性管理的关键特点是酒店创始人和高级决策者推动管理创建，由于管理是战略性的资产，已经有越来越多的酒店集团将管理的工作由市场营销部门移交到最高决策层。这样可以确保酒店的管理成为战略计划的一部分甚至主导并具有连续性，同时总经理亲自挂帅可以确保各所属酒店的管理创建计划得以实施。

例如东方酒店管理公司的"管理工作领导小组"，在日常的经营管理过程中，有专门的管理机构负责信息沟通管理和资产维护管理。管理机构内，根据管理实际情况设置专门的酒店管理负责人。

（资料来源：https://www.wenmi.com/article/pyaanz053b1o.html）

2. 酒店组织机构的设置依据和原则

（1）酒店组织机构设置的依据

①投资结构

投资结构是酒店经济性质和产权关系的本质体现，它常常决定酒店组织管理模式和组织机构的形式。特别是投资结构不同，反映投资主体意识和要求的酒店高层管理的人员结构也必然不同，他们必然决定和影响酒店组织机构设置及其管理工作。所以，投资结构是酒店管理组织机构设置的主要依据之一。

②酒店规模

酒店规模是由客房数量、餐厅类型和座位多少、商场分割面积和经营种类、康娱服务项目的多少和同一时段的接待能力等多种因素决定的。酒店规模直接决定酒店组织管理的层次多少、管理幅度、机构大小和部门设置、用人多少等各个方面，是酒店组织机构设置的又一重要依据。

③星级高低

酒店星级越高，设备越豪华，经营管理和服务质量的要求越高、越细致，用人也就相对越多，必然加大酒店组织机构规模。所以，规模相同的酒店，星级高低、豪华程度不同，其组织机构的形式、岗位设置和组织管理都有较大区别。

④服务项目的多少

酒店服务项目的多少直接影响其综合性程度的高低。两家建筑面积相同的酒店，服务项目越多的其综合性越强，其所设置的领班或主管人员必然增加，从而扩大组织规模，增加员工数量和经营管理的难度。

（2）酒店组织机构设置的原则

①组织形式要适合经营的需要

组织形式要为酒店的经营服务，就需从酒店的业务特点出发，根据酒店业务运转的需要确定酒店的管理机构和组织结构。

②组织形式要服从效益目标

为了达到效益目标，酒店的组织形式要以能产生最佳效益为原则。为了酒店的效益，酒店在组织管理上，首先要根据跨度原则和实际需要确定酒店的组织层次；其次要按需设岗；最后要精兵简政、精减人员。

案例分享

楼面的值台

酒店的客房是以楼面为单位而设置的。20世纪八九十年代，我国的酒店在楼面都设置了服务台，由值台服务员在服务台值班，负责楼面的各种对客服务。由于楼面值台的工作量不大，特别到了后半夜就几乎没有什么事情可做，因此有些酒店就向国外的酒店学习，撤销了楼面值台，设立房务中心，这样就节约了大量的人力资源。宾客需要什么服务可以直接和房务中心联系，不会影响服务质量。同时，强化了酒店和楼面的安全控制系统以确保客房的安全。现在这种客房和楼面的组织形式和岗位设置，已经成了我国酒店的主流。然而，在广东的一些酒店至今还是在楼面设置服务台和值台岗。这些酒店的想法是，值台主要是为了保证客房的安全，同时能够给宾客提供及时的服务，更能够提供面对面的服务，而且能够对宾客来迎去送，给人以亲切感，就是人力成本高了一点。对于楼面设不设值台，我们不能说哪种设岗形式更好，因为这些都是一种组织形式，都反映了各个酒店的管理理念和组织模式。

（资料来源：蒋丁新.饭店管理概论［M］.大连：东北财经大学出版社，2007.）

问题：你觉得这两种形式都可行吗？

分析提示：从酒店的组织原则分析问题。

③组织形式要适合业务运转的需要

根据市场、决策目标、酒店业务情况，把酒店业务合理分成几大类，把内容、性质相同的业务划为一类，并根据经营需要，妥善地确定部门的归属。部门构成组织管理中酒店的横向结构，此外还有纵向结构。纵向结构一是要按酒店的规模来确定各部门层次的划分；二是要确立各个层次的组织跨度。通过酒店横向结构和纵向结构的合理组合，从形式上形成酒店的组织结构，保证组织的高效率。

④酒店的组织路线要为目标服务

就酒店来说，用人就是酒店的组织路线，即“德才兼备，以德为重”。酒店处在激烈的市场竞争环境中，现有的酒店不仅有效益好坏的问题，而且有生存问题，它要靠人去营造生存空间，然后再由人去创造效益。为了酒店的经营目标，必须选拔那些经过考验的德才兼备的人员到管理岗位上来。酒店在管理人员时应坚持的标准是“本质好、会管理、懂业务、自身素质好”。要克服裙带用人、画线用人、关系用人、亲情用人、酒肉用人、媚我用人等坏风气，以酒店利益为重，科学选拔人才。酒店要有一套用人的竞争机制，有一套人才选拔的方法，使优秀人才都能脱颖而出。“有德有才要重用；有德无才可小用；无德无才自食其力；无德有才坚决不用”。这曾是一位成功企业家的用人准则，也许会给我们一些启发。

⑤等级链和指挥统一原则

酒店作为一个组织系统从上到下形成了各管理层次，从最高层次的管理者到最低层次的管理者之间组成了一条链条系统结构等级链。这个链条系统结构反映的组织特点是：第一，它是有层次有等级的；第二，每一条链上的各环是垂直而相互联系的，所有的链都连接于最高一环——总经理。这个链条结构是一条权力线，是发布命令、指挥控制、信息反馈的途径。从等级链的原则出发，也引出了组织管理中的一些基本原则。包括：

● 权力和责任原则。等级链是一条权力线，每一环的层次上都有相应的权力。在一条链上，上一环摆动，下连的各环都要跟着摆动，每一环的摆动都受上一环的牵制。这就形象地表明一个组织中的各部分和个人应服从统一意志才能使组织运行得有序。要使组织服从统一意志，必须建立管理者的权力和树立管理者的权威。管理者的权力应由组织给予明确规定。各级管理者拥有权力也应担负相应的责任。酒店组织的要求是把责任明确地落实到人，什么责任该谁负，谁该负什么责任都应该很清楚。

● 服从命令原则。等级链是传达命令的通道，命令顺畅则链条系统和谐。如果命令不被服从，链条结构在某一环上会发生断裂而殃及以下各环和整个系统。由此，酒店强调在组织上必须服从命令。由于酒店业务的机动性和随机性比较大，个人行为的机动性和随机性也比较大，因此服从命令的要求比其他行业更高些。

● 命令统一原则。第一，从最高管理层到最低管理层的命令的精神应保持一致，命令不能是简单的复述，而应该由执行者根据自身环境的具体情况给予发挥和具体化。第二，从等级链看，链环是垂直且一环扣一环，没有脱节，也没有三角扣。所以酒店的命令要层层下达，而且应该是指挥者向直接下属下达而不是越级指挥，也就是管理者在下达命令时不得“串岗”。第三，现代组织要求酒店每个员工只有一个顶头上司，他只应听命于这位顶头上司。

⑥管理跨度与授权原则

管理跨度是指一个管理者能够直接而有效地管理的下属人数。在酒店组织设计中，必须根据各项工作的性质，管理人员的知识、能力和精力，以及下属人员的素质确定合理的跨度。根据国内外的实践，管理跨度的最佳人数为 6~8 人。授权原则是酒店组织根据组织宽度而分成多个管理层次，每个层次的管理者要对目标、对上司、对下级负责。管理宽度范围内的事务，管理者就要拥有权力。当组织确定了各管理职位后，也应当同时确定该职位所拥有的权限。授权，是正式组织的授权，一部分是由制度给予明确规定的，一部分则由上司在职权范围内以一定的形式授予。权力和职位应相称，授权过大或过小都是对权力的误解。

授权是为了管理，为了酒店的目标。权力绝不应成为牟取私利的凭借。对管理者的权力应该有制约手段和制约机制。对酒店最高管理层可由监事会、董事会、党组织、职代会等来制约，同时在酒店最高管理层中各成员相互之间有监督制约机制。各部门经理的权力一方面受上级的检查监督和制约，另一方面应受到相关职能部门的监督和制约，同时，部门经理的权力应受到本部门员工的监督和制约。所有对权力的监督和制约都应有相关的制度给予规定，真正做到权力不可无限膨胀。如果酒店管理者在他管辖的范围内权力不受到约束而可以为所欲为，就为腐败和堕落提供了温床。

⑦酒店组织的系统原则

系统理论认为一个系统最本质的要素是它的“组织联系”，组织联系形式的不同就形成不同组织系统之间的区别。酒店是以宾客的旅居生活为纽带形成系统内的组织联系。从这个特点出发确定了酒店组织的系统原则。

● 强调组织目标。组织是为目标而存在的，一个组织应有一个统一目标。酒店的统一目标是酒店的整体效益，即整体的社会效益和经济效益。为了整体目标，酒店各部分的局部利益要服从整体利益，必要时，采取牺牲某些局部的最优方案以保证整个系统的最优方案。

● 各部分的目标和责任。根据组织对任务的分配功能，酒店要把总目标进行分解，成为各子系统各部分的分目标。分目标要明确，分目标和总目标的关系同样要明确。酒店的组织系统、目标系统要和经济责任制挂钩。目标—责任—利益分配应一致。

● 组织的均衡性。酒店的“稳定状态”在于组织结构的均衡、工作量和任务的均衡、服务质量的均衡、效益的均衡。组织的均衡性在于组织设计和业务设计要有均衡性，信息系统的设计要有联系性和合理性，员工的业务素质和定编要有均衡性，业务的运转要有管理者实施组织职能，使业务运转和谐协调。均衡不是平均，而是指相互间的协调一致。当然，均衡是有时间性的，它不可能是永久性的。因此酒店在组织管理中要根据业务量的变化和决策的变化，合理地调配和组合酒店的各种资源及生产要素，使组织始终处于较佳的均衡状态之中。

⑧团结一致的原则

酒店目标的实现要靠酒店全体员工的团结一致和万众一心。酒店是依靠上下团结而形成的合力把组织推向目标。组织是一个系统，酒店组织要把系统中的各部分、各种资源拧成一股力量指向目标，成为一种和谐的矢力，减少摩擦力，消除反作用力和其他方向的力。因此，酒店内部要搞好团结。但团结是有原则的，要以目标为准则，以正气为前提。酒店在处理不团结问题时要分清是非，坚持真理，批评错误，纠正错误，使酒店的团结成为一种风气。

要使酒店组织能真正团结一致，做到长治久安，一方面要加强企业文化的建设；另一方面要有组织保证：第一，从制度上道德观念上确立每位员工的人格尊严观，以人格力量建立起人与人之间的正确关系，互相尊重互相关心，并以此来规范和自我约束个人的言论和行动。第二，以制度形式界定破坏团结的言论行为，并有相关的处罚手段。第三，各级管理人员在组织团结一致方面起模范表率作用，同时做好工作消除不团结的隐患，对发生的不团结现象则应以高度的责任感及时处理纠正。

（二）酒店组织机构的设置

现代酒店组织的机构设置和职权分配，由于各酒店的规模和性质不同，不必强求统一，但基本要求是一致的。一般说来，酒店部门机构设置的特点是以酒店为宾客提供的各种酒店产品和服务作为依据的。

1. 酒店各部分的划分

酒店各部分的划分是根据酒店的组织原则和酒店的业务特点进行切块和分层。

（1）酒店的所有者

所谓酒店的所有者是指酒店的投资者，它拥有产权的所有权，对产权有最终决策权，并以所有者的身份监督并约束经营者的经营管理行为。酒店所有权的形式不同，会使酒店的组织结构也不同。通常我国很多的酒店因为资本中有国有股或者是国有企业，所以就有酒店的所谓“上级机构”。上级机构也往往是酒店的最高决策者。

（2）酒店内部各部门的划分

酒店有多种业务内容，根据业务内容的不同，把酒店业务分成几个部门。一般酒店的部门有前台部门和后台部门。前台部门是指处于一线为宾客提供面对面服务的部门，主要有销售部、公关部、前厅部、客房部、餐饮部、娱乐部、康乐部、商品部等。后台部门是指处于二线不直接和宾客接触，间接向宾客提供服务的部门，主要有人事部、财务部、工程部、保安部、采供部、办公室等。部门的划分也不是绝对的，它是根据组织原则，综合各种因素而确定的。

（3）其他机构的设置

根据我国的国情、法律、政治经济体制等，酒店除业务的前后台部门设置外，还要设置其他机构。一是党组织的领导机构或者是党的组织，它要对酒店的正常运行、经营决策、实现组织目标等起监督保证作用。二是工会、共青团、妇女组织机构。工会是职工代表大会的常设机构，工会通过职工代表大会的形式行使职工民主管理的权力，监督酒店的活动，维护广大职工的利益。青、妇组织是酒店的群众组织，根据该组织的章程在酒店中发挥积极的作用。

2. 酒店组织的结构类型

酒店各部门划分后，要把酒店各部门在组织中予以定位，使各部分有机地组合起来。酒店通过组织结构对系统内的各部分做定位和组合。我国有多种经济成分和多种投资形式，酒店也有多种管理模式，于是带来了酒店组织结构的多种类型。目前我国较典型的酒店组织结构有以下几种类型。

（1）直线制组织结构

直线制组织结构，顾名思义是按直线垂直领导的组织形式。它的特点是组织中各个层次按垂直系统排列，酒店的命令和信息是从酒店的最高层到最低层垂直下达和传递，各级管理人员对所属下级拥有直接的一切职权，统一指挥兼顾各种业务。直线制组织结构或无职能部门，或设一两个职能部门，一个职能部门兼有多种管理职能。如办公室是一个职能部门，但它兼有行政、人事、保安、财务等几项职能。直线制组织结构比较适合规模小、业务较单一的酒店。现在我国的经济型酒店大部分是这种组织结构（见图 3-1）。

直线制组织结构的优点：第一，机构简单，决策迅速；第二，职责清楚，权限明确，责任心强；第三，权力集中，上下联系简捷，有利于统一指挥，提高组织效率。

直线制组织结构的缺点：一是要求酒店经营管理人员具有全面的经营管理知识和业务能力，并具有较强的综合协调能力和指挥能力；二是由于集权过多，缺乏横向的协调和配合，一旦酒店经营规模扩大或产生复杂问题，就会出现不适应状况。因此，这种形式一般只适用于规模较小、员工人数不多的小型酒店。

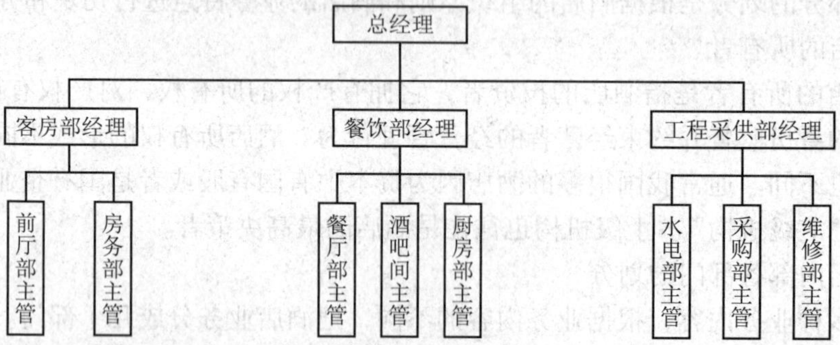

图 3-1 直线制组织结构图

（2）直线职能制组织结构

直线职能制组织结构，也称为直线参谋制组织结构。它是在“直线制”和“职能制”的组织结构基础上发展而来的，以纵向统一指挥为主，职能参谋为辅。其主要特点是既保持了纵向系统的统一指挥优点，又充分发挥了职能参谋部门的作用，从而提高了现代酒店的经营管理效率和水平。如今，我国大多数酒店企业采取这种组织结构形式（见图 3-2）。

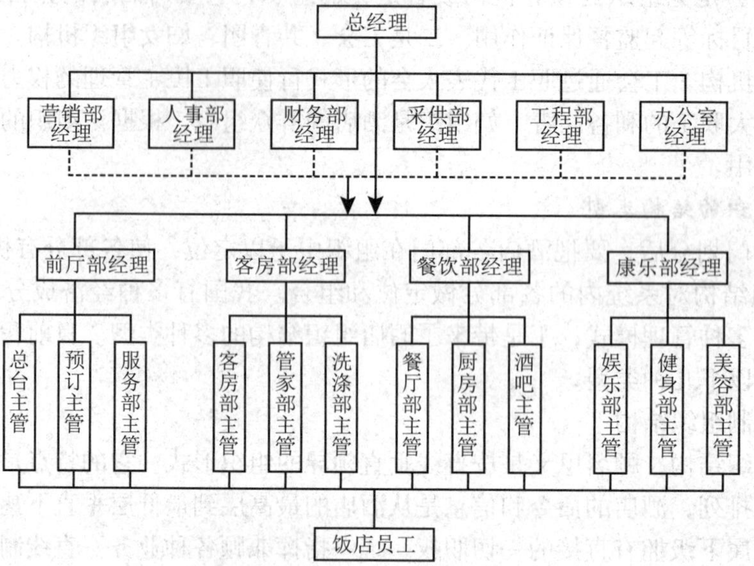

图 3-2 直线职能制组织结构图

直线职能制组织结构的优点：第一，既有利于整个酒店的统一指挥，又能充分发挥职能部门专业化管理的作用，从而提高经营管理水平；第二，有利于加强直线行政领导的权威，提高酒店经营活动的有效性和高效性；第三，有利于突出酒店经营管理的主次，发挥专业管理人员的作用，提高酒店专业管理水平；第四，有利于培养有较强行政指挥能力的综合管理人员，特别是酒店总经理、部门经理层的管理人员。

直线职能制组织结构的缺点：一是行政领导容易包揽一切事务，而职能管理部门的作用发挥不够，各职能部门之间横向沟通和协调性差。二是在业务指导上直线领导与职能部门会出现一定的矛盾冲突。特别是当酒店经营规模进一步扩大，市场竞争剧烈，经营情况复杂时，直线参谋制也明显地不适应酒店经营发展的需要。

（3）事业部制组织结构

事业部制组织结构，又称为部门化组织形式，其特点是在酒店总经理统一领导下，把酒店各经营部门划分成若干相对独立的经营单位，授予相应的权力，独立从事经营活动，是一种实行集中决策、分散经营的分权组织机构。目前，国外的大型企业普遍采用这种组织结构形式，我国的一些酒店或酒店集团也采取这种组织结构形式（见图 3-3）。

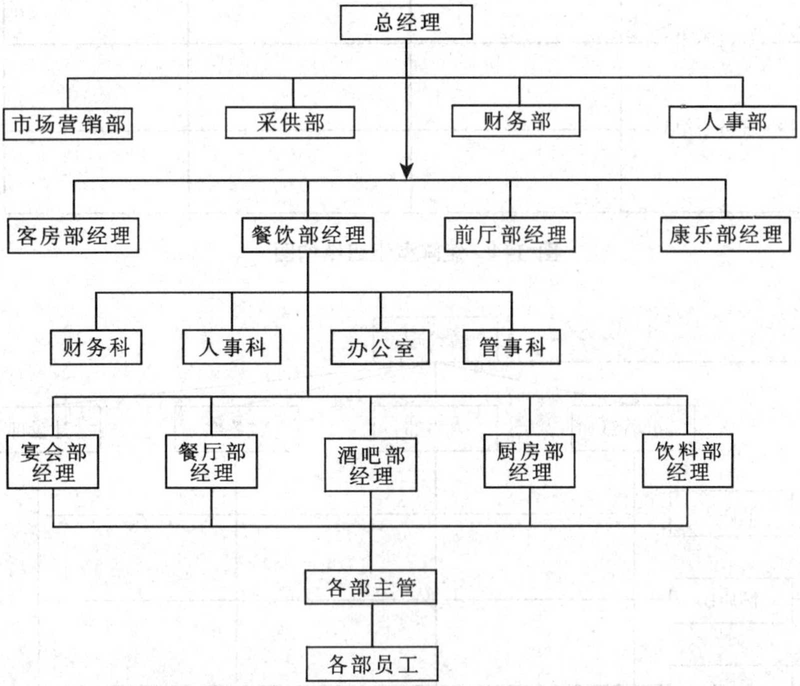

图 3-3 事业部制组织结构图

事业部制组织结构的优点：第一，有利于酒店高层管理人员摆脱日常行政事务，集中精力抓好酒店的经营发展战略和重大经营决策；第二，有利于面向市场、分散经营，提高酒店经营管理效率，增强酒店的应变能力，提高服务质量和水平；第三，有利于考核各事业部的经营业绩，促进各事业部之间进行比较和竞争，调动各方面的积极性和主动性；第四，有利于培养独立的、全面的主持酒店经营管理工作的高级经营管理人才。

事业部制组织结构的缺点：一是在各事业部之间容易形成部门狭隘观念，而忽略酒店整体利益；二是部门之间横向协调差，不利于人才的流动；三是机构重叠而导致管理费用增加、利益协调困难等。因此，应根据酒店实际情况灵活采用相应的组织形式。

（4）矩阵型组织结构

矩阵型组织结构有纵横两套管理系统，把酒店的管理部门分为传统的职能部门和为完成某项专门任务而由各职能部门派人参加联合组成的，并指派组长负责领导的专门小组，任务完成之后，小组成员各自回到原来单位。这样，若干职能部门所形成的垂直领导系统和为完成专门任务而形成的若干任务小组的临时系统，就组成了一个矩阵式的组织系统结构（见图 3-4）。目前酒店业采用矩阵型组织结构的主要是一些酒店集团公司或输出管理的一些大型酒店（见图 3-5）。

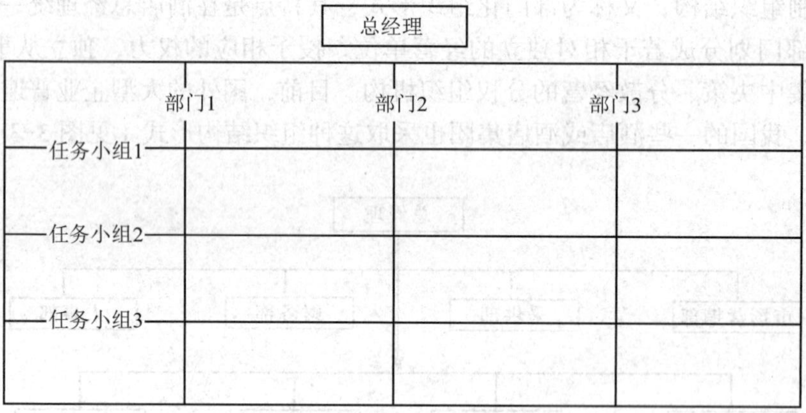

图 3-4　矩阵型组织结构图一

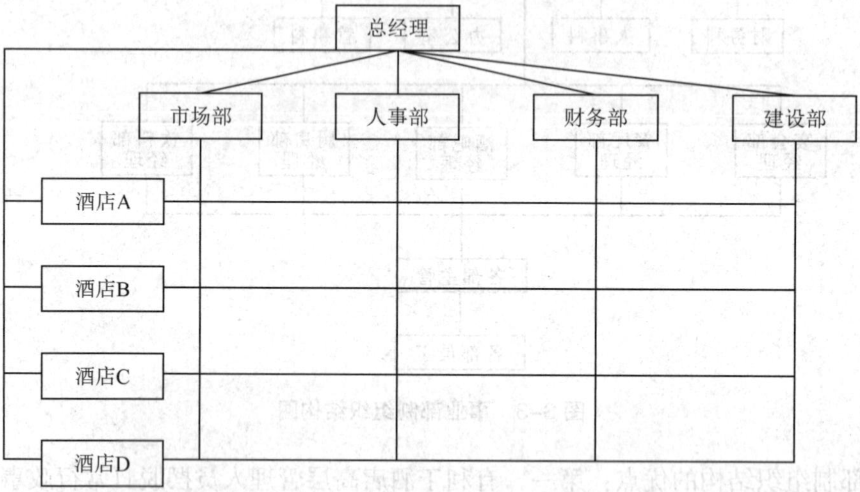

图 3-5　矩阵型组织结构图二

矩阵型组织结构的优点：第一，既能保证完成任务，又能充分发挥各职能部门的作用。第二，能集中各部门专业人员的智慧，互相学习，协调促进，加强组织的整体性。第三，加快工作进度。第四，避免各部门的重复劳动，因而可以缩减成本开支。第五，管理方法和管理技术更专业化。第六，打破酒店内部的部门界限，便于内部不同部门之间的协调。

矩阵型组织结构的缺点：一是任务负责人的责任大于权力。因为参加任务的每个人都来自不同的部门，隶属关系仍在原部门，只是临时参加该任务，所以没有打破等级制，这种双重领导的状况容易延误决策时机。二是矩阵结构需要酒店内部一种合作的文化来支持，这是矩阵结构比较难于有效实施的原因。

酒店的组织结构类型比较多，采取何种组织结构要根据酒店经营的需要，从自身的实际出发。

知识链接

大咖说丨新希望集团董事、新希望六和董事长刘畅：做好文化迭代和组织变革　数字化方可事半功倍

数字化和大数据不一样。不能产生结果的是数字，能产生智慧的是大数据。新希望集团数字化转型做了很多尝试后发现，数字化转型首先要做组织转型，而组织转型离不开文化迭代。这是新希望集团董事、新希望六和股份有限公司董事长刘畅在2021年3月18—19日于湖南长沙举行的2021中国饭店协会会长年会上分享的体会。刘畅谈到，从移动互联网到物联网，最初让传统企业困扰的数字化已不是很神秘的事情，解决方案都已经有了，只要把文化和组织先调到可以匹配的方向上，数字化就可以事半功倍。她认为，数字化转型最根本的变化是，推行新的机制，用新的激励方式，寻找新赛道。

（资料来源：http://www.chinahotel.org.cn/forward/enterenterSecondDaryOther.do?contentId=2e138e3a42754625b9a2f7187d97dc7b）

第二节　酒店规章制度管理

如果说规范化是科学管理的基本特征，那么科学的规章制度（以下简称制度）就是规范化的主体和保证。酒店组织要实行现代化的科学管理，就要强调以制度为主体的规范化管理。由于酒店业务的特殊性，一方面实行现代化管理要求制定比较多的制度，并要求严格执行，另一方面以人为中心和使宾客满意的服务宗旨往往又要求有时突破制度以取得更好的效果。因此，规章制度就成了酒店管理中的一个特殊课题。

制度管理是酒店组织管理的一个重要方面。制度管理包括两方面的内容：一是酒店组织利用制度对酒店进行规范化管理，二是酒店组织对制度建设和实施进行管理。

一、对酒店制度的认识

对酒店制度的认识是酒店管理理念的一个方面。只有正确认识酒店制度，才能制定出科学的酒店制度，才能有效地执行制度。要正确认识制度，摆正制度的位置，既要克服不重视制度的经验主义倾向，又要克服制度万能的教条主义倾向。

（一）酒店制度的含义

1.酒店制度的概念

酒店制度是以文字条例形式规定员工在酒店里的行为的规范和准则。对制度既要认识其本质和主体，又要从时代背景来认识它的时代意义。我们将从六个方面（所谓“六性”）来全面认识酒店制度的内涵。

（1）制度的目标性。酒店实行制度管理是为了实现酒店目标，制度必须为目标服务。

酒店目标表现为两个效益，表现为各子系统目标的综合。制度要为两个效益服务，要服从总目标的需要。

（2）制度的规范性。制度的直接目的是规范员工的行为进而规范组织行为，制度具有规范性。制度规范性有两个方面的含义：一是制度对对象要起到规范作用，制度要全面完整并具有可操作性，切实可行。二是制度本身的科学性。制度是根据酒店的每项业务、每个职能的运行规律，用文字的形式来反映规律的，制度的制定要有客观依据和法律依据，要能广泛吸收国内外的先进范例和经验，要能体现时代精神。

（3）制度的同一性。制度的同一性是指制度反映了酒店投资方、管理方、员工方等各方面的共同要求和目标。组织的成员都希望组织有个有章可循的运行秩序，有井然有序的工作环境。这就要靠制度来保证，于是就产生了对制度的共同要求。从这个角度来看，制度不应该被认为是由上级制定、下级执行的行为束缚，而应该成为根据各方共同要求而达成的有关共同行为规范的协议。制度要成为酒店各方的自觉要求和习惯行为，而不要成为负担。

（4）制度的强制性和公平性。制度是由正式组织明文规定的，具有强制的力量。组织依靠这个力量规范每个成员的行为。组织成员违反制度就会受到组织的处罚。同样，组织具有公平性，组织成员在制度面前人人平等，谁都没有凌驾于制度之上的权力。在酒店，人人都应该遵守制度。

（5）制度的灵活性。制度有其严肃性，但在酒店，在一定条件下制度应该有一定的灵活性。酒店业务的随机性、宾客需求的随机性，酒店以人为本、以宾客满意的宗旨，要求酒店制度在保证规范的大前提下，可在具体作业上做灵活处理。这个灵活要有个基准：是满足宾客要求的，不损害酒店、其他宾客、员工利益的，不会给酒店带来混乱的，不违反基本制度的。

（6）制度的发展性。酒店制度是酒店管理意识的反映。酒店的发展和管理的变化要求制度也随之变化。酒店制度变化的原则是让制度真正发挥积极的作用。因此制度变化主要在三个方面：新制度的适时诞生、现行制度的修改、过时的旧制度的淘汰。

2. 酒店制度的意义

制度对酒店有着重要的意义，主要表现在：①制度是正式组织的标志。酒店组织的确立不但要取得法定的地位，还需要有制度支撑其运行。②制度为正式组织统一意志。酒店正式组织为了达到目标就要有统一意志。正式组织的统一意志由制度予以保证。③制度是规范的保证。可以说酒店运行所产生的一切都是员工行为的结果。酒店要规范，员工的行为就要规范。制度正是要告诉员工什么是规范，怎样做到规范。制度对员工行为的规范是有力的保证。④制度是自我约束的依据。酒店员工应实行自我约束。约束什么，约束到什么程度，要以制度为准则。所以酒店员工的自我约束实际上是员工以制度为准则，自我规范在酒店的行为。因此自我约束可以说是制度制约的转化形式。

酒店组织管理的职责是使员工深刻理解制度的含义，认识到制度对酒店管理的意义，利用制度管理和组织行为学促进酒店管理的现代化。

案例分享

李新是酒店的保安员。一天，李新在大堂岗值夜班。午夜后，一位中年宾客艰难地来到大堂。李新忙上前去扶住了他。宾客说，他腹痛如绞、浑身疲软，快撑不住了，急着要叫辆出租车去医院。见此状，李新即用对讲机请总机急召 120 急救。不一会儿 120 急救车到了，随车医生坚持要求有人陪同病人一起去医院。在李新的帮助下，经检查宾客得了急性阑尾炎，须马上手术。李新帮助宾客办完手续后把宾客交给了医院，急忙回酒店上班。李新因此离岗 1 小时 40 分钟。第二天，保安部经理了解了该事情全过程后，同时向人事部送交了两份材料：一份是保安部按制度对李新擅自离岗所开的处罚单，一份是保安部提请人事部对李新忘我助人的精神予以嘉奖的报告。

请分析：（1）李新的行为是否适当？

（2）保安部经理的行为是否适当？

（资料来源：蒋丁新．饭店管理（第 3 版）[M]．北京：高等教育出版社，2010.）

（二）酒店制度的类型

酒店在进行制度建设时，要明确酒店制度的类别构成。酒店制度大致可以分为六大类：①有关所有制和产权关系的制度。该类制度规定了酒店的性质、投资形式、产权关系及由此派生的一系列规定，如酒店的公司章程、董事会制度、监事会制度均属此类。②有关体制和组织结构的制度。该类制度要规定酒店的体制、组织结构形式、酒店上层的权责关系等，如酒店组织制度，总经理负责制，党、工、青、妇组织制度均属此类。③酒店内部的基本制度。该类制度对酒店运行的大纲、方针的基本规范作了规定，是酒店其他制度的基础。该类制度主要有管理方案、员工手册、服务规程、岗位责任制、经济责任制等。④部门制度。这是由酒店各部门根据自身的业务特点和实际需要而制定的一些制度。这类制度往往专业性较强。⑤专业制度。这是由酒店职能部门按专业管理的需要而制定的制度，如人事制度、财务制度等。⑥酒店行政工作制度。这类制度主要针对行政管理，如酒店的会议制度、报告制度、文印制度等。

二、酒店制度体系

酒店有四大类制度，每类制度都对酒店管理和运行起着某方面的规范作用。这四类制度有着内在的联系，它们之间相互补充、相互配合形成了酒店的制度体系。

（一）酒店基本制度

酒店基本制度，是有关酒店各种经营活动的指导规范。它通常有五大制度，它们是：

1. 酒店管理方案

酒店管理方案也叫酒店管理方针、酒店管理大纲。管理方案是依据酒店管理的基本原理和本酒店的特点，从原则上和酒店日常管理上提出酒店及各部门管理的理念、思想、原则、内容、方法。管理方案的着眼点在于酒店管理的整体性和指导性。管理方案是酒店实际管理工作的总方针，是酒店管理的纲领性文件。

酒店管理方案从形式上讲可以多种多样，每个酒店所形成的管理方案的结构、内容、条文也可能不同，但管理方案的基本内容有两大部分：一部分是酒店整体管理方案，一部分是各部门的管理方案。

酒店整体管理方案提出酒店整体管理的思想和方法。首先要提出酒店的目标、宗旨，为此而确立的经营理念，对本酒店管理作基本定位，确定本酒店管理的水准及目标。然后把整体管理的思想和方法在各个领域展开，主要从酒店的横向展开。它们包括组织管理、服务质量管理、市场营销管理、人事管理、设备管理、物资管理、财务管理、安全管理、业务管理等。对各个领域的管理都要提出管理的理念、指导思想、基本思路、内容、方法、特色。

酒店部门管理方案是提出各部门管理的思想、宗旨、理念、方法。酒店各部门业务和工作内容都不同，管理的具体内容、目标和方法也不一样。酒店在总方针的指导下，针对各部门的实际情况，提出部门管理方案。部门管理的思想和方法是酒店整体管理思想和方法在各领域的具体化和细化。

酒店管理方案是酒店实施管理的依据，是管理活动的指南。为保证管理方案的实施，酒店要对照管理的实际定期检查管理方案贯彻落实的情况。

特别提示

职业经理人职业能力要求

（1）对市场的理解和驾驭能力。

（2）管理能力。酒店职业管理人的能力最终还是个人在实践中锻炼出来的，利用自己对专业的深度了解，结合变化的市场需求来创造价值。

（3）敬业精神。如果没有这一点，在酒店行业任何职业人都是不称职的。酒店业是365天24小时运转的行业。超长、超时工作，随叫随到，是对酒店职业经理人的基本要求，否则，就等同于一般员工。

（4）人际关系处理能力。好的职业经理人，不仅在客人中有良好的信誉和口碑，也是员工争先效仿的楷模。

（5）处理危机，灵活应变高人一筹。职业经理人一般阅历多、处理问题多，且多身居高位，视野广，拥有超常的处理危机能力，能很快树立正面形象。

2. 员工手册

手册是酒店的又一个基本制度。员工手册提出了企业精神，规定了全酒店员工拥有的权利和义务，是全体员工都应该遵守的行为规范的条文化文件。手册对酒店来说是必备文件，酒店员工应人手一份，新员工到店也应先学员工手册。它与每个员工休戚相关，是酒店最带有普遍意义、运用最广泛的制度。

员工手册的基本内容因各酒店指导思想的不同而有所不同。但主要内容大致包括序言、宗旨、企业精神、员工地位、总则、组织管理、劳动管理（包括用工类别、聘用条件、劳动制度、劳动合同、体格检查、试用期、工作时间、超时工资、人员培训、工作调动、调职与晋升、合同解除等）、员工福利（各种假期、医疗福利、劳动保险、工作餐等）、酒店规则（包括礼节礼貌、考勤、行为规范、员工投诉、使用电话、宾客投诉、离职手续等）、奖励和纪律处分、安全守则、修订和解释。

员工手册虽然内容较多，但在条文上既要严密准确，也要简明扼要、便于操作。员工应经常学习，熟记员工手册，以利执行。

3. **经济责任制**

酒店的经济责任制是以目标管理为基础，把酒店各部门各部分的目标责任和经济利益联系在一起的责任制度。经济责任制的要点为：①酒店实行经济责任制的目的是实现组织目标。酒店把组织目标以指标形式进行分解，把分解指标分配给各部门作为部门的目标，同时也是部门的经济责任。②经济责任制的核心是责、权、利的一致。承担了责任的单位，就应有相应的权利和义务。酒店要使这些权利到位，并在计划中确保各部门完成指标所需资源到位。酒店要创造良好的环境条件以利于完成指标。③实行按绩分配，使收益与效益相一致。分配经济责任后，收益就应以完成业绩的情况为依据，把收益分配和效益业绩联系在一起。酒店要具体制定业绩完成水平和分配数额之间的对应关系。④考核。确定考核时间、考核项目、考核方法、考核口径。⑤经济责任制的指标体系。经济责任制的指标不是几项，而是以效益指标为中心的一个指标体系。其中包括数量指标和质量指标。

实行经济责任制要注意三点：第一，经济责任制和目标管理、计划管理结合而形成一种管理模式。经济责任制是一种制度，它以目标管理和计划管理为基础。第二，指标的测算和考核要明确口径，避免重复计算，特别是费用部分。分摊费用的测算要有一套科学的方法。第三，经济责任制每年都要修订一次，修订的依据是下年度的年度计划和上年度经济责任制实施中的问题。

4. **岗位责任制**

岗位责任制是以岗位为单位，具体规定每个岗位及该岗位的职责权限的责任制度。岗位责任制要使每个员工明白自己所在岗位的性质、地位、工作内容、工作方法。岗位责任制的主要内容有：岗位名称和性质、该岗位的直接上级、该岗位的直接下级、岗位职责和工作内容、工作范围、工作量、工作质量标准、岗位权限。有的酒店对某些岗位还规定了人员的上岗标准。岗位责任制应有一套考核的办法。岗位考核由部门每日进行。

5. **服务规程**

基本制度之一的服务规程也是一个很重要的制度，它不仅规定了员工的作业行为规范，而且规定了作业规范。这些规范与酒店的星级档次必须符合，只能提高而不能降低。制定这些标准必须详细而具体，即这些标准必须是可以操作的而不是抽象的。制定服务规程都是针对某一特定的服务对象和过程，但是制定服务程序时，又必须考虑服务过程的系统化。

（二）部门制度

部门制度是指酒店各部门根据部门业务的特点和运行规律为规范部门行为而制定的制度。如果说基本制度和专业制度是适用于全酒店的一般性制度的话，那么部门制度就是有特殊性的、只适于部门运用的制度。部门制度的制定一方面要依据酒店的基本制度，另一方面要紧扣部门的业务特点。下面所列的部门制度只是每一个部门都应有的制度清单，同一名称的制度在不同部门会有不同的内容。

1. 业务运行责任制

这类制度是为保证业务运行而制定的。这类制度主要有：业务情况和业务活动记录统计制度、业务流程制度、排班替班交接班制度、服务质量考评制度、卫生制度、表单填写制度、信息传输制度、例外事件处理制度等。

2. 设备设施管理制度

每个部门都有设备设施，而且所配置的设备设施各不相同，对设备设施的管理要求也不一样。各部门在设备部门的统一指导下制定本部门的设备设施管理制度。该类制度包括两个方面：一是设备运行使用管理和操作制度，二是设备的财产管理制度。

3. 服务质量管理制度

每个部门服务质量的内容不尽相同，服务质量管理制度也有较大差异。该类制度主要有：服务质量的标准、服务质量基础制度、服务质量保证制度、全面质量管理制度。

4. 部门纪律

部门纪律是根据部门业务特点而确定的部门员工应共同遵守的规则。如客房部的进房纪律，餐饮部的跑菜作业纪律等。部门纪律的主体是部门员工行为规范。有的部门纪律可分岗位制定。

5. 物品管理制度

部门所用物品的性质和种类有很大的差别，相关制度也有很大差异。一般该类制度带共性的有：物品分级管理制度、物品使用领用制度、物品保养责任制度、物品质量制度、物品成本核算制度、物品库存盘点制度、重要物品专人保管制度等。

6. 劳动考核制度

劳动考核制度就是对岗位、班组、部门的劳动工作状况进行考评考核的制度。该类制度主要有：考勤制度、任务分配和工作安排制度、作业检查制度、劳动考核和工作原始记录制度、奖金分配制度、部门违规处理制度等。

7. 财务制度

部门财务制度是与酒店财务制度相配套的制度，主要有：各部门收银及现金管理制度、信用消费制度、支付制度、资金审批制度、营业外收支制度、流动资金部门管理制度等。

以上仅是部门制度的主要方面，一般来说，部门制度还会更多更具体。部门制度的多少和具体程度由各酒店根据决策而定。

（三）专业管理制度

酒店的专业管理制度，是指为了保证酒店经营活动的正常进行，保证经营服务过程中各环节的协调，实现酒店各项专业管理职能而制定的各种管理工作的规范，是酒店管理制度的重要内容。该类制度在全酒店通用，要求全酒店员工遵照执行。专业管理制度主要有以下几种。

1. 行政性制度

行政性制度是对酒店的行政事务所规定的一些制度。主要有：行政办公制度、行文制度、报告制度、发文制度、行政档案制度、与行政主管部门联系制度、保密制度、内部接待制度等。

2. 人事制度

人事制度是指针对全酒店人事管理的制度，主要有：招工招聘制度、人员录用使用制度、人员培训制度、人事管理制度、劳动工资制度、奖惩制度、技术职称考评制度、福利制度、晋升制度。

3. 安全保卫制度

安全保卫制度是指保证宾客和酒店的生命财产安全，使宾客和酒店都满意的制度。安全保卫制度有四大类：一是与公安、安全、消防、防疫等部门配合的各种制度。二是酒店的内保制度。三是消防安全制度。四是交通安全制度。安全保卫制度是一个制度系列，在部门制度中也应包含与部门安全保卫有关的制度和条文。

4. 财务制度

财务制度在酒店是一类较特殊的制度，它是从价值形式上对酒店的管理。这类制度内容较多，由财务课程作详细讲解，这里不展开论述。

（四）酒店工作制度

酒店工作制度是为涉及全酒店的一些行政工作所制定的制度，有些酒店也把这些制度并入行政制度中。酒店工作制度主要有以下几种。

1. 会议制度

酒店的会议不能多，但也不能没有。为会议制定的制度称会议制度，主要有：早会、店务会议、办公会议、年会、职代会、部门业务会议、班前会、党团组织生活等会议制度。

2. 酒店考评总结制度

这是酒店按时对经营情况作考评总结的制度，主要有：年考评总结、半年考评总结、月考评总结、重要接待任务后的考评总结的制度。

3. 决策和计划工作制度

决策和计划是一个科学的严谨的过程，对决策计划过程的规范化就是决策计划工作制度，主要内容有：该制度决策者、决策权限、决策程序、决策结果表述、决策实施责任等。

4. 质量监督制度

这是对酒店服务质量进行检查监督的管理制度。该类制度要规定监督执行机构和执行者、监督体系、监督内容、监督范围、监督方法、监督结果处理等。

三、制度的实施

酒店制定制度的目的是实施制度，使制度作为管理的一部分而为组织目标服务。酒店制定制度固然不易，但执行制度难度更大。制度实施也是酒店组织管理的一个重要内容。

（一）制度实施的组织保证

制度实施的组织保证是指能使制度贯彻执行的客观条件和环境条件。主要有以下几方面。

1. 法纪和制度教育

酒店要经常坚持不懈地对全体员工进行法纪和制度观念教育。通过各种形式向员工灌输和培养规范意识和制度观念，使员工对法纪、制度有一个深刻全面的认识，牢固树立法纪、制度意识，并把这种意识作为自我约束的动机，自觉规范自己的行为。

2. 营造优秀的企业文化

酒店企业文化要塑造全体员工的价值观念、共同信念和行为准则。企业文化对实施制度有两方面的作用：一是优秀的企业文化能使员工在正气的熏陶中不断得到优化和激励，使酒店形成一种浓厚的自觉执行制度的氛围，使井然有序和遵章守纪蔚然成风；二是企业文化对组织行为的影响，能使非正式组织的群体行为和执行制度的组织要求相吻合，从而产生执行制度的群体行为。

3. 实行严格公正的考核和奖惩

制定了制度，酒店要对制度执行情况进行检查考核。酒店的管理系统就是制度执行情况的检查考核系统。监督、检查、考核是保证制度实施的重要组织手段。考核必须公正，要以客观公正的态度对待每一个人和每一件事。对考核结果要有结论，并要根据结论进行奖惩。奖惩也可以和经济责任制结合进行。

（二）制度实施的主观条件

制度实施的主观条件是指制度执行者的自身条件。主要有以下两方面。

1. 员工的基础素质

酒店在招收员工时应确定员工基础素质标准。基础素质好的员工较易于塑造，也就具备了执行制度的原始素质。一般旅游职业学校的学生、应届毕业生、在良好环境中成长的年轻人的基础素质比较好。这些对象应成为酒店员工的主要来源。

案例分享

酒店优秀员工：客人咳嗽，送姜汤受好评

在餐饮部棋牌中心做服务员的小郑，有着敏锐的洞察力，这也是她在短时间内赢得客人夸赞的重要原因。有一次小郑正在为客人准备棋牌包间，她听到用餐结束来棋牌中心打牌的客人对同行的伙伴说有点儿头疼，这位客人最后点了一杯白开水，还时不时地打喷嚏，敏锐的小郑迅速判断出客人可能是感冒了。她立即联系了厨房师傅为客人熬了一碗姜汤。当她端着热腾腾的姜汤送到客人跟前时，客人又惊喜又感动，连连称赞酒店服务很细心周到，就像回到家里一样。

评优理由：该员工在酒店筹备期内能够适应餐饮部多个岗位工作，工作勤恳踏实，在前期培训、中期酒店卫生清扫、后期酒店模拟运营阶段均表现出了较高的职业素养和奉献精神。用心做事，用情服务，是平凡工作岗位上的敬业者。

（资料来源：酒店高参微信公众号，2017-02-25.）

2. 员工素质的塑造

素质塑造是一个艰苦的过程。一方面酒店要通过培训，通过企业文化，通过实践锻炼培养和塑造员工的综合素质；另一方面要引导员工进行自我塑造和自我提高。经过内外因的共同作用，使员工对执行制度从外界制约升华到自觉要求。这样酒店制度的实施才有可靠的保证。

第三节 世界酒店经营管理模式

任何酒店集团如果只是单纯追求规模而没有自己的经营哲学和管理体系，是无法取得成功的。因此，世界著名的酒店管理集团都拥有自己的经营思想和管理特色，并成为酒店管理理论的最好的实践者、运用者和创新者。

一、洲际酒店集团（Inter Continental Hotels Group PLC，IHG）

洲际酒店集团是全球领先的国际酒店集团。在近 100 个国家和地区拥有 5600 多家酒店，是全球领先的酒店公司之一。无论客人身处在世界何地，酒店的目标是为他们“传递真正的待客之道”。这一承诺贯穿于酒店所有的服务互动中，并通过酒店负责任的业务开展方式予以诠释。集团拥有深受客人喜爱和赞美的酒店品牌家族，以及为客人提供适合任何需求和场合的酒店。酒店的业务核心是酒店的员工，他们的热情和活力使品牌特色在服务中得以淋漓尽致的呈现。洲际酒店集团于 1984 年进入中国，在本地市场成功运营超过 30 年。武汉洲际酒店是洲际酒店集团在武汉的首个高端酒店项目。

知识链接

洲际酒店集团全球拥有的品牌及数量

洲际酒店集团（Inter Continental Hotels Group）总部位于英国，其起源可追溯至 1777 年，因为 logo 是 IHG 被网友戏称为爱吃鸡。截至 2019 年 12 月 31 日，洲际拥有 15 个酒店品牌，在全世界近 100 个国家和地区运营着 5600 多家酒店。

二、温德姆酒店集团（Wyndham Hotel Group）

温德姆酒店集团是全球规模最大、业务最多元化的酒店集团企业，总部设于美国新泽西州帕西帕尼，目前在六大洲 68 个国家经营 15 个品牌，近 7440 家酒店，拥有 638 300 多间客房。温德姆酒店集团旗下的经营品牌从高档豪华的获奖品牌——与集团同名的温德姆酒店及度假酒店（Wyndham Hotels and Resorts®），到家喻户晓的舒适酒店品牌——华美达酒店（Ramada®）（见图 3-6）、戴斯酒店（Days Inn®）、速 8 酒店（Super 8®）以及豪生酒店（Howard Johnson®）等，一贯为不同消费群体提供多样化的酒店选择和物超所值的优质服务。在全球 73 个国家经营近 8000 家酒店，拥有约 679 100 间客房，旗下 16 个酒店品牌。

温德姆酒店集团经营模式分自主管理和特许经营两种，其中特许经营模式在温德姆酒店集团全球扩张路上发挥着巨大作用，其通过利用集团本身的专有技术和多元化的品牌选择，与酒店业主的资本相结合，在短时间内实现快速市场占领，但“快”并非温德姆酒店集团的制胜法宝，独有的酒店管理方式、坚持全球统一的服务标准，同时也尊重国际标准下的本土化差异，才是温德姆酒店集团的成功之道。

图 3–6　武汉光谷华美达酒店

温德姆酒店集团作为一家全球性企业，在注重全球视野的同时，也时刻着力于本地行动。其旗下各酒店从定位到设施，再到服务，不仅面向国际旅客，还力求针对国内旅客进行本土化。即便在不同的国家文化背景下，温德姆酒店集团的标准也做到具体而客观：其努力了解不同地区不同层次的旅客的特点、偏好、需求等，在提供符合不同地区不同层次的旅客需求的不同产品不同服务的同时，在营销方面也通过各种本地化的途径来树立自己的品牌形象。

此外，温德姆酒店集团稳健的运营系统、规模庞大的温德姆奖赏计划、优秀的领导人才储备以及良好的经营理念也是其获得卓越成就的多重保障。

三、万豪国际集团（Marriott International）

万豪国际酒店集团公司起源于 1927 年的美国华盛顿，是全球首屈一指的国际酒店管理公司，万豪集团遍布全球 130 个国家和地区，拥有超过 8000 家酒店和 30 个品牌。万豪国际集团的总部位于美国马里兰州贝塞斯达，集团雇用超过 300 000 名员工。

万豪所拥有的酒店品牌包括：万豪酒店（472 家，全面服务酒店，包括 13 个会议中心及 34 家 JW 万豪酒店）、丽思卡尔顿酒店（56 家，豪华级酒店）、万丽酒店（126 家，优质酒店）、万怡酒店（616 家，高中价酒店）、Residence Inn（449 家，长租酒店）、Fairfield Inn（524 家，经济型酒店）、SpringHill Suites（110 家，高中价套房酒店）、TownePlace Suites（111 家，中等价位长租酒店）、华美达国际（在北美以外地区管理着 192 家经济型酒店），以及通过 Marriott Vacation Club，Horizons，Ritz-Carlton Club，Marriott Grand Residence Club 等品牌经营的度假式酒店（49 家度假式酒店）及万豪行政公寓（13 家，高级酒店式公寓）。此外，万豪 ExecuStay 在 37 个主要市场管理已设有家具的公寓单位。万豪高尔夫球场管理公司在全球管理 26 个高尔夫球场。

万豪集团最基本的理念是“人服务于人”，这有两方面的含义：公平对待每一位员工；同时重视员工的感受，让他们体会到“家”的感觉。创始人威拉德 · 玛里奥特先生的经营思想是：你如能使员工树立工作的自豪感，他们就会为顾客提供出色的服务。万豪成功经验的关键是以员工和顾客为企业的经营之重。

四、法国雅高国际酒店集团（Accor）

总部设在巴黎的雅高集团成立于1967年，是全球著名的饭店集团，其雏形是1947年成立于法国的第一家"老沃特尔"饭店；后以该品牌为基础，开展连锁经营；1974年，引进"宜必思"品牌；1975年，引进"墨奇勒"品牌，并在欧洲和非洲前法国殖民地经营；至20世纪70年代末，集团共有成员饭店210家，并开始进入餐馆业经营；1980年，通过对杰克槐斯·玻勒尔国际公司（JBI）的兼并，引进"索菲特"品牌；在巴黎股票交易所上市融资；1983年兼并JBI后，易名雅高集团；1985年，引进"佛缪勒第1"经济品牌；1990年，购买美国"汽车旅馆第6"品牌。2019年12月20日，位于武汉CBD泛海国际中心的泛海费尔蒙酒店隽雅启幕，这是雅高集团独具特色的奢华品牌在东亚地区的第6家酒店（见图3-7）。

图3-7　武汉泛海费尔蒙酒店

经过50年的不懈努力，法国雅高国际酒店集团建立了一个拥有4100多家酒店的全球酒店网络。法国雅高国际酒店集团的业务遍布140多个国家，聘用逾150 000名员工，每年营业额超过70亿欧元。

法国雅高国际酒店集团通过收购酒店集团和从事酒店管理，令酒店业务不断迅速增长。法国雅高国际酒店集团拥有独特的国际市场地位，素以为商界和消闲服务市场提供一系列大众化以至豪华的著名品牌酒店而负盛名。其主要酒店品牌包括：索菲特Sofitel（豪华型）、诺富特Novotel（高级）、美居酒店Mercure（多层中级市场品牌）、宜必思酒店Ibis（经济型）等。

五、希尔顿酒店集团公司（Hilton Hotels Corporation）

希尔顿是国际知名的酒店管理公司，旗下拥有十八大卓越酒店品牌，遍布全球119个国家和地区，持有以及租赁近6100家酒店，一直以来，希尔顿始终致力履行成为全球酒店行业热情好客的代表这一使命，在其百年发展历程中，已共计为超过30亿名宾客提供服务。

希尔顿酒店集团的成功经营有赖于其具有特色的经营哲学和管理理念，正如希尔顿酒店的使命书中所述，希尔顿酒店的使命就是：被确认为世界最好的一流酒店组织，持续不断地改进工作，使为宾客、员工、股东利益服务的事业繁荣昌盛（见图 3-8）。

图 3-8 武汉世茂希尔顿酒店

除了上述管理集团以外，世界著名酒店管理集团还有精选国际酒店管理公司（Choice Hotels International）、美国最佳西方国际集团（Best Western International）、美国喜达屋集团（Starwood Hotels）、卡尔森国际酒店集团（Carlson Hotels）、凯悦酒店集团（Hyatt Corporation）等。

思考与练习

1. 现代酒店一般是按哪些原则来设计的?
2. 试用图说明酒店组织机构的类型。
3. 试比较直线制组织机构形式与直线职能制组织机构形式的优缺点。
4. 试比较事业部制组织机构形式与矩阵型组织机构形式的优缺点。
5. 怎样理解酒店的规章制度?

第二部分

职能管理

第四章 酒店主要职能部门管理

引言

酒店中，除了经营部门以外，职能部门不承担经营业务，看似可有可无，但实际上酒店行政职能部门作为酒店和各部门的办事机构，具有承上启下、沟通联络、协调各方的重要作用。行政职能部门的工作高效运转，管理有序，对酒店各项经营决策的贯彻落实起着至关重要的作用。人力资源部则围绕着酒店的经营和管理这个中心展开各项管理活动，谋求人与事的科学结合和人与人之间的紧密结合，达到提高员工的整体素质，优化队伍结构，充分调动员工的积极性、创造性，最大可能地提高员工的工作效率的目的。财务部是执行酒店的成本核算、物资管理、费用控制、财务管理及会计核算的部门。三个部门对于酒店正常运营必不可少，所以，本章对三个职能部门进行了介绍，阐述了其工作内容、方法等，并通过案例与知识链接从不同层面为酒店的职能部门管理工作揭开了面纱。

学习目标

- 掌握酒店总经理办公室的主要工作内容及工作方法。
- 了解人力资源的含义。
- 了解酒店人力资源管理的定义、内容和特点。
- 掌握酒店员工招聘、培训、薪酬、激励、绩效考评与劳动管理的相关内容和方法。
- 了解酒店成本的概念、内容和分类，原则与作用。
- 掌握酒店营业收入和利润管理的方法。
- 掌握酒店成本控制的方法和收益管理的程序与措施。

关键词

人力资源　人力资源管理　财务管理

导入案例

接待来访

某日，一位穿着得体的男士来到酒店总经办，对该办公室文员小高说："你好，小姐，请问你们酒店陈总在吗？我找她有事情。”这时文员小高起身微笑着说：“您好，请问您贵姓，是哪儿的？有什么事，我能帮您转达吗？”“不行，我姓李，是大野广告公司的，有事要同你们陈总亲自说。”“哦，好的，我帮您联系一下。”小高说完，拿起电话拨通了陈总办公室的内线，接电话的是陈总，小高在电话里说道：“您好，请问陈总在吗？这里有位大野广告公司的李先生找她。”陈总一听小高的话就说：“哦，对不起，陈总外出办事去了。”这时小高放下电话，又笑着说：“李先生，对不起，陈总不在酒店，她外出办事去了。”李先生笑笑说：“好的，我再同她联系。”

（资料来源：https://www.doc88.com/p-80654177502.html?r=1）

问题：酒店总经理办公室的工作有哪些？该怎么做才是最适宜、最有效率的呢？

【点评】

这则案例中的情形是我们办公室文员经常会遇到的，经常会有一些来意不明的客人到酒店动辄找老总，或要老总的手机号，如果我们拒绝，遇到好说话的就会在心里骂你，遇到不好说话的就会赖着不走，或隔三岔五来找。而我们这位文员小高处理得应该说是很到位的，她既处理好了客人的要求，又没耽误事情。为什么这么说呢？因为有时一些客人要见老总可能是真有与酒店相关的事情要洽谈，甚至可能为酒店带来相关利益，如果你不通报老总，可能会因此造成预想不到的后果，而这位文员小高通过“电话的语言技巧”，处理得极好。因为电话是只能听其声而不能见其人的，她明知道是陈总接的电话，却不说“您好，陈总这里有客人找您”，反而问：“请问陈总在吗？”然后将来访者的相关信息全部告知了陈总，这样陈总可以据此告之是否会见，既简单又不误事，同时不会得罪来访者，导致其隔三岔五来找，可以说是一箭双雕。

第一节 酒店总经理办公室

酒店总经理办公室是全面负责酒店经营管理的领导机构，是酒店经营管理的决策中心和控制中心。

一、总经理办公室组织机构（见图 4-1）

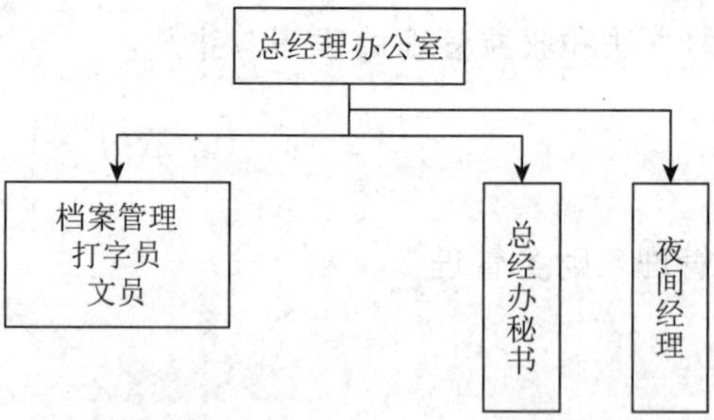

图 4-1 酒店总经理办公室组织结构图

需要说明的是，酒店由于经营管理的实际状况不同，其总经理办公室的组织结构也会有所不同，有的酒店甚至不设置总经理办公室，由人力资源部完成总经理办公室的职能。

拓展知识

酒店总经理每天的工作内容

我们了解到的酒店总经理基本上每天工作10~14小时，比其他行业的工作时间要长，这是由酒店业的特点决定的。在酒店总经理当中，绝大多数是早出晚归，早上7:30上班，晚上一般9点才能下班，而且经常有应酬到深夜。不少人羡慕酒店总经理的工作，认为他们每天的工作都是在高雅的环境中吃喝玩乐，简直是"寓工作于娱乐之中"。但又有多少人知道，酒店的总经理大多"人在江湖，身不由己"。酒店生意属于款待业，特点就是每天24小时营业，除了特殊情况，一般一年365天营业，节假日正是生意旺的时候，无法休息。因此，酒店经理人并没有通常人们想象中的高级白领（早上9点上班，下午5点下班）那么潇洒。如果是派到异地任职的酒店总经理，更是以店为家，平常基本上24小时都在酒店，实质上不存在上下班时间。和家人团聚，享受天伦之乐，对于酒店总经理而言，应该是奢侈的事情。

酒店总经理平时早到酒店，并不是为了以身作则，表现自己积极工作，而是酒店管理的需要。总经理早到是为了阅读前一天的酒店经营管理的各种报表，了解酒店前一天晚上的经营管理情况，这样才能对酒店的一天整体状况有较全面的认识。酒店的营业报表能够提供酒店当天营收情况、开房率和其后一周的预报。阅读VIP报表能够了解当天在住和即将到达的VIP的情况，甚至其后一周的预报，总经理可以根据这些信息安排自己的工作，哪些VIP是要自己亲自迎送的，哪些应该分配其他副手代劳。通过大堂副理日报表可以了解酒店前一天宾客关系的情况，通过顾客的意见和投诉，发现酒店管理和服务中的问题，有的问题可以重点跟踪，从现象到本质，发现现有管理文化或操作流程中的隐患。工程和安全状况是酒店正常经营的前提，因此，必须对这两方面了如指掌，做到心中有"数"。看餐饮的营业报表和宴会或会议场地的预报表，不仅可以了解酒店餐饮的营收情况，而且可以知道酒店中正在举行或即将举行的大型活动的情况，不少大型活动虽然表面上在餐饮的地盘发生，但实际上涉及酒店各个部门的配合和沟通，最容易出现问题，因此，必须留意、协调关键的事宜，并提醒有关部门注意跟进。总经理看报表传统的做法是看打印出来的报表，现在有的酒店总经理也习惯使用电脑随时查看酒店实时的经营管理报表。每一位酒店总经理都有自己的管理方法和风格，我们看到像有2000间客房的美国拿破仑皇室酒店的总经理安德森管理起来就比较潇洒，晚上7点就可以下班了。但也有不少外国的酒店总经理一直工作到晚上10点左右。酒店总经理晚走主要是因为要和客户沟通，中国的酒店总经理晚饭通常都有应酬。当然，晚饭后的巡视能够保证酒店总经理下班后能够睡得踏实一点。

平均每天工作16小时的Marriott集团的创始人John Willard Marriott有这样一句名言："只靠每周工作40小时的人，一辈子干不出什么大事来。"（No one can get very far in a life on a 40-hour week.）成功背后必然有辛酸和代价。酒店总经理基本上一日三餐都在酒店"享用"，个人伙食费"节省"的代价是平均每天自觉奉献2~6小时的私人时间（通常没有加班费）。如果按每年300个工作日计算，要多贡献1800小时，要是按《劳动法》规定计算加班费，酒店的老板肯定受不了。如果要接受这份职业，就必须首先接受每天长时间工作的事实。这就是酒店老总在酒店中八面威风背后的代价之一。

（资料来源：http://www.canyin168.com/glyy/jcgl/jdglzs/201208/44657.html）

二、总经理办公室工作内容

（一）编制酒店年度工作计划，总结年度工作

根据酒店经营管理目标，每年12月上旬开始，总结全年工作，编制下一年度工作计划，下发酒店各部门贯彻执行。总结年度工作和编制下一年度工作计划流程，如图4-2所示。

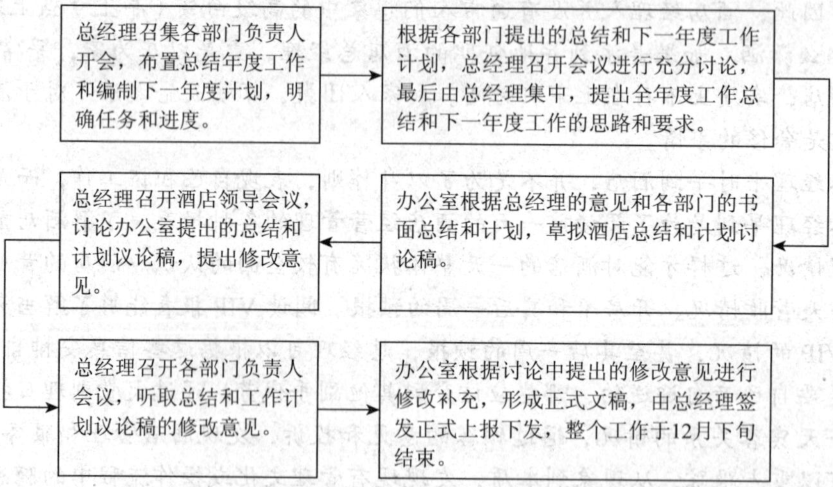

图4-2　总结年度工作和编制下一年度工作计划流程图

（二）编制年度经济预算计划

酒店在本年度经济预算计划执行情况的基础上，根据对下一年度市场的调查研究、分析、预测，于每年的10月开始着手编制下一年度的经济预算计划，10月底完成年度经济预算计划初稿，11月中旬进行讨论，修改下一年度的经济预算计划，12月中旬形成正式预算计划，下发酒店各部门贯彻执行。

（三）酒店重要设备设施添置、更新和装修改造

酒店重要设备设施的更新和装修改造应列入年度预算计划，在每年的工作计划和预算中要专门立项，以形成酒店设备设施更新和改造的制度化，防止集中更新改造给酒店管理带来不利影响。

（四）酒店价格政策制定

酒店价格政策是酒店参与市场竞争的杠杆，为了保持酒店的形象，维护价格政策的严肃性，防止随意性，酒店重大价格政策的制定和调整必须通过一定程序。

酒店价格政策主要是客房的出租价格，餐饮的销售价格，康乐中心、洗衣房的服务价

格。酒店价格政策必须接受国家政策的指导。

（五）重大接待任务

酒店遇有重大接待任务，如特别重要客人、大型会议的接待任务，大批量重要客人接待任务等，均须由总经理或副总经理统一组织、指挥和协调，动员相关部门共同做好接待工作，确保接待任务完成圆满、顺利。

（六）秘书工作（见表 4–1）

表 4–1　秘书工作安排表

顺序	工作内容	时间
1	提醒领导当天日程安排，询问有无交办事项。	每天上班后
2	按急事先办原则，办理领导交办工作或续办未完事项，办完及时反馈。	每天
3	汇集各部门工作日记、营业报表和重要接待任务，送领导审阅。	每天
4	接听电话，礼貌、热情、准确地回答问询，凡直接找总经理的电话应问清单位和姓名，如总经理不在或因故不能接听，应说明情况，做好电话记录。	每天
5	了解和掌握各部门执行总经理指令及各项决定的情况向领导报告。	视工作需要
6	按规定正确用印。	视工作需要
7	根据酒店领导的要求和工作需要，撰写酒店文稿，编写酒店简报，上报下发。	视工作需要
8	翻阅各类报刊和资料，收集行业信息，供领导参阅。	每周
9	撰写酒店日记，年终撰写酒店大事记。	每天下班前

（七）行政接待（见表 4–2）

表 4–2　行政接待规范表

项目	接待规范
来信	及时拆阅信件，认真做好登记，按信函内容呈有关领导。根据领导批文意见催办，尽快答复。
来电	认真接听电话，问清对方姓名、单位、电话号码、身份和事由，耐心地听取陈述，能当场解决的应实事求是地给予答复，如涉及重要事项应认真做好电话记录。事后将电话记录呈有关领导批阅后抓紧办理和答复，或转有关部门处理答复。
来访	热情接待，礼貌在先，问清来访者姓名、单位、身份和事由，认真做好来访记录，对来访者提出的问题应负责任地予以解答，不能解答的应请示有关领导，如来访者要求见领导，征得同意后严格遵守安排会见地点与时间，如领导不在或不便会见应做好解释工作。
来宾	1. 弄清来宾姓名、身份、单位、人数、目的、抵店和逗留时间，如重要客人应向总经理汇报，如需住宿、就餐的应按酒店规定办理审批手续。 2. 一般来客，由秘书或派员接待，重要客人应由酒店领导出面接待。 3. 根据客人要求或身份，安排好车辆，派人到机场、车站、码头迎送。 4. 根据客人要求安排好参观、外出观光、座谈交流等，落实陪同人员。 5. 酒店宴请招待应落实好陪同人员、餐厅、菜单。 6. 征求客人意见和建议，并协助客人结清食宿等费用，如有必要通知客人单位，告知客人返回时间和航班、车次等。

（八）会务（见表4–3）

表4–3 会务工作规范表

项目	工作规范
会前准备	1. 弄清会议议题、内容、时间、出席人员。 2. 落实会场。视需要布置会场、扩音和录音。 3. 书面通知会议出席人员。 4. 准备好会议文件和资料。
会议期间	1. 做好会议记录，填写会议记录的扉页，注明会议时间、名称、地点、议题、主持人、记录人及出席、缺席人员名单等。 2. 视需要指导工作人员做好录音。 3. 指导工作人员做好会议服务工作。
会后落实	1. 整理会议记录（录音），编写会议纪要上报下发。 2. 向会议缺席人员传达会议精神。 3. 收集各部门落实会议精神情况向领导报告。

（九）收、发文（见表4–4）

表4–4 收、发文工作规范表

项目	工作规范
收文登记	1. 仔细清点、按类登记。登记应注明收文日期、文号、来文单位、事由等。 2. 专递文件（含机要件、挂号件）要注意把好“三关”:（1）外查关。对信函外包装进行检查，如发现破损应注明，同时查看与发文簿或回执单是否相符;（2）验户关。核对投递清单上的件数与实收件数是否一致。（3）验收关。对一些紧急件，注明收件时间，以分清责任。
分文和批办	1. 文件拆封登记后，进入分文和批办程序，由工作人员拟就办文单，交相关领导批办。 2. 领导阅文后提出办文意见，办文意见签署在文件处理单内，由工作人员分别送酒店领导和有关部门办理。批办意见必须明确具体。
承办	1. 酒店领导批文后，文件即进入承办程序。对酒店领导批文意见，如发现不具体，授权不清楚或有疏漏之处，应及时提醒领导进一步明确和补充。 2. 凡属上级下发的阅知文件，根据领导阅示意见，贯彻执行。 3. 凡需要草拟复文的应根据领导批示及时行文办理。 4. 凡涉及两个部门以上联合承办的事项，应主动做好协调工作。 5. 注意办文时效，急事急办。
传阅	1. 文件传阅一般采用轮辐式方法，依次传阅。 2. 填写文件传阅单，设置专用文件夹。 3. 规定传阅时限，进行必要的催阅，以防文件滞留，并有专人签收，以防遗失。 4. 发现漏阅、漏签，及时补办。
催办	1. 严格按办文时限办文，超过时限前应予催办。 2. 催办应以急件和重要文件为重点。 3. 催办可视情况作电话催办或派人催办。
办复	1. 文件承办结束后，应将办文结果在收文处理单上注明，必要时，应将办文结果报酒店领导。 2. 凡需要答复的来文、来函、来信，承办完毕后，都应予以答复。要做到件件有着落，事事有回音。 3. 办复的文件应及时归档保管。
文件封发	1. 上报下发文件应严格清点校对，并根据主送、抄送单位分别封装。 2. 正确填写封套后，严密封缄。视情况加盖骑缝印章。 3. 认真填写发文登记簿。 4. 派人直接送达件应取得回执或请对方签收。 5. 发文件应留存适当份数，以供备用和立卷存档。

（十）档案管理工作流程

办公室负责酒店主体档案的管理，并对各职能部门的档案保管工作进行督促和指导。各部门应配备有关同志兼任部门档案管理人员，按照国家《档案法》等法规的规定精神，做好文件材料的收集积累、整理、预立卷和开具归档交接清单。酒店档案工作的主要流程见表 4-5。

表 4-5　酒店档案工作的主要流程表

项目	工作规范
接收	1. 凡酒店经营管理活动中形成和使用的，业已办理完毕并具有查考价值的文件、报告、规定、通知及有关资料、图片、会议记录等均应列入酒店档案的接收范围。 2. 酒店档案一年接收一次，酒店各部门应于次年一月底前将档案资料统一移交办公室。
整理	1. 酒店档案按年综合整理，一般在每年第一季度整理归档。 2. 酒店各部门的档案按其形成的各种门类和体裁列为一个全宗。 3. 办公室档案，按其不同内容和体裁，制成统一的分类档案。 4. 按照案卷的排列顺序编制卷号，案卷目录上应区别情况标明不同保管期限。
保管及利用	1. 酒店档案应由专人负责保管，并定期进行检查。 2. 凡使用档案应办理借阅手续，填写档案借阅单。重要档案的借阅应经领导批准。 3. 借阅结束后，请借阅者在档案借阅单上签名。
鉴定和移交	1. 档案鉴定工作在相关领导的领导下，组成鉴定小组，按规定进行。 2. 销毁失去保存价值的档案由鉴定小组提出意见，登记造册，经酒店领导批准，由两人在指定地点监销。 3. 档案移交要按国家有关规定执行。 4. 档案员调动工作，须办完档案移交手续后方能离岗。

（十一）夜间运行管理工作流程（见表 4-6）

表 4-6　夜间运行管理工作流程表

项目	工作规范
接班	1. 掌握当日酒店经营管理情况、重要接待任务以及总经理交办的工作事项。 2. 阅读值班经理工作日记和总经理阅批意见，了解需要进一步办理的工作。 3. 掌握各部门夜间工作安排和各岗位主要工作人员。
巡视酒店	1. 随身携带手机或对讲机，随时与电话总机保持联系。 2. 检查各部门工作进展和质量，发现问题，及时协调、督导和处理。 3. 对难以当场解决的问题做好记录，报总经理批示后做出处理。
接待重要客人	1. 根据大堂副理或总服务台报告，代表酒店总经理迎接重要客人，并督导有关部门按照重要客人接待要求做好接待工作。 2. 在总经理授权范围内处理重要客人提出的费用优惠要求，超过职权范围的应先办理，然后报总经理审批。 3. 遇有政府主管部门来店检查工作，要热情接待，亲自或委派有关人员陪同检查，并将检查情况及意见记录在案，第二天报总经理。

（十二）突发事件处理

1. 酒店发生停电事故的处理

（1）迅速与工程部、保卫部及有关部门沟通联系。

（2）督导工程部门迅速查明停电原因及涉及范围，如停电发生在酒店及周边区域，应督导工程部迅速与供电部门取得联系。

（3）督导保卫部门工作人员严守岗位，加强巡逻与控制，防止坏人乘机捣乱和其他不测的发生。

（4）督导前厅、客房、餐饮等各营业部门，迅速向客人做出解释，稳定情绪，并使用蜡烛、电筒等照明物品，以免发生混乱。

（5）督导电话总机经常和各部门保持沟通和联系，掌握信息，及时报告。

（6）迅速将停电事故和处理情况向总经理报告。

2. 停水事故的处理

（1）督导酒店工程部立即与地区供水单位联系，了解停水原因，如地区性发生水管爆裂不影响酒店备用的另一路进水管道，应督导工程部迅速打开另一路进水阀门。

（2）如酒店两路进水管均受影响，应迅速召集各部门夜间值班人员研究制定控制节水措施和办法。

（3）如预期停水时间较长，应督导客房部在适当时间向客人进行解释，说明停水原因及酒店采取的措施，请求客人谅解。

（4）如酒店内水管爆裂，应迅速赶到现场，督导工程人员立即关闭爆裂水管区域阀门，组织和指挥工程人员抢修，督导前台部门迅速转移和安置爆裂水管区域客人，并代表酒店总经理向受影响的客人表示慰问和歉意。

（5）立即向酒店总经理报告停水原因及采取的措施。

3. 火警事故的处理

（1）立即赶赴现场查看火情，立即判断是否向 119 报警。

（2）立即向酒店总经理报告。

（3）按火警处理预案进行处理。

4. 盗窃案件的处理

（1）率领保卫部值班人员和巡逻人员迅速赶赴现场。

（2）督导保卫部派人保护案发现场，并向报案人了解案发时间、经过及可疑的人、事、物。

（3）督导保卫部协助公安部门入店破案，并提供必要工作条件。

（4）督导酒店有关部门注意保密，防止事态扩散，尽量不惊动其他客人。

（5）迅速向酒店总经理报告。

5. 医疗急救事故的处理

（1）迅速赶赴现场，了解情况，视情况指挥急救。

（2）督导大堂副理（或总台）联系急救中心，直接将病人送往医院。

（3）督导客房部值班人员将客人安全送抵医院急救。

（4）护送客人应尽可能从酒店职工通道出入。

（5）视病员病情，征求病员或接待单位意见，确定是否与病人家属联系，并尽可能满足病员合理要求。

（6）向酒店总经理报告。

三、总经理办公室主要管理制度

（一）总经理办公会制度

总经理办公会每周召开一次，由酒店总经理主持，副总以上领导出席。总经理缺席时，由授权委托人主持会议。

（二）专题工作会议制度

酒店专题会议一般可分为：经济活动分析会；价格政策会议；餐饮工作会议；销售工作会议；酒店质量管理会议；培训工作会议；酒店更新改造会议；重大接待任务协调会，等等。

（三）酒店晨会制度

酒店晨会每天上午 8：30 召开，由酒店总经理主持召集，会议时间一般控制在半小时内。一般出席会议人员为酒店副总经理及各部门主要负责人。如主要负责人因事不能出席，应指定副职或代理人参加。

会议内容主要是各部门汇报一天（24 小时）内本部门发生的重大问题或需要酒店协调的工作以及上次晨会布置的工作贯彻落实情况。

（四）文件传阅制度

酒店领导日常应阅读上级党、政部门和业务主管部门的文件、信息资料以及重要的报纸杂志，了解党和政府部门及业务主管部门各类重要信息和最新的方针、政策精神，正确指导酒店的各项经营管理活动。

各类文件资料由办公室专职档案管理人员负责收、发、登记后，交酒店领导按序迅速传阅，对酒店领导批示的文件，应及时反馈给相关职能部门贯彻执行。

（五）阅签值班记录和有关重要经营报表制度

酒店领导每天要阅签“大堂副理值班记录簿”“保卫值班记录簿”“夜间经理值班本”“酒店营业收入日报表”以及各类有关的重要财务报表，还可通过电脑终端查阅各项经营资料，全面了解酒店近期的经营管理情况，以便对经营管理中存在的问题迅速做出决策。

（六）节假日值班制度

节假日值班制度是加强酒店经营管理的一项重要措施，遇有重大节日，酒店领导应亲自参加值班。

（七）酒店印章和介绍信管理制度

酒店印章、总经理个人印章、酒店介绍信均由专人管理和保管，存放安全可靠之处。未经批准，不得把印章和介绍信交他人管理和使用。使用印章和介绍信要经酒店领导批准，文件用印以文件签发、签字为准。常规用印由办公室秘书批准。

（八）财产物资管理制度

1. 财产设备管理

办公室使用的各种办公设备和交通工具由办公室秘书具体负责管理，建立办公室财产二级明细账，以便随时与财务部相互核对，做到账账相符、账物相符。各种财产设备实行“谁使用，谁负责”并切实做好日常的维护和清洁保养工作，做到物尽其用，爱惜使用。

2. 物料用品管理

办公室物料用品由办公室秘书统一管理，具体负责编制年度物料用品消耗计划；按照物料用品分类，建立专用物料用品台账，掌握使用及消耗情况，办理物料用品领用、发放、内部转移、报废和缺损申报工作。

（九）办公室安全管理制度

办公室人员应自觉遵守酒店员工治安管理制度和规定。严格执行酒店保密规定。要做到不该问的不问，不该说的不说。

（十）人事管理制度

1. 人员调配管理

办公室员工调配和招聘，报请人力资源部负责办理。专业人员调动和要害部门岗位人员变动，均应与人力资源部商议，报酒店领导批准。

2. 员工档案管理

员工档案分人事档案和工作档案。员工档案由人力资源部统一管理，并负责资料收集、鉴别、保管、利用和传递。员工工作档案由办公室负责管理。员工因故离店，其工作档案不做转移，由人力资源部按规定处理。

四、总经理办公室工作沟通与协作

在酒店总经理的领导下，加强与本地区工商、税务、银行、公安、消防、劳动人事、教育卫生、环境保护和市政建设等部门及辖区街道的沟通与联系，主动接受这些部门的业务指导和检查、审证工作，积极争取这些部门对酒店工作的支持。酒店各职能部门应按各自的职责分工具体抓好落实。

积极参与本地区有关行业协会和群众团体组织的活动，加强信息沟通，为酒店的经营管理服务。酒店有关职能部门应保持与新闻媒体的密切联系和合作，在总经理的领导下，做好酒店的宣传报道工作，扩大酒店影响和知名度。总经理办公室应发挥综合协调职能，加强与各部门的沟通与协调。

第二节　酒店人力资源管理

人是酒店的管理执行者，是酒店管理的对象，是服务的提供者。人是酒店中最活跃的管理对象，酒店的服务质量取决于设施设备的质量，更取决于人的质量。酒店要平稳、健康地运行，人是关键的因素。酒店的竞争，归根结底是人才的竞争。如何吸引和留住酒店所需要的人才，如何使员工在酒店中发挥更大作用，为酒店创造更大的效益，已经成为酒店各级管理者，尤其是高层管理者十分关心的一个重要问题。本节将主要对酒店人力资源管理进行剖析。

一、人力资源的含义

经济学认为，资源是指为了创造财富而投入生产活动中的一切要素，它包括自然资源、资本资源、信息资源和人力资源四大类，人力资源是其中最活跃的因素。那么，什么是人力资源呢？

通常认为，人力资源是指蕴藏在劳动者体内的各种智能和体能的总和，包括数量和质量两个方面。人力资源的数量可以分为绝对数量和相对数量两种。

人力资源的绝对数量是指一个国家或地区中具有劳动能力、从事社会劳动的人口总数（见图 4–3）。人力资源的相对数量是指人力资源的绝对数量占总人口的比例，又称为人口资源率。一个国家或地区的人力资源率越高，表明可投入生产过程的劳动力数量越多，从而创造的收入也就越多，说明这个国家或地区的经济具有某种优势。

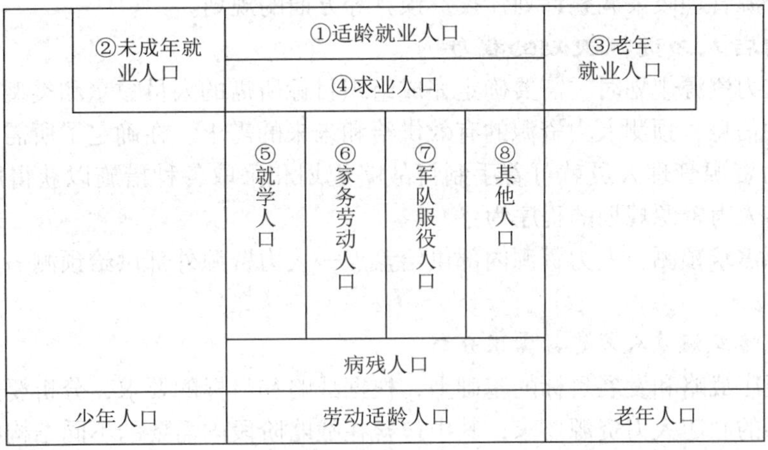

图 4–3　人力资源构成图

人力资源质量，是劳动者各方面能力的综合体现，也称为人力资源的素质，包括体质（身体素质、营养状况、抗病能力等）、劳动技能（智力、受教育程度、劳动能力等）、职业道德（劳动态度、劳动积极性、创造性、主动性等）几方面的内容。人力资源管理的目的，就在于提高人力资源的质量，促进酒店的发展和经济社会的进步。

二、酒店人力资源管理的内涵

酒店人力资源管理就是运用科学的方法，对酒店的人力资源进行有效的开发和利用，以提高酒店从业人员的素质，并使其最大限度地发挥积极性，从而不断提高酒店的劳动效率，实现组织目标。

酒店管理应以人为本，建立一支高效、协作、富有战斗力的员工队伍。总体而言，酒店人力资源管理的目标是建立一支专业化的队伍、形成最佳的员工组合、充分调动员工的积极性。

酒店人力资源管理的主要内容包括：人力资源规划、工作分析与工作设计、招聘与甄选、员工培训、绩效管理、薪酬管理、劳动关系管理等。

三、酒店人力资源规划

酒店的人力资源规划是根据酒店的经营管理目标和组织结构，对各项工作性质、岗位职责及素质要求进行分析，确定酒店员工的需求量和需求标准，完成酒店人力资源数量和质量的预测。主要实现三个目的：酒店人力资源的数量、质量和结构符合酒店特定的生产资料和技术的要求；在实现酒店目标的同时，也能满足个人的利益；保证人力资源与酒店未来发展各阶段的动态适应。

（一）现代酒店人力资源规划的内容

从内容性质上来讲，酒店的人力资源规划可以分为战略计划和策略计划。前者阐述了人力资源管理的原则和目标；后者则着重强调每项具体工作的实施计划和操作步骤。主要包括：总计划、职务编制计划、人员配置计划、人员需求计划、人员供给计划、教育培训计划、人力资源管理政策调整计划、投资预算等方面的规划。

（二）酒店人力资源规划的程序

在制订人力资源规划时，需要确定完成组织目标所需的人员数量和类型，这就需要收集和分析各种信息，预测人力资源的有效供给和未来的需求。在确定了所需人员类型和数量以后，人力资源管理人员就可着手制订战略规划和采取各种措施以获得所需的人力资源。制订酒店人力资源规划的程序为：

人力资源需求预测→人力资源内部供给盘点→人力资源外部供给预测→人力资源规划政策与措施

1. 酒店战略及酒店人力资源需求分析

在分析酒店战略和发展目标的基础上，根据战略和目标的要求，分析要达到战略和目标要求所需要的酒店人力资源要求，其中包含在战略阶段内需要的不同结构的员工的素质要求、数量要求、时限要求等。酒店人力资源需求预测的方法主要有德尔菲法、趋势分析法、比例预测法，等等。

2. 酒店人力资源内部供给盘点

对酒店现有人力资源状况进行调查、分析和统计工作。盘点对象包括：各种人员的年龄、性别，工作和教育经历、技能等方面的资料；目前本组织内各个工作岗位所需要的知识和技能以及各个时期中人员变动的情况；雇员的潜力、个人发展目标以及工作兴趣爱好等方面的情况；职工技能，包括技术、知识、受教育程度、经验、发明、创造以及发表的学术论文或所获专利等方面的信息资料。

3. 酒店人力资源外部供应预测

预测包含酒店内部供给预测和外部供应预测。内部预测是根据战略分析对酒店人力资源的要求的预测和根据酒店人力资源盘点内容预测分析将来相应时期内，酒店内部可以自行供应的人才类型和总量，其中包含稳定供应情况及人员流动带来的结构变化情况，如员工离职、轮岗、晋升与降职等预测；外部分析内容主要是在当前经济、人事政策、市场上人才供需状况等条件下从酒店外部可能获得的人才。

4. 酒店人力资源规划政策与措施制定

结合酒店人力资源需求分析、盘点和人才供应预测结果分析供应和需求之间的差距，制定科学合理的酒店人力资源应对策略。

四、酒店员工的招聘

（一）酒店员工招聘的含义

酒店员工招聘是指根据酒店的经营目标、人员编制计划和酒店业务需要，由人力资源部门主持进行的招聘、考核、挑选合格员工，并安排在合适的岗位上工作的管理过程。酒店员工招聘是酒店人力资源管理的一项重要工作。

酒店员工的招聘对于酒店来说意义重大。在酒店业的激烈竞争中，酒店的效益很大程度上取决于酒店员工的优质服务，而优质服务又依赖于高质量的人力资源，员工招聘可以确保酒店具备其发展所必需的高质量的人力资源。从外部招聘管理人员还可以为酒店注入新的管理思想，增加新的活力。另外，当前酒店业员工跳槽现象越来越普遍，为了保障酒店正常运行，员工招聘是增补员工的重要途径。

（二）酒店员工招聘的原则

1. 计划性原则

通常需要考虑招聘员工的情形包括：一是营业量激增或员工晋升、辞职、辞退；二是酒店扩大营业，增加新的服务设施或项目；三是从长远角度考虑离退休员工人数、缺员时间或是员工流动等变化趋势。

2. 任人唯贤与择优录取

酒店招聘录用员工依照“公开、平等、竞争、择优”的原则。对酒店内符合招聘职位要求及表现卓越的合适员工，将优先给予选拔、晋升。其次再考虑面向社会公开招聘。所有应聘者机会均等，不应因应聘者的性别、民族、宗教信仰和推荐人不同而给予不同的考量。

3. 建立科学合理的实施程序

需要制定一套科学而实用的招聘程序，使招聘工作有条不紊地进行。酒店并非所有的员工都只在一个地方招收，也不会一次性全部招满，而是有一个系统的招聘选用的过程。招聘工作应有计划、有目标、有标准、分步骤地进行，严格掌握对应聘人员的基本要求，甄选出酒店需要的合格人才。

（三）招聘程序

通常情况下，如果酒店内部管理制度有效，员工的工作作风良好，酒店不想改变目前的状况，就可以选用内部招聘的方式来招聘酒店员工；相反，如果酒店内部管理效率低，风气又不好，酒店想要改变目前的不良状况，就可以考虑选用外部招聘的方式。

内部和外部招聘程序如下：

（1）内部招聘程序：一是内部员工的晋升；二是内部员工的调动。

（2）外部招聘程序：即宣传→接受报名→面试→填表→考核→体检→录用等。

拓展知识

用人之道——各得其所

在一次宴会上，唐太宗对王珐说：“你善于鉴别人才，尤其善于评论。你不妨从房玄龄等人开始，都一一做些评论，评价一下他们的优缺点，同时和他们互相比较一下，你在哪些方面比他们优秀。”王珐回答说：“孜孜不倦地办公，一心为国操劳，凡所知道的事没有不尽心尽力去做的，在这方面我比不上房玄龄。常常留心于向皇上直谏，甚忧于皇上能力德行比不上尧舜，这方面我比不上魏徵。文武全才，既可以在外带兵打仗做将军，又可以进入朝廷搞管理担任宰相，在这方面，我比不上李靖。向皇上报告国家公务，详细明了，宣布皇上的命令或者转呈下属官员的汇报，能坚持做到公平、公正，在这方面我不如温彦博。处理繁重的事务，解决难题，办事井井有条，这方面我也比不上戴胄。至于批评贪官污吏，表扬清正廉署，疾恶如仇，好善乐施，这方面比起其他几位能人来说，我也有一日之长。”唐太宗非常赞同他的话，而大臣们也认为王珐完全道出了他们的心声，都说这些评论是正确的。

分析：从王珐的评论可以看出唐太宗的团队中，每个人各有所长；但更重要的是唐太宗能将这些人按照其专长安排到最适当的职位，使其能够发挥自己所长，进而让整个国家繁荣强盛。

未来酒店的发展是不可能只依靠一种固定组织的形态而运作的，必须视酒店经营管理的需要而有不同的团队。所以，每一个领导者必须学会如何组织团队，如何掌握及管理团队。企业组织领导应以每个员工的专长为出发点，安排适当的位置，并依照员工的优缺点，做机动性调整，让团队发挥最大的效能。管理人员的任务在于知人善任，为企业搭建一个平衡、紧密协作的工作组织。

（资料来源：http://www.360doc.com/content/13/0318/20/3101757_272319766.shtml）

五、酒店员工培训

培训是人力资源开发的核心内容，这是众所周知的。在酒店，新员工入店、员工工作表现未能达到酒店要求、投诉增加、对客服务出现质量问题、浪费增加、引进新设备、员工晋升等都要进行各种各样的培训。

（一）培训的意义

（1）可以提高员工文化技术素质。

（2）可以提高服务质量。

（3）可以降低损耗和劳动力成本。

（4）可以为员工提供发展的机会。

拓展知识

学历和实力

台湾有一位著名的酒店管理者陈茂榜，他的演讲经常令所有的听众折服。尤其是他记忆数字的本事超人一等，举凡中国和世界其他各国的面积、人口、国民收入贸易额等，他都如数家珍。事实上，陈茂榜的学历只有小学程度，但他却荣获了美国圣诺望大学颁发的商学博士名誉学位。一个只有小学学历的人，能够荣获名誉博士学位，主要凭借他的实力，这个实力就是一辈子坚持每天晚上不间断的自修。陈茂榜十五岁辍学到一家书店当店员，他每天从早到晚工作十二个小时。但是下班以后，读书就成了他的享受，书店变成了他的书房，或坐或卧，任他在知识和思想的世界里遨游。日子一久，他养成了每晚至少读两个小时书的习惯。他在书店工作了八年，也读了八年书。陈茂榜说：“学历固然有用，但更有用的是真才实学。”

记住这样一句话吧：一个人的命运，决定于晚上八点到十点之间。

（二）培训类型

依据培训对象的不同，大体上可以分为岗前培训和在职培训两类。岗前培训，以新录用上岗的新员工为主体实施；在岗培训主要针对现有的员工进行，包括低、中、高级管理人员及一线员工。

按培训地点的不同可以分为：店内专门培训；在岗培训；店外培训。

按培训对象的不同层次，可以分为：高级人员培训、中层干部培训、服务员及操作人员岗位培训（见表 4–7）。

表 4–7 高级人员、中层干部、服务员及操作人员岗位培训表

培训类型	参加对象	培训内容
高级人员培训	酒店的正副总经理 驻店经理 各部门总监 部门正副经理	如何树立宏观经济观念、市场与竞争观念 销售因素分析与营销策略的制定 组织行为学 预算管理、成本控制、经营决策等
中层干部培训	部门经理以下各级管理人员，如督导员、领班或班组长	管理概念与能力的训练 酒店专业知识的深化 处理人际关系、宾客关系的技巧等
服务员及操作人员岗位培训	酒店服务员、各技术工种操作员及后台勤杂人员	提高素质水准 培训专业知识 优化业务技能与工作态度等

拓展知识

酒店营销新入职人员培训

（1）新入职营销人员除参加酒店人事部组织的上岗前培训以外，还需接受八天的强化基础知识培训；

（2）培训员由部门领导担当，并对培训效果、考核结果负督导责任；

（3）受训人员如未能经过此次培训考核，将由部门出具书面意见，做延迟转正、劝退处理。

受训者 Trainee： 培训者 Trainer：

日期 Date	内容 Contents	标准 Standard
第一天	了解酒店信息 HOTEL INFORMATION	按客人参观路线在酒店各经营场所进行参观，并了解各经营场所的具体位置、装饰特点、营业时间、电话号码、经营特色，最终能为客人提供参观服务和有吸引力的推介
	了解工作内容 WORK DESCRIPTION	了解营销人员的岗位职责、素质要求、作息安排、工作内容、规范标准、所处位置、组织架构、汇报渠道及协调注意事项
	了解服务项目 SERVICE ITEM	通过学习金钥匙服务信息手册、酒店宣传资料，熟记酒店应知应会基础知识，能完整地、生动地向宾客进行酒店内部各点的介绍；能及时为客人提供店外信息咨询服务

续表

日期 Date	内容 Contents	标准 Standard
第一天	了解沟通方法 INTERNAL COMMUNICATION	通过识记管理人员通讯录及各部人事分工、内部常用电话等，熟记并掌握主要常用电话、管理人员姓名及尊称、联络方法
	了解电话礼仪 TELEPHONE SKILL	熟练掌握电话拨打、接听、转接、等候、挂机等功能，使用电话的礼节礼貌及注意事项，能区分内外线铃声及熟记客源国家及地区的区号和时差
	了解客房产品 PRODUCT INFORMATION	熟记房间相关情况（包括客房楼层分布、数量、朝向、类型、特点、价格），了解酒店房价政策及各种优惠适用范围，能准确地向客人进行推销
第二至第四天	培训优惠卡促销知识 PREFERENTIAL CARD	掌握优惠卡（包括 VIP 卡、会员卡）的申请条件及程序、申领步骤、跟进预订及服务、资料输入，并能尽快了解酒店常客情况
	培训协议促销知识 CONTRACT PROMOTION	掌握协议的洽谈及申请的步骤、成交的技巧、关系的维护、服务的跟进，并能尽快了解酒店主要协议客户情况及所分管区域的客户群情况
	培训订房中心合作常识 AGENT COOPERATION	掌握订房中心客人预订、服务程序，并能了解主要订房中心情况及签约的主要事项
	培训旅游团体合作常识 GROUP COOPERATION	掌握团体客人的预订、服务程序及签约时的注意事项，并能了解主要合作旅行社情况
	培训会议促销知识 MEETING PROMOTION	能熟练掌握会议室的种类、大小、容量、形式、价格、配套设施等信息；能熟练地单独完成会议团体的参观、预订、签约、控制、跟进、服务工作；熟悉会议合作中的注意事宜
	培训大客户促销知识 VIP CLIENT PROMOTION	掌握大客户的预订、服务程序和方法，能根据大客户的消费特点和服务注意事项提供个性化的服务
	培训长住客户促销知识 LONG STAYER PROMOTION	掌握长住客的预订、服务程序和方法，能根据长住客的消费习惯和服务注意事项提供个性化的服务
第五天	熟悉报表及文档管理 FILING SYSTEM	要能准确、及时地制作每日、每周、每月的报表
	熟悉客户档案管理 ACCOUNT SYSTEM	要能准确、及时地对客户档案进行整理
	熟悉资讯管理系统 INFORMATION SYSTEM	要能准确、及时地将媒体资讯、竞争对手情况进行收集、汇总
	熟悉电脑管理系统 COMPUTER SYSTEM	包括客房预订、协议录入、客情查询、资料更改。熟练掌握电脑管理系统录入工作，能够正确处理预订、协议、会员卡的存档及资料发放
第六天	特殊接待情况的处理方法 ACCIDENTS HANDLING	掌握未清洁房间登记入住程序，续住、催租工作程序，房间夜宿未归处理程序等
	VIP 接待规格及程序 VIP RECEPTION STANDARD& PROCEDURES	了解 VIP 接待规格及特殊登记入住程序、各种级别客人所应准备的物品及服务细节
	超额预订的处理方法 OVERBOOKING	掌握超额预订的应急处理方法，能熟练运用预订等候名单表，能主动帮客人提供其他选择

续表

日期 Date	内容 Contents	标准 Standard
第七天	销售谈判技巧 SALES SKILL	掌握与客人进行促销时的技巧，应对客人索要折扣时的应变方法
	市场调查技巧 INVESTIGATION SKILL	掌握市场调查的一般步骤和基本方法
	电话、手机、短信促销技巧 TELEPHONE PROMOTION	掌握电话、手机、短信的常用促销方法和技巧
	网络、电邮促销技巧 CYBER PROMOTION	掌握网络、电邮的常用促销方法和技巧
	客人投诉的处理程序 COMPLAINT HANDLING	能够正确受理客人投诉，变坏事为好事
	各种类型优惠券的发放方法 HOTEL COUPONS	能够正确地向客人发放优惠券
	登门拜访客户程序及注意事项 VISITING CLIENTS	能够在知己知彼的情况下，有准备、有计划地做好登门访问客户工作
	预订确认工作程序及注意事项 ROOM CONFIRMATION	能够正确地使用多种形式回复客户的预订
第八天	复习 REVIEW	全面回顾所学内容
	考核 TEST	由人事部及部门分管领导出卷并监考

酒店营销人员在岗培训

①营销部每月底将下一个月营销人员培训计划上交人事部及总经理办公室；

②培训内容主要针对每一时期营销人员存在的主要问题和工作薄弱环节而定；

③培训方式以讲授及案例分析为主；

④培训一般安排在每周二至周五 13:30 至 14:00 之间，地点在营销部办公室；

⑤根据培训内容一个季度书面考核一次，并与营销人员当月绩效考核挂钩；

⑥落实月度培训计划表。

六、酒店员工激励

（一）员工激励的含义

激励是指通过某种有效的方法，激发调动员工积极性的过程。良好的员工激励管理可以调动员工积极性、形成团队精神、提高服务质量和管理水平。

管理者应通过对需求层次理论、双因素理论、强化理论、公平理论、期望理论、目标理论等各种激励理论的灵活运用，并采取各种有针对性的激励方式对员工进行管理并激发其工作热忱，使其竭尽全力、自觉自愿地完成各项工作。

（二）员工激励的原则

激励措施有很大的风险性，在制定和实施激励措施时，一定要谨慎。在制定激励措施时需要注意一些原则，才能提高激励的效果。

1. 激励要因人而异

由于不同员工的需求不同，相同的激励措施起到的激励效果也不尽相同。即便是同一位员工，在不同的时间或环境下，也会有不同的需求。由于激励效果取决于内因，是员工的主观感受，因此，激励要因人而异。

图 4-4 武汉光谷凯悦酒店员工团建（2021 年）

拓展知识

工程师与青蛙

小王走在路上，看到一只青蛙，忽然青蛙开口说："先生，请吻我，我会变成公主，我会给你一个热吻。"小王停下来，把青蛙捡起来放入口袋，然后继续走。青蛙又说："请快吻我，我愿意跟你在一起待一天，随便你要做什么都可以。"小王把青蛙由口袋里拿出来，看了一下，笑一笑，又放回口袋继续走。又过一会儿，青蛙又说："好了，好了，我愿意跟你在一起待一个礼拜，请快吻我。"小王又把青蛙由口袋拿出来，看了一下，笑一笑，又放回口袋继续走。青蛙又说："怎么回事，一个礼拜还不够吗？你要多久？"小王把青蛙拿出来，说："我是一个工程师，没有时间跟女人鬼混，但是有一只会说话的青蛙，好酷。"

（资料来源：https://www.glzy8.com/ceo/7118.html）

启示：每个人的需求不一样，激励员工时，如果不能掌握他们的需求，径自依据自己的认知给予刺激，不一定能够产生期待的结果，搞不好还会起反作用。因此，管理者必须懂得如何了解员工需求，根据需求给予相应的激励方式，才能产生事半功倍的效果。

2. 奖惩适度

奖励和惩罚会直接影响激励效果。奖励过重会使员工产生骄傲和自满的情绪，失去进一步提高自己的欲望；奖励过轻会起不到激励效果，或者让员工产生不被重视的感觉。惩罚过重会让员工感到不公，或者失去对公司的认同，甚至产生怠工或破坏的情绪；惩罚过轻会让员工轻视错误的严重性，从而可能还会犯同样的错误。

特别提示

管理学家米切尔·拉伯夫经过多年的研究，发现一些管理者常常在奖励不合理的工作行为。他根据这些常犯的错误，归纳出应奖励和避免奖励的十个方面的工作行为：

◇奖励彻底解决问题，而不是只图眼前利益的行动；

◇奖励承担风险而不是回避风险的行为；

◇奖励善用创造力而不是愚蠢盲从的行为；

◇奖励果断的行动而不是光说不练的行为；

◇奖励多动脑筋而不是一味苦干；

◇奖励使事情简化而不是使事情不必要的复杂化；

◇奖励沉默而有效率的人，而不是喋喋不休者；

◇奖励有质量的工作，而不是匆忙草率的工作；

◇奖励忠诚者而不是跳槽者；

◇奖励团结合作而不是互相对抗。

3. 公平性

公平性是员工管理中一个很重要的原则，任何不公的待遇都会影响员工的工作效率和工作情绪，影响激励效果。取得同等成绩的员工，一定要获得同等层次的奖励；同理，犯同等错误的员工，也应受到同等层次的处罚。如果做不到这一点，管理者宁可不奖励或者不处罚。

4. 奖励正确的事情

激励看似容易，实施起来却有一定难度，如果方式不对、尺度不当都会带来相反的作用。激励要以正强化为主，当然也不排除恰当的批评和处罚。在正强化的激励过程中，要公平、公正、公开，注意具体化，不要只以“做得好，工作出色”等笼统、模糊的语言表达奖赏赞扬。激励要及时，激励的目标要可及化（见图 4–5）。

图 4–5　武汉光谷凯悦酒店给优秀实习生颁奖（2020 年）
图中女生为武汉民政职业学院实习学生

提到奖励就不能不提惩罚，慎用惩罚是至关重要的。虽说惩罚是一种激励手段，在一定条件下能够起到一定的积极作用，但管理者要记住：惩罚只是一种手段而非目的，不能滥用。否则不仅起不到激励作用，反而会引起对抗情绪，不利于团队精神的形成。

七、酒店员工的薪酬管理

（一）薪酬

薪酬是指员工向其所在单位提供所需要的劳动而获得的各种形式的补偿，是单位支付给员工的劳动报酬。薪酬具有三个方面的作用：一是维持劳动力生产和再生产以及保障员工需要；二是具有激励作用；三是可以起到优化劳动力配置的功能。薪酬包括货币性薪酬和非货币性薪酬两大类。

特别提示

《劳动法》关于用人单位安排劳动者加班或者延长工作时间支付劳动者加班或者延长工作时间的工资报酬的标准：

（1）工作日安排劳动者延长工作时间的，支付不低于劳动者本人日或者小时正常工作时间工资的百分之一百五十的工资报酬；

（2）休息日安排劳动者工作又不能安排补休的，支付不低于劳动者本人日或者小时正常工作时间工资的百分之二百的工资报酬；

（3）法定休假日安排劳动者工作的，支付不低于劳动者本人日或者小时正常工作时间工资的百分之三百的工资报酬。

（二）薪酬管理

1. 薪酬管理的含义

薪酬管理，是在组织发展战略指导下，对员工薪酬支付原则、薪酬策略、薪酬水平、薪酬结构、薪酬构成进行确定、分配和调整的动态管理过程。薪酬管理包括薪酬体系设计、薪酬日常管理两个方面。薪酬体系设计主要是薪酬水平设计、薪酬结构设计和薪酬构成设计；薪酬日常管理是由薪酬预算、薪酬支付、薪酬调整组成的循环，这个循环可以称为薪酬成本管理循环。

薪酬预算、薪酬支付、薪酬调整工作是薪酬管理的重点工作，应切实加强薪酬日常管理工作，以便实现薪酬管理的目标。

2. 薪酬管理的目标

薪酬管理的目标包括：吸引和留住组织需要的优秀员工、鼓励员工积极提高工作所需要的技能和能力、鼓励员工高效率地工作。

3. 基本工资制度

根据薪酬支付依据的不同，有岗位工资、职务工资、技能工资、绩效工资、工龄工资、薪级工资等薪酬构成元素。通常酒店会选择一个或两个为主要形式，其他为辅助形式。以下是几种主要的工资制度形式：

依据岗位或职务进行支付的工资体系称为岗位工资制或职务工资制；

依据技能或能力进行支付的工资体系称为技能工资制或能力工资制；

依据绩效进行支付的工资体系，如计件工资制、提成工资制、承包制等；

依据岗位（职务）和技能进行支付的工资体系称为岗位技能工资制或职务技能工资制；

依据岗位（职务）和绩效进行支付的工资体系称为岗位绩效工资制或职务绩效工资制。

八、酒店员工关系管理

员工关系是指管理方与员工及其团体之间产生的，由双方利益引起的表现为合作、冲突、力量和权利关系的总和，并受到一定社会中经济、技术、政策、法律制度和社会文化背景的影响。

从广义上讲，员工关系管理是在酒店人力资源体系中，各级管理人员和人力资源职能管理人员，通过拟定和实施各项人力资源政策和管理行为，以及其他的管理沟通手段调节酒店和员工、员工与员工之间的相互联系和影响，从而实现组织的目标并确保为员工、社会增值。从狭义上讲，员工关系管理就是酒店和员工的沟通管理，其主要职责是：协调员工与管理者、员工与员工之间的关系，引导建立积极向上的工作环境。

员工关系管理强调以员工为主体和出发点的酒店内部关系，注重个体层次上的关系和交流，注重和谐与合作，采用柔性等非强制性的手段，以提高员工满意度，支持酒店目标的实现。

从广义的概念上看，员工关系管理的内容涉及了整个酒店文化和人力资源管理体系的构建。包括酒店愿景和价值观确立，内部沟通渠道的建设和应用，组织的设计和调整，人力资源政策的制定和实施，等等。所有涉及酒店与员工、员工与员工之间的联系和影响的方面，都是员工关系管理体系的内容。

从管理职责来看，员工关系管理主要有九个方面，包括：劳动关系管理、员工纪律管理、员工人际关系管理、沟通管理、员工绩效管理、员工情况管理、酒店文化建设、服务与支持、员工关系管理培训。

第三节　酒店财务管理

案例分享

某星级酒店注册资本8000万元，职员240余人，服务项目有餐饮、娱乐、客房、健身等。餐饮营业面积1500平方米，客房160间。2001年开业，仅仅半年时间亏损达180万元。我们接受委托后，对该酒店进行了全方位的调查了解，发现酒店的各项管理制度都是由酒店管理公司制定的标准化制度模式，通过对基层部门的执行情况进行了解，发现是执行层面出现了问题——控制不力。其一，采购环节漏洞较大，采购的瓷器和低值易耗品价格高；其二，验收部门不认真，计量单位差价计算失误；其三，后厨没有严格按照标准菜谱操作，且对菜品定价政策不掌握，造成期间费用超出预算；其四，前台收银软件设计采用收付实现制。以上因素造成餐饮成本率高达58%，比行业规定高出18%。另外，布草报废率、低值易耗品报废率都超出行业标准，水、电、气等能源浪费严重，人员编制不合理，财务、税收没有合理的筹划。

思考：能否实施有效的财务管理策略改变这样的现状呢？

酒店一切经营活动的目的都是营利。一个企业离开了营利，它就无法生存下去。财务部在酒店的经营活动中负责收集、记录、分类、总括、分析货币交易以及由此而得出结果和结论，向管理者提供经营资料，供总经理进行经营决策。

一、酒店财务管理的特点

作为酒店价值管理的财务管理，其基本原理和方法与其他行业的财务管理没有本质上的差别。但是，作为综合性服务企业的酒店企业本身所具有的与其他行业企业不同的经营特点，决定了酒店财务管理又有其自身的特点。酒店财务管理的特点主要体现在以下几个方面。

（一）现金流量的季节性

消费者对旅游产品的需求具有很强的季节性。旅游产品需求的季节性导致了酒店现金流入和流出的季节性。因此，在整个年度的某些时期，酒店将会有大量的可用于投资的剩余资金；而在其他时期，酒店则为了支付应付款项不得不向银行借款。因此，酒店的财务管理必须进行详细的现金流量分析，并考虑如何缓解现金流量问题。

（二）涉外业务的风险性

与规模相当的其他行业内的公司（如制造企业）相比，大部分涉外酒店的经营活动更容易受外汇汇率变化的影响。因此，能否有效地管理汇率风险，将直接关系到酒店的盈利水平。任何一个涉外酒店，要想提高其盈利水平，就必须对外汇汇率变动带来的风险有正确的认识，并适当地对其进行管理。如果酒店对未来的汇率变动能够正确预测，那么可以使风险降到最小，但是要做到这一点并不容易。

（三）内部控制的严密性

内部控制适用于各行各业，但酒店业属于与客人直接接触的服务行业，酒店员工的一举一动直接在客人的注视之下，其行为直接影响着酒店的声誉和业务；另外随着酒店规模不断扩大，营业项目日趋繁多，由此带来的收入和支出的环节也越来越多，酒店也需要实行完善的内部控制。即使是对酒店内部一些小的错误、小的作弊、小的违法行为，如果不及时纠正或处理，也会很快腐蚀整个员工队伍，败坏酒店风气，损害酒店的声誉和形象。因此，酒店行业往往比其他任何行业都需要下功夫、花本钱来加强其内部控制。

（四）更新改造的紧迫性

酒店的房屋及其附属设施、设备等固定资产，带有浓厚的商品色彩。与一般的商品不同，酒店本身的建筑物既是固定资产，又是出租商品。正由于酒店的资产设备具有商品的特性，酒店设施、设备新颖与否，对营业有很大的影响。因此，为适应酒店经营业务发展变化的需要，需要经常对各项设施、设备进行装修、改造和更新，以保持酒店的全新状况，保证客人在任何时候购买的都是新的商品。

二、酒店财务管理的内容

酒店的财务活动表现为酒店再生产过程中周而复始、循环往复的资金运动。酒店资金运动从经济内容上观察，可以划分为筹资活动、投资活动和股利分配活动等环节，因此，酒店财务管理的基本内容包括酒店投资决策、筹资决策、股利分配决策等。这是酒店高级财务管理的内容，本书主要介绍酒店中层干部及普通员工应掌握的财务基础知识部分。

三、酒店成本控制

（一）酒店成本概述

酒店成本是指酒店在一定时期内的接待经营过程中，为客人提供产品和劳务所发生的各项费用的总和。广义上包括直接原材料的耗用支出和间接费用的支出，狭义上仅指直接原材料的耗用支出，而间接费用支出则被归入费用部分。

酒店成本费用包括营业成本、营业费用、管理费用、财务费用等。

（二）酒店成本管理与控制的重要性

1. 加强成本费用管理，为国家提供更多资金

酒店在经营过程中，加强成本费用管理，努力降低成本费用，就能在同样的经营和价格条件下，创造更多的利润，提供更多的外汇，为国家平衡外贸收支做出贡献。

2. 制定合理价格，增强竞争能力

价格是客人选择酒店的重要影响因素之一，价格由成本与利润两部分组成，所以成本费用是酒店定价的重要依据，是价格的主要部分。这就要求酒店在提高服务质量的同时，努力降低成本，使价格趋向合理，从而增强酒店在市场上的竞争力。

3. 加强成本费用控制，促进酒店经营管理

要使酒店成本费用控制在规定的范围内，并不断加强酒店经营管理，健全各项规章制度，在各工作环节加强成本费用控制，加强员工思想教育，提高业务技能，自觉降低成本。

拓展知识

对于酒店来说，成本的控制和管理是必要的。但是，在适当的时候要学会变得慷慨，甚至慷慨到超出他人的期望，最终酒店就会得到丰厚的回报；而慷慨不应单就客人而言，其对象也应包括酒店的员工，因为，员工是酒店的内部“客人”。

在国内，许多酒店在客人结账离店时都会要求其等待几分钟，以使酒店检查客房。而在威尼斯酒店，只会询问客人是否使用过 MINIBAR，给予客人充分的信任。其实就算 MINIBAR 跑账或有其他损失，相对于酒店总体的收益而言，也是微不足道的。只有不到 1% 的情况下客人会成心欺骗酒店，而酒店完全没有必要因为这 1% 而去怀疑甚至影响剩下的 99%。酒店业有句行话：“100 减 1 等于 0！不等于 99！”又如，若客人带走了洗衣袋、雨伞等客房用品，许多酒店会强迫客人付费，而威尼斯酒店则认为，那恰恰说明我们的客房用品有吸引力，只要客人喜欢，是否付费完全由客人自愿。因为，一个成本仅为十几元绣有酒店 Logo 的洗衣袋或雨伞，被客人带到世界各地其实都是在为酒店免费做宣传。换

个角度来讲，如果我们在客人退房时赠送相同价值的小礼物，他们也许并不喜欢，但如果是客人自己从酒店带出去的东西，他们反而记忆更深刻。这样，我们的酒店也就被客人牢记于心了。

华侨城集团作为业主不仅对客人“慷慨”，对自己的员工也从不吝啬。国内有许多酒店因为害怕员工跳槽而不愿在员工的培训上花费大量的精力，而酒店也因此很难得到长远的发展。华侨城集团历来重视人力资源和培训的投资，酒店的发展，完全依托于人才，他们不仅每年都会将一批批员工送往国内外培训，而且还会定期让中高层管理者入住考察国内外各地的高星级酒店，通过实地感受，管理者们更能真正处在客人的角度来品评一个酒店的优劣，汲取这些酒店在经营和管理上的精华。

（资料来源：https://wenku.baidu.com/view/bd2cac930b12a21614791711cc7931b765ce7ba4.html）

四、酒店的营业收入与利润管理

1. 酒店营业收入

它是指酒店按一定的价格，通过提供劳务或出租、出售等方式取得的货币收入，包括出租客房、提供餐饮、出售商品，以及其他服务的收入。

酒店营业收入的日常管理包括正确核算营业收入、及时办理结算，尽早收回营业收入、广开渠道，扩大销售来源、认真执行合同规定等内容。

2. 酒店利润

酒店营业利润是指由正常业务活动所取得的利润，是营业收入扣除营业成本、营业费用、营业税金、管理费用、财务费用后的净额。酒店利润通常可以用营业收入利润率、净利润率、资金利润率、人均利润额等指标来进行评价。

3. 酒店利润的管理与分配

酒店应当依照有关法律、法规的规定从扣除所得税后的利润中提取储备基金、职工奖励及福利基金和酒店发展基金（外资酒店可以不提取酒店发展基金）。

储备基金除经批准用于弥补亏损和增加资本外，酒店发展基金除经批准用于增加资本外，其账面余额不得减少。职工奖励及福利基金应当用于酒店职工的非经常性奖励或者各项集体福利，其中形成的房屋、设施等资产，不作为酒店的财产。

年终结账以后发现的应调整本年度会计事项，应当在下年度有关账户中进行调整，并在报表中列项反映。涉及以前年度损益计算的，应当分情况计入营业外收入或者营业外支出，或者调整未分配利润和应交税金账户。

酒店本年的利润总额、应缴纳的所得税、提取的储备基金、职工奖励及福利基金和酒店发展基金、分配给投资人的股利（包括本年分配的以前年度未分配利润），以及年初未分配利润、年初未分配利润调整数和年末未分配利润，均应当在利润分配表中分别列项反映。

五、酒店基础财务管理

随着酒店业的发展，服务功能日益增多，职能部门越分越细，营业项目日趋繁多，由此带来的经营收入和支出的环节也越来越多。要保证营业收入的安全、完整，保证营业支出的合理、正确，必须要实行完善的财会内部控制。

（一）会计职责

会计在自己所负责的工作岗位上，要十分明确自己岗位所担负的工作项目和要求，要十分清楚职责范围和处理工作的权限。这是做好会计工作的前提。主办会计和出纳会计要有明确的分工，职务集中由一个人办理容易产生错误和弊端。要建立、健全有效的会计职务分离控制，可以避免或减少因工作职务之便发生错误或弊端，保证各项工作合理、合法地进行。

（二）会计控制

会计控制是通过酒店内部的会计活动对经济业务进行的控制。众所周知，会计既是酒店内部的一个重要信息系统，又是一项重要的管理活动，酒店的经营收支、资金运转、财产管理等工作都直接或间接地处在会计管理之中。因此，充分发挥会计控制的作用，是保证酒店内部控制不可缺少的环节。

1. 建立严密的凭证制度

设计适合本酒店的凭证格式，这是利用凭证进行控制的首要条件。酒店发生的每一笔经济业务都必须填制凭证，所有的凭证都应预先编号，凭证无论是自制的还是外来的，在入账之前都要经过认真的、严格的审核，以保证记入账簿的每项经济业务的正确性、合理性和合法性。一旦经济业务发生问题，从凭证中就会及时发现，凭证就成为追究责任的根据。

2. 建立合理的会计处理程序

会计记录程序包括从凭证的填制、传递、账簿的登记到会计报表的编制等一套工作程序。同时，也考虑到酒店业务量的多少，以及管理人员的数量和水平等因素，在保证本酒店所需核算资料的前提下，尽可能地简化不必要的手续。为使会计控制顺利进行，武汉光明万丽酒店通过几年实践，根据自己酒店的实际情况，建立了一套合理的会计记录程序，对酒店财务工作的管理起到了积极作用。

3. 建立严格的日常核对制度

日常核对制度包括账表核对、账账核对、账证核对、账实核对等。对于保证会计记录的真实、完整、正确，进而保证会计控制的有效性起着重要的作用。酒店在日常发生的各项经济业务中，也有产生差错的可能。为了及时地发现和纠正差错，保证酒店营业收入的可靠性和酒店财产的安全完整及酒店营业活动有秩序、有效率地进行，建立日常的核对制度是非常必要的。

（三）客房收入的内部控制

客房是酒店的主体，酒店销售的最大商品是客房出租。客房收入约占整个酒店营业收入的 40%~50%，客房营业有消耗低、利润高的特点，客房的出租还可以带动其他经济收入的增加。因此，加强客房营业收入的管理和控制，对提高酒店的经济效益有着极其重要的意义。客房收入内部控制主要有以下三个方面。

1. 保证客房收入的合法性

首先，确保客人的入住都必须有合法的手续。必须符合当地政府及有关管理部门的规定和要求。

其次，确保客房租金的计收有根有据。即必须根据客人实际入住的天数和客房的类型及核定的价格计收房租。

最后，确保客房租金的增加、减免，必须符合酒店的管理程序和规定。

2. 保证客房收入的完整性

为了保证客房收入的完整性，必须采取一切措施，弥补在客房收入过程中可能发生的一切漏洞，防止和避免一切可能影响或损害客房收入完整性的事件发生。保证所有客房租金都一分不漏地入账。建立、健全并妥善保管入住客人的各种原始记录，包括入住登记表。

3. 保证客房收入的及时性

客房收入的及时性是指每天所发生的客房收入应尽快收到并及时入库，暂时收不上来的应采取措施催收，从而最大限度地减少客房租金的占用。

（四）餐饮收入内部控制

餐饮和客房是酒店营业的两大支柱。餐饮不但面向酒店的住客，而且还面向当地的企业、机关、居民等。餐饮营销潜力大、效益好，其营业收入可占酒店总收入的一半。气象华云酒店在多年经营中甚至曾出现过餐饮收入超过客房收入的情况。可见，加强餐饮收入的管理和控制有着极为重要的意义。

1. 餐饮收入内部控制的特点

餐饮收入的内部控制有以下特点：第一，餐厅种类多；第二，餐厅服务项目多，价格差异较大；第三，餐厅人员流动量大，客人及服务员处于流动之中。这些为餐饮收入的发生、计算增加了一定的难度。

气象华云酒店餐饮收入的日常控制手段主要是单据控制。为此，他们设计和运用适当种类及数量的单据来控制餐饮收入的发生、取得、入库。单单相扣、环环相连，任何单据的短缺都将会导致整个控制脱节，错误和舞弊现象可能随之而来。

2. 餐单编号控制

餐单编号控制的程序：第一，事先标号。所有餐单都必须事先编号，在印制餐单时印上事先排好的号码。第二，登记保管餐单。发放时应将领用人、领出的张数、领出的号码逐一登记在案，未发出的餐单设专人保管。第三，餐单必须按顺序使用。今天使用的餐单必须接续昨天使用的餐单号码，如因某种原因取消某张餐单，则应盖上“作废”的印戳，以保证餐单的顺序使用。

总之，要搞好酒店内部的财务管理，首先要确定各个部门的工作内容、责任范围以及各种规章制度，理顺各部门之间的联系。各部门相互配合，协调同步，使酒店内部各部门既能各司其职，又能协调配合，有条不紊地完成各自的工作任务。加强内部控制和管理，提高效益，从而实现酒店的整体目标。

案例分享

客人购买酒店月饼却索要会务费或房费发票，怎么处理？

酒店马上要进入中秋月饼销售的季节，营改增后，客人购买酒店月饼却索要会务费或房费发票，怎么处理？不开，客人不买；开了又违反税法。

点评：

不允许，宁可丢掉这笔生意。税收稽查讲究“三流合一”，即业务流、现金流、物资流须一一钩稽对应平衡。对方要求开具房餐或会务发票，是为规避对方审计风险，酒店成全客人但不能风险转嫁至自身，不可取。自从 2016 年 5 月 1 日酒店营改增以后，税法查得非常严格。

（资料来源：酒店高参微信公众号，2017-02-16.）

思考与练习

1. 简述酒店总经理办公室的主要工作内容有哪些，如何有效完成。
2. 什么是人力资源？人力资源有什么样的特点？
3. 什么是酒店人力资源管理？主要包含哪些工作内容？
4. 什么是酒店财务管理？有哪些工作内容？
5. 简述餐厅、前厅的收银程序。

实训项目——游戏：真心话大冒险

游戏规则：

一、请找出你周围十位不同类型的同学或朋友，不可以少，但可以多！

二、请让他们为你写出三个关键词——能够概括你特点的词！

三、将收集到的关键词进行总结归纳分析。比如：

出现频率最高的词：你的认同度

出现频率次高的词：你的认同度

出现频率最低的词：你的认同度

你给自己三个关键词：

除了同学给你的关键词，你认为最适合你的词是什么？

四、请将这些分析写成一段准得不能再准的小介绍，大声告诉你的同学或朋友。

五、请他们给你做个分析评判，请用笔记下！

六、请整理到自己的实践项目手册上！

七、你要是做人力资源管理，最适合做哪项工作？招聘，培训，薪酬……请说出理由。（重点）

（资料来源：新时代人力资源管理 . 河北政法职业学院超星学习平台，2020.）

第五章

酒店后勤保障管理

引　言

酒店后勤保障部门作为酒店的生命线，是个至关重要且不可或缺的部门。然而由于它处于幕后，因而很少被人了解或重视。对于酒店管理的学习者而言，要真正了解酒店的组织运营工作，后勤部门是不可不知的重要一环。

学习目标

- 掌握酒店后勤保障管理的基本内涵。
- 了解后勤保障管理对于酒店运作的意义。
- 重点了解采购部、安全部和工程部的基本工作内容及管理技巧。

关键词

后勤保障　管理流程

导入案例

——我现在是一个酒店后勤部的文员，可是入职后我发现做的事情都是一些杂事，有时候太闲了都不知道自己该做些什么。我怎样才能做好目前的工作呢？

——工程部属于后勤部门，所做的工作很少为人所知，甚至有些人对我们的工作不以为意，持有偏见，认为我们不是营业部门，不能直接为酒店创效益，只能花钱。为此，我时常告诫我的员工说："只要我们努力工作，做到勤俭节约，保障设备、设施完好，为客人提供一个良好而又舒适的环境，就是为酒店创效益。"

——酒店后勤部门是个可有可无的部门，工作内容简单，而且往往是人浮于事，就是个"关系户"集散地。

请大家说说自己对酒店后勤部门的了解和认识，对上述几种观点发表自己的看法。

拓展知识

采购行业工作经验分享

在酒店业整体激烈市场竞争的环境下，酒店业采购部面临如何提供内部采购成本创造最佳，同时提高采购部部门对外的工作效率。

如何管理本身团队和提升供应商的服务质量、准时性、产品质量、检测、维护等问题，逐渐成为行业内解决问题的关键因素。

酒店采购这份工作需要的知识非常多，在不断创新的同时，亦需要倾注耐心。另外，可依靠自身拥有的资源，在市场上进行自我调整，提升自身竞争能力，寻求市场上及内部的竞争优势。以“从双赢的角度，与供应商保持良好关系”为目标，管理供应商并达到长期合作，将产品的需求、产品专业的技术知识等，在平台上交换意见。

例如，在这一段时间里，采购与供应商之间互相不太了解，甚至不太信任，关于产品质量问题、技术问题等，难以就相关产品和服务达成一定的承诺服务及供应期间协议，无形中加大了管理成本。从供应链整体来说，采购方及供应商是整体行业上的价值链上关链部分，针对长期合作的供应商需要每年做一次评核。采购部必须与其维持更加好的关系，建立合作伙伴；发展横向战略合作伙伴在酒店行业平台上取得更好的信任及依靠，而且在质量（Quality）、成本（Cost）、交期（Delivery）、服务（Service）、管理（Management）的基础层面解决问题。

通过建立一个供应商信息资源数据分配平台，可以实际了解产品质量检查或抽检、生产计划、生产流程、物流计划、售后及维护服务等内容，也可随时看到供应商在市场上的供需及服务状况。在此基础上，采购部与供应商进行有效的管理资源及质量控制，更好地开展采购管理信息化，提升采购绩效。

（资料来源：https://www.liuweihotel.com/index.php/home/article/detail/cid/38/id/289.html 刘伟酒店网 有整理 2016-03-29.）

第一节　酒店采购管理

酒店如同大炮，要想正常运作，弹药的补充是必需的。采购部就像大动脉，酒店好似人的周身，前者不断为酒店提供补给。从酒店餐厅到员工食堂，从设备工件到工程材料，从日用食杂到瓜果生鲜，它们要想进入酒店，都必须通过采购部把守的大门。

酒店设立专职采购部，一般都隶属酒店财务部管理，接受财务总监、成本控制、稽查部及其他部门的监督，全面负责酒店的采购工作。正是由于其工作内容烦琐，操作规范严格，使得采购部成为一个制度管理的规范部门。下面我们就以东莞喜来登酒店采购部的管理及操作流程情况窥斑知豹。①

① 资料来源：https://wenku.baidu.com/view/63ad0d59cdbff121dd36a32d7375a417866fc1d8.html

一、采购部工作基本要求

（1）所有采购项目均需酒店管理层（如董事会）签批授权及酒店财务部批准同意。具体审批程序如下：

①申购单审批程序：使用部门经理（仓库主管）—资产会计复查—董事同意—采购部询价—财务总监—稽查部—行政办公室—董事会—申购单返回采购部。

②单位价值 1000 元以下或批量价值在 2000 元以下的由采购部现金自购的物品，采购部需事先货比三家，并在申购单上注明询价结果和选定的供应商，经董事会最后批准后方可采购。酒店财务部和集团稽查部将对价格及品质进行不定期抽查。

③单位价值 1000 元以上或批量价值在 2000 元以上的物品则需经过审批。首先，采购部寻找至少三家厂商比较价格品质，组成评定小组（评定小组由采购部、使用部门、财务部、主管副总、集团稽查组成）确定供货商，最后由采购部与供货商共同草拟合同或采购协议，交财务、行政办、董事会逐级审批盖章或签字，最后由采购部执行合同或协议。

④赊购（月结）物品采购审批程序是，蔬菜、肉类、冻品、三鸟、海鲜、水果由各厨主厨直接下单至采购部叫货。其他物品按上述第①、第②、第③款程序执行。

（2）所有采购物品均需比较至少三家的价格和品质，月结类物品每月每一类至少有三家供货商提供报价单。

（3）所有采购物品的品质须保持一贯稳定。

（4）采购部工作人员须对自己采购物品的价格和品质负责。

（5）采购部须每半个月一次通过电话、传真、外出调查、接待厂商等方式获取酒店使用的各类物品主要品种的价格信息，并整理成价格信息库，以书面形式汇报给酒店财务部及董事会。定期对供应商进行评估，在选用供应商时采用 1+2+N 原则（即 1 个主供应商、两个辅助供应商、N 个考察供应商），实行优胜劣汰。

（6）所有供应商名片、报价单、合同等资料及样品，采购部都需登记归档并妥善保管。有人员变动时必须全部列入移交。上述资料及采购人员自购物品价格信息采购部每天须录入至采购部价格信息库。

（7）采购时间要求：一般物品采购时间为 3 天；急用物品当天必须采购回来；印刷品、客房一次性用品、布草等使用部门须提前一个月下单采购。

（8）采购部禁止采购任何未下申购单的物品，否则财务部将不予报销。

（9）禁止使用部门自行采购物品或私自与供应商洽谈采购事宜。

（10）采购部负责跟进各协作厂商的货款，及时签批支付事宜。对到期的应付账款，酒店应及时支付，以建立酒店良好形象，维护酒店财务信誉，也为日后的采购工作提供便利。

拓展知识

酒店“六常管理法”

（1）常分类：把所有的物品分类，一类不再用了，一类还要用的；一类是马上要用的，一类是稍后再用的，把工作做得更细一点。

（2）常整理：将不再用的物品处理掉，还要用的物品降至更低用量并摆放得井然有序，避免出现采购不足或过量，物品积压和变质问题。

（3）常清洁：经常进行打扫，以保持环境整洁。

（4）常维护：对分类、整理、清洁进行维护。

（5）常规范：对人的行为进行规范。服务及日常工作的程序化、规范化，才可以提高工作效率、提升服务质量，提倡节能降耗。

（6）常教育：通过批评教育使全体员工养成以上良好习惯，用督促教育的方式将六常理念融入每个员工心中、融入每天的工作中。

二、各类物资的采购工作流程

（一）仓库补仓物品的采购工作流程

仓库的每种物品，均应设定适宜的采购线，在库存量接近或低于采购线时，就需要赶紧补货，此前需填写一份“采购申请单”，且采购申请单内必须注明以下信息：

（1）货品名称，规格；

（2）平均每月消耗量；

（3）库存数量；

（4）最近一次订货单价；

（5）最近一次订货数量；

（6）关于本次订货数量的建议。

对于大宗采购项目，经董事会签批同意后送采购部经理初审，采购部经理在采购申请单上签字确认，并注明到货时间。采购部经理初审同意后，按“采购申请单”的内容要求，在至少三家供货商中比较、选定相应供应商，提出采购意见，按酒店采购审批程序报批，一般物品要求 3 天内完成。如有特殊情况，要向主管领导汇报。

（二）部门新增物品的采购工作流程

若部门欲添置新物品，部门经理或各餐厅总厨应撰写有关申请报告，经董事会审批后，连同“采购申请单”一并送交采购部，采购部经理初审同意后，按“采购申请单”内容要求，通过比价，选定相应供应商，提出采购意见，按酒店采购审批程序报批，经董事会批准后，采购部立即组织实施。

（三）部门更新替换旧有设备和物品的采购工作流程

如部门需要更新替换旧有设备或旧有物品，就可以先填写一份诸如“物品报损报告”给财务部及董事会审批。经审批后，将“物品报损报告”和“采购申请单”一并送交采购部。其后的采购程序同上。

（四）鲜活食品冻品的采购工作流程

蔬菜、肉类、冻品、海鲜、水果等物料的采购申请，由各酒吧、各部门总厨或主管，根据当日经营情况，预测次日用量，填写每日申购单交采购部，采购部当日下午以电话落单或第二日直接到市场选购。

（五）燃料的采购工作流程

采购部根据营业情况与工程部编制每月燃油、石油气、柴油采购申购计划，填写“采购申请单”，按酒店采购审批程序办理，并组织实施。

（六）维修零配件和工程物料的采购工作流程

工程仓日常补仓由工程部填写“采购申请单”，且采购申请单内必须注明如下信息：

（1）货品名称，规格；

（2）平均每月消耗量；

（3）库存数量；

（4）最近一次订货单价；

（5）最近一次订货数量；

（6）关于本次订货数量建议。

大型改造工程或大型维修活动，工程部须做工程预算，并根据预算表项目填写“采购申请单”（工程预算表附在采购申请单后面），且采购申请单内必须注明以下信息：

（1）货品名称，规格；

（2）库存数量；

（3）最近一次订货单价；

（4）最近一次订货数量；

（5）关于本次订货数量建议。

以上“采购申请单”经由董事会签批同意后送采购部经理初审，采购部经理初审同意后，按“采购申请单”内容要求，在至少三家供货商中比较，选定相应供应商，提出采购意见，按酒店采购审批程序报批，经董事会批准后，采购部立即组织实施。

拓展知识

根据以上所提及的各类不同物资的采购流程，你能设计出一份适用范围广，信息清楚明确的“采购申请单”吗？

三、采购活动的后续跟进工作

（一）采购订单的跟催

采购订单发出后，采购部的人需要及时跟催，直到收货入库才算完成。

（二）采购订单取消

1. 酒店取消订单

如因酒店原因，酒店需要取消已发出的订单，供应商可能提出取消的赔偿，因此采购部必须预先提出可能出现的问题及解决方法，以便决策人员参考。

2. 供应商取消订单

如因供货商的原因，需要取消酒店已发出的订单，采购部必须能及时找到后备供应商并立即通知需求部门。为保障酒店利益，供应商必须赔偿酒店人力、时间及其他经济损失。

3. 违反合同

合同上应载明细则，如有违反，应依合同规定处理。

4. 档案储存

所有供应商名片、报价单、合同等资料须分类归档备查，并连同采购人员自购物品价格信息每天录入至采购部价格信息库。

5. 采购物品的维护保养

如所购买的物品是需要日后维修保养的，选择供应商便需要注意这一项。对设备等项目的购买，采购员要向工程部咨询有关自行维护的可能性及日后保养维修方法。同时，事先一定要向工程部了解所购物品能否与酒店的现有配套系统兼容，以免造成不能配套或无法安装的情况。

四、采购部人员的岗位职责及要求（见表 5–1、表 5–2）

表 5–1 采购部经理的岗位职责及要求

部门：	采购部	职务：	采购部经理
上司：	总经理	下属：	采购员
工作资历要求： ● 大专以上学历，或相关工作 2 年以上工作经历。 ● 原材料方面知识丰富，有很强的谈判及沟通能力、技巧，有一定的文字写作能力。 ● 有较强的工作组织能力和管理经验。 ● 具备一定的品质及成本意识，对 ISO 体系有较好的了解。 ● 思想品质好，工作认真负责。 采购部经理的工作范围及职责： ● 主持采购部日常工作，协调与各部门之间的工作关系，协调与外部各供应商、协作商的工作关系。 ● 团结同事，发挥团队精神，努力工作，发挥每个人的特点和聪明才智，把工作做好，努力发挥、激发下属的潜能，并不断改进工作方法，改进工作效率，树立廉洁的工作作风。 ● 对每一个业务订单认真评审，确认交期的可行性，对每一个采购订单评审、监督价格合理性，努力降低成本，为公司争取更高的效益。			
● 对每一个供应商资格进行评审和监督，选用合适的供应商，确保采购材料品质优良、价格便宜且合理、交期准时、售后服务好，保证公司生产正常运转。 ● 要能及时处理公司运转过程中出现的突发事件，一切以公司利益为出发点，以业务（订单）时效为原则，果断处理好事务，保证公司的正常运转，准时出货。 ● 及时掌握生产、物料库存动态，掌握生产第一线的各种信息，做到物料准时入库、合理库存，对长期积压的物料要详细分析、统计，根据公司实际情况，充分利用库存，减少积压。 ● 熟悉公司的产品品种、性能及构成，掌握市场行业物料信息。公司的新产品开发要及时了解学习，配合工程部门工程开发，选用合理的物料。 ● 在部门经理例会上，定期汇报采购落实结果，认真监督检查各采购员的采购进度及价格控制。 ● 确保没有异常库存。			

表 5-2 采购员的岗位职责及要求

部门：	采购部	职务：	采购员
上司：	采购部经理		
工作资历要求： ● 中专技校以上学历或相关采购工作一年以上工作经验。 ● 有较强的谈判沟通能力，熟悉电脑操作，熟悉相关采购常识。 ● 有一定的成本概念，思想品质好，工作责任心强。 采购员的工作范围及职责： ● 采购员在接到采购订单后，须先预审并详细分解订单的内容，协助物控部做好采购计划，确保采购计划下达的准确性。 ● 采购需求计划下达后，应对其进行审核。审核无误后及时下采购订单，确保采购材料的正确，满足酒店生产要求。 ● 随时了解库存材料情况，与仓管员经常沟通，防止物资积压，对长期积压的物料应进行复核，根据订单的品质要求，尽量启用积压物料。 ● 采购人员对自身所负责采购的材料要有较深入的了解，不断学习专业技术知识，不断提高业务能力，确保品质的稳定性，维持生产正常进行。如接到需求部门的反馈意见，应及时通知供应商进行处理，并跟踪到货时间，避免耽误部门工作。 ● 不断开发新的供应厂商，并对其进行定期评估，采购物品坚持物美价廉、择优选用的原则。维护公司利益和声誉，不谋私利，严格遵守财务制度，遵纪守法，不索贿、受贿，在平等互利下开展业务活动。 ● 严格遵守公司各项规章制度，服从采购经理分工安排，严格执行采购部职责，有条理地做好本职工作，争创新优势。			

从上述岗位职责要求可以看出，酒店采购部是个非常考验人和锻炼人的地方，对人员的素质觉悟要求很高。

特别提示

常听人说："采购部那就是个肥缺啊！"请从从业人员自身及酒店管理机制等不同角度来评论一下这一观点。

综上所述，物资采购是酒店管理中的重要环节，加强采购工作的管理是降低物资成本、加速资金周转、提高经济效益的重要手段。酒店所需物品原则上均由采购部统一购买，其他部门应予以支持、配合及监督。加强计划管理，严格审批手续，是采购管理的关键。

第二节 酒店安全管理

常言道"安全无小事"，还有句话叫"安全事故，一票否决"。安全工作的重要性和在酒店管理工作中的地位不言而喻。酒店维持正常营业秩序，保障人员生命财产安全，保护客人的隐私，消防工作到位等，这些都是安保部门的责任。安保部门是酒店自身的防御体系，其首要工作是防患于未然，其次才是应对突发安全事件。

安保部是酒店下属的重要职能部门。其主要职能是：在酒店总经理和上级主管部门的领导下开展安全保卫工作。具体工作任务有：按时开展以消防安全、治安安全、国家安全为中心的安全法制宣传教育，增强广大员工的安全防范意识；加强对酒店的安全巡视检查，杜绝事故的发生；与各部门定期签订《社会治安综合治理责任书》《消防安全责任书》等协议，并做好监督检查工作；对各监控系统和器材设备做好维护、使用、保养工作；协助、配合公安机关做好对犯罪嫌疑人的查控工作；及时发现、处理各种违法违纪行为，合理合法地处理好突发事件，避免或减少对酒店的不良影响等。

一、安保部组织结构（见图 5-1）

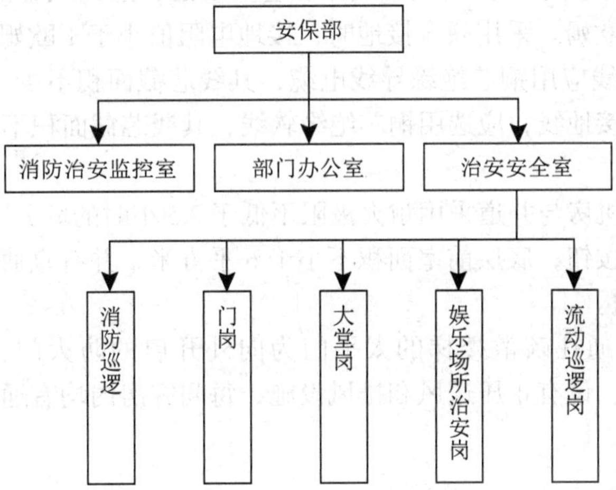

图 5-1 安保部组织结构

二、安保部服务工作质量标准①

（一）消防设备设施标准

酒店的建筑结构和消防设备设施必须符合现行的消防法规和标准。

1. 消防车道

（1）酒店沿建筑物的两个长边设有消防车道，车道尽头有回车道。

（2）消防车道宽度不少于 3.5 米，与酒店建筑物外墙之间的间距大于 5 米。

（3）消防车道下的管道和储沟能承受大型消防车辆的压力。

2. 消火栓

（1）酒店设有室外和室内消火栓系统、消防水泵房和自动喷水装置。

（2）室内消火栓栓口出水方向与设置的墙面成 90° 角，采用高压给水系统，给水管网设水泵接合器，并有明显标志。

① 资料来源：https://www.oh100.com/peixun/pinzhiguanli/319497.html

（3）酒店客房及其他营业场所和公共走道均设有自动喷水装置。

3. 消防自动报警系统

（1）报警区域按楼层划分，探测区域按独立房间划分。

（2）区域报警控制器应设在有人值班的房间和场所，安装在墙壁上的报警控制器，其底边距地面的高度不小于 1.5 米。

（3）报警区域内每个防火分区设有手动报警按钮，设置部位明显，便于操作，安装在墙上时，距地面高度为 1.5 米。从一个防火区域内的任何位置到最近的一个手动报警按钮的步行距离不大于 30 米。

（4）消防控制中心有显示安全保护的重点部位、疏散通道和消防设备所在位置的平面图或模拟图。

（5）消防中心严禁其他无关的电气线路和管路通过，送回风管的穿墙处设有防火阀，工作接地电阻小于 4 欧姆。采用联合接地时，接地电阻值小于 1 欧姆，或用专用接地干线引至接地体，接地干线应用铜芯绝缘导线电缆，其线芯截面积不少于 16 平方毫米，接地板引至各消防设备的接地线，应选用铜芯绝缘软线，其线芯截面积不小于 4 平方毫米。

4. 安全疏散设施

（1）消防电梯：机房与井道采用耐火极限不低于 2.5 小时的墙分隔，井底有排水设备，有消防队专用的操纵按钮，底层前室面积不小于 6 平方米，并有直通室外的出口或经过长度不超过 30 米的通道。

（2）疏散楼梯：通往疏散楼梯的太平门为向外开启的防火门，并有明显的指示标志，楼梯间为封闭式，设有正压送风和排风设施，每间客房内均有通向疏散楼梯的线路指示图。

5. 应急照明装置

（1）应急照明装置设在墙上或顶部。

（2）各营业场所、通道及疏散楼梯、消防电梯、消防监控中心、消防泵房、配电室和电话总机房均设有应急照明装置，其最低照明不低于 0.5 勒克斯，照明供电时间不少于 20 分钟，其中消防控制中心、消防泵房和配电室的照明应保持同正常状态一样的照明度。

（二）治安设备设施标准

1. 安保监控系统

（1）安保监控系统由多台电视屏幕、摄像机、自动和手动图像切换及录像机组成。

（2）在客房楼层、大堂、楼外均装有大角度旋转的摄像机。

（3）安保监控室实施 24 小时监控和自动切换录像，备有使用两个月的录像带和配有存放录像带的专用橱柜。

2. 其他安保装置

（1）配有适量的二氧化碳灭火器、防毒面具。

（2）配有供通信联络用的无线电对讲机和保安巡逻值班时使用的防身警械。

（三）设施设备的维护标准

消防和治安的各种设施设备必须确保完好有效，定期会同有关部门进行测试，做到：

（1）消防自动报警装置每年组织检查测试 1~2 次，自动灭火喷淋管道每年排放污水一次。

（2）消防水泵每半年自动或手动启动检测一次。

（3）消防总控制联动系统每年会同工程部启动运行检查一次。

（4）消火栓每季度放水检查一次，各部位水带箱中的水带和水枪每季度检查一次。

（5）放置在各部位的手提轻便灭火器要按规定期限更换药剂。

（6）无线电对讲机和各种防身警械有专人管理，实行“谁使用、谁负责”的责任制，并按使用说明的要求，做好维护保养工作。

（四）保卫巡逻员服务标准

（1）按规定的路线和间隔时间执行巡逻任务，并做好每次巡逻的工作记录。

（2）认真执行保安巡逻工作流程，始终保持良好的精神状态，坚持做到文明服务礼貌待人，以服务的形式体现安全管理。

（3）发现可疑的人、事、物，要严密监控，及时报告，迅速查明情况，件件有结果，事事有记录。

（4）夜间巡逻注意访客情况，及时关闭门、窗以及水、电、气开关。

（5）做好交接班工作，交接清楚，并有记录。

（五）保卫监控员服务标准

（1）保持治安消防监控中心整洁、安静，设备器具、用品摆放整齐，无积灰。

（2）当班工作期间，坚守岗位，坚持 24 小时轮流值班制。

（3）设备及器具完好有效，保养维修及时，运作正常。

（4）严格执行治安消防监控中心工作流程，工作无失误和差错。

（5）各班交接工作完善、清楚。

（六）车场保安员服务标准

（1）工作期间，坚持文明服务、礼貌待人，始终保持良好的精神状态。

（2）严格执行车场安全工作流程，秉公办事，做好各项安全管理工作。

（3）保持车场的整洁，配合和协助做好清洁工作。

（七）安保部对客服务标准

（1）宾客提出的各类有关人身、财产安全的问题，视作保卫工作的一项重要内容，按工作程序及标准妥善地做好服务工作，并消除其顾虑。

（2）宾客在酒店受到违法犯罪人员侵害时，要快速采取保护措施，在制伏违法犯罪人员的同时，立即与公安部门取得联系。

（3）宾客在酒店因纠纷受到纠缠时，要立即采取措施，控制事态发展，并与公安部门取得联系，防止矛盾激化。

（4）宾客在社会上受到不法侵害向保卫部求助时，要热情接待，问明情况，积极帮助联系公安机关，为维护宾客的利益提供主动的保安服务。

（5）宾客有对保安方面的投诉，要热情、耐心聆听，并做好记录，做到件件有结果，事事有交代。

（6）宾客对保安常识提出咨询时，要积极热情地予以解答或释疑。

（八）安保人员的仪容仪表和礼节礼貌标准

（1）当班的保卫工作人员必须按规定着装，服装整洁，保安装备佩戴规范，仪容仪表端正，符合酒店规模档次。

（2）所有安保工作人员均应具有良好的职业道德，做到文明服务，礼貌待客，急人所急，亲切周到，依法从事，文明执法。

案例分享

3月某日晚8点20分，保安部领班小刘巡查时发现大堂门口停有一辆闽字牌小轿车，小轿车的左后轮胎快没气了。小刘便主动告知车内司机下车检查，证实车胎已破，需要修补。司机是外地人，不知道补胎的地方，小刘便亲自叫来一辆摩托车为其带路，车胎修好后，客人对此非常感谢，对酒店的优质服务给予了肯定。

分析：

1. 酒店如果提供给客人意外的服务，会使顾客得到意外的惊喜。这样，顾客得到的服务超出他的期望，其满意程度就会大大提高，对酒店服务质量的评价就会提升。

2. 保安员肩负着酒店的安全责任，时时为客人安全着想是毋庸置疑的。排除潜伏的安全隐患，让客人住得放心，住得安全，更体现了员工优秀的服务意识。此案例真正做到了“想客人之所想，急客人之所急”，可谓细微之处见真情，让客人切身感受到了酒店的温馨。

三、安保部管理制度

（1）客房内必须标有安全疏散指示图，在摆放的酒店《服务指南》宣传册中，必须有公安部门颁布的《宾馆、饭店旅客须知》。

（2）客房的管理人员、服务员都应熟悉自己岗位的环境，知道安全出口的方向和消防器材摆放位置以及使用方法，并保持安全通道的畅通（安全通道严禁停放工作车辆或堆放杂物）。发现应急疏散指示灯、应急照明灯具和配备的灭火器材有故障时，及时报告保卫部。

（3）严格执行客房清洁流程和迎送客人流程。清洁房内卫生时将门敞开，严禁查翻客人箱包和衣物。做完清洁离房时，要锁好房间，并在客房清洁报表的打扫栏内注明进房和离房的具体时间。客人退房离店时，及时进房检查，发现遗留物品按客房失落物品处理流程的规定处理。发现其他问题和异常情况迅速报告。

（4）安保部负责酒店除客用钥匙以外的全部钥匙的管理。凡是施工完毕，经验收合格的门、厅、室、工作间、仓库等门窗钥匙一律交保卫部管理存档；所有钥匙进行统一登记、编号，由专人管理，未经批准，无特殊情况，禁止动用；各部门若需使用备用钥匙，须经保卫部经理批准，由该部门经理签字后，指定专人保管使用。

（5）客人行李寄存、领取和请他人代领行李以及行李寄存卡遗失时领取行李，必须严格执行行李寄存及领取程序。

（6）贵重物品保险箱由财务部确定专人负责管理。客人需要使用保险箱时，首先应核对证实是住客，之后方可请客人办理使用手续，填写保险箱记录卡，并在卡上亲笔签名，然后将保险箱的钥匙交给客人，由客人亲自将需要保管的贵重财物放入箱内并上锁以后，代为存放和保管。

（7）各娱乐场所建筑必须坚固安全、消防设备齐全有效，按消防要求摆放，要有两个以上的安全通道，装修材料符合消防要求，并配备相应的治安管理人员。

（8）厨房内配备与规模相应的消防器材和设备，从业人员要掌握使用方法和防火知识。发现事故苗头或有异常情况时，必须关掉正在使用的灶具，查明原因后方可使用，防患于未然；对灶具进行卫生清洁时，严禁将水、酒倒在电源插座、配电盒处，防止电线短路。排油烟道定期请专业人员进行清理；每天指定人员对厨房内所有水、电、气、燃油阀门进行检测，关闭开关，锁好门窗。

（9）财务部办公室的门窗应装置报警器，受理收付款处应设柜台；存放现金必须使用保险箱，并专人专管；解款、提款必须二人以上，并使用防劫报警箱或报警包，数额大的要派专车接送，安保部应派保安人员护送。

（10）物料仓库应有牢固的房顶、墙壁和地面，门窗有可靠的防护装置。房顶及地下管道层不得与其他房间相通。

存放贵重物品的仓库，要安装防盗报警器，并配置防撬锁。

物料仓库存放的各类物品应建立账册，定期盘点，做到账物相符，发现短缺立即上报。

（11）动火作业需按规定办理申报、审批手续。

（12）发生盗窃、抢劫、凶杀等事件时，应在报告保卫部和公安机关的同时，保护好现场，除急救外，无关人员不得进入现场。

（13）发生火情时，所有员工必须无条件服从总经理和保卫部领导的指挥调遣，并采取有效措施进行扑救。

（14）易燃易爆等危险物品的管理、存放及使用，都应按制度执行。

（15）安保器材的使用必须符合规定。如，对讲机在使用中必须严格执行“三禁”规定：一是严禁通话内容涉及工作机密；二是在通话中严禁闲聊；三是严禁带回家私作通信工具。警棍的购置须经酒店分管领导批准等。

没有规矩不成方圆，安保部门这些看似繁复的条款，会在发生问题时起到至关重要的作用。

案例分享

8月某日下午3:25，某酒店安保部消防监控中心接到中餐管事部员工梁某的报警电话，说中厨房内浓烟滚滚，有火情急待扑救。接到报警后，数名保安员迅速赶往现场。当时厨房员工都已下班，房门上锁。几名保安员急忙查看地形，发现开水间有一小窗口可以通往厨房，保安员立即爬进厨房用一瓶灭火器迅速将火扑灭。经查，中厨员工柯某、陈某未关蒸炉的油管，导致柴油泄漏，加上炉温高，又有火种从而引起火情。

从本案例中我们可以发现哪些问题？请结合前面所学，有理有据地给出结论。

分析：（1）本案例说明部分员工的消防意识不强，酒店要加强对员工消防意识的不间断培训，确保形成全体员工都是酒店安全员的良好局面。

（2）制定并督促各部门执行防火安全制度，是酒店保安部门的主要任务之一。此次事件的发生与处理全面反映了酒店消防工作“预防为主，防消结合”的原则。

（3）事后，酒店应责成行政办，要求安保部门会同有关使用明火的部门制定执行相关防火措施和责任制，尤其要加强对酒店辖区各油阀、液化器、电器开关等的班前班后检查力度，杜绝此类情况的再次出现。同时要求人事部对此次事件出示通告，对有关人员奖罚分明，并记录在案。

拓展知识

安全网络

现代饭店安全管理网络是旅游安全管理网络系统中的一个子系统，应与旅游的安全管理工作协调一致，并与现代饭店各工作部门、各工作岗位的职责、任务结合起来。由于现代饭店安全管理工作始终贯穿于生产、服务过程中，并与其他部门相互依赖与关联，因此现代饭店安全网络应包括：

①现代饭店层网络。

这是由现代饭店高层领导、保安职能部门及饭店其他部门经理组成的，对整个现代饭店安全管理负责任的工作网络。

②部门管理层网络。

③楼面服务层网络。

（资料来源：https://www.docin.com/p-102331050.html）

第三节　酒店工程管理

人体要健康，除了补充营养，还要靠强大的免疫力来抵御病毒入侵和修复机能。如果说酒店的采购部像输送营养的大动脉，那么酒店工程部就像是自身的免疫系统，随时维护着酒店机体的健康运行。用句形象点儿的话说，那叫“上管天，下管地，中间管空气”。从通信设备到线路水暖，从照明到温控，从小处维修到整体改造，酒店的任何一个角落、任何一块地界都凝结有工程部员工辛勤劳动的汗水。

工程部是酒店重要的后勤保障部门，主要负责酒店设施设备的运行管理、维修保养、更新改造，确保酒店为客人提供一个良好的居住、工作与生活环境。工程部本着“宾客至上、服务第一”的服务宗旨，保证设备、设施各系统处于良好的运行状态，使客人处处感到安全、舒适与方便。

其工作内容涵盖：酒店机械、电气设备的日常维修与保养；酒店建筑装潢、工程更新改造；通信设施、卫星收视设备的维护；庭院绿化，酒店内植物、花卉的养护、布置等。

一、工程部组织机构（见图 5-2）

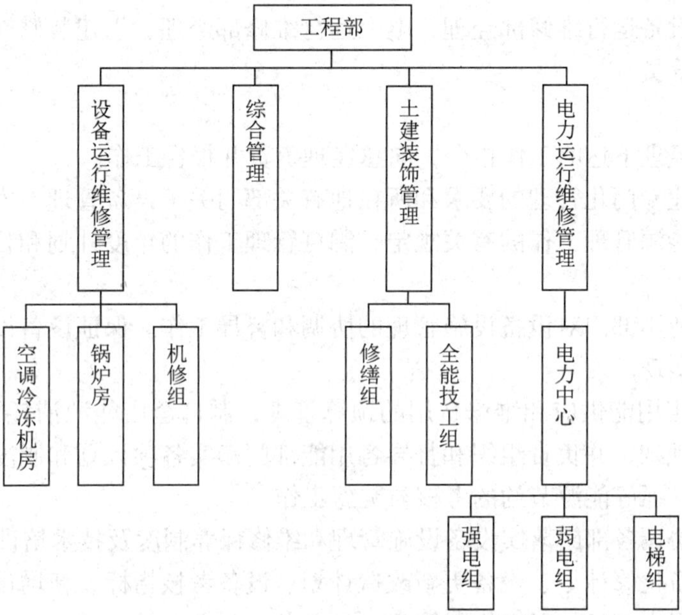

图 5-2　工程部组织机构图

特别提示

如果将酒店比作一个人，工程部好比是一个人的心脏，而工程部的水、电、油、暖就好比是向各个部门输送的血液、氧气和营养，任何一个环节出现问题，都会给酒店带来无法挽回的经济损失，直接影响酒店的声誉和形象。为此工程部建立了巡检制度，发现问题及时解决，把一切事故都消灭在萌芽状态。例如：今年冬天进“九”以来，工程部接到餐饮部门的投诉，说来酒店用餐的客人普遍反映室内温度不够，空调吹冷风。得知这一情况后工程部经过仔细的分析和认真研究，发现是由于锅炉房提供的热源温度过低，此外，酒店的换热系统老化导致换热效率降低。这一问题该怎样解决呢？工程部经过反复思考，最终果断做出决定，把低区的换热罐，改造为空调系统换热，把锅炉房供应仅有的 50 多度热能，全部转换出来，从而达到空调所需要的温度，确保各部门正常营业。

（资料来源：https://zhidao.baidu.com/question/129574913.html.）

结合上述材料，试讨论工程部的工作中脑力和技术，哪个更重要。

二、岗位工作职责

（一）工程部经理

1. 管理层级关系

直接上级：总经理

直接下级：设备运行维修部经理、电力运行维修部经理、土建装修部经理、综合管理员、调度员兼保管员

2. 岗位职责

（1）执行总经理下达的工作指令，向总经理负责并报告工作。

（2）按照企业专门化管理的要求和所在地有关部门关于设备管理、安全生产、劳动保护、环保管理和能源管理工作的有关规定，制订管理工作的年度计划和目标，经审定后组织实施。

（3）做好各使用部门对设备设施管理的协调和督导工作。保证设备设施管理工作的计划和目标的全面实现。

（4）负责酒店用能供应和维修费用的预算管理，制订全店能源消耗计划、节能措施、用能制度和技改规划，并负责组织和督导各用能部门落实各项计划和制度，做好能耗控制和统计分析工作，抓好能源节约的考核与奖惩工作。

（5）组织与协调各部门落实设备设施管理和维修保养制度及技术培训工作。

（6）审核设备检修计划、设备更新改造计划、设备考核指标、新增设备和报废设备等申请报告，并加强本部门的财产物资管理。

（7）定期召开设备管理、成本核算和费用控制工作会议，研究、改进和完善对设备设施的科学管理方法，并负责解决有关重大设备的问题和厉行节约降低费用的问题。

（8）定期组织设备检查、评比工作，提高设备完好率。

（9）按照设备事故处理规定，负责处理主要设备和重大设备事故。

（10）掌握设备管理人员的技术业务状况，关心设备管理人员的技术业务提高和更新，逐步使各级设备管理人员的水平向科学化、现代化管理方向发展。

（11）认真贯彻“让客人完全满意”的服务宗旨，使员工确立“后台为前台服务”的思想，着重抓好各部门设备设施报修维修的工作，不断提高维修工作质量和效率，保障酒店经营管理正常开展。

拓展知识

工程部规定和程序

规定和程序编号：ENG-P&P-001	页数：1
准备：工程部经理	日期：2007 年 4 月 1 日
批准：总经理	日期：2007 年 4 月 1 日

续表

<table>
<tr><td>传达至：值班工程师、主管、领班</td><td>生效日期：× 年 × 月 × 日</td></tr>
<tr><td colspan="2">定义
工程部的日常维修都使用工程维修单。
目的
规范维修单制度。
规定
各相关工作人员须知。
（1）酒店各部门维修单一律经由工程部值班室登记、记录收到时间，由值班工程师标上达标工时。工程部发出的维修单也经由值班登记、记录收到时间，由值班工程师标上达标工时。
（2）酒店各部门维修单按以下规则分别予以优先施工：
<table>
<tr><td>优先程度</td><td>种类</td><td>做出反应的时间</td></tr>
<tr><td>1</td><td>与消防和人身安全有关</td><td>立即</td></tr>
<tr><td>2</td><td>与客人有关</td><td>30 分钟完成</td></tr>
<tr><td>3</td><td>设备故障影响到客人</td><td>60 分钟排除</td></tr>
<tr><td>4</td><td>一般设备故障</td><td>本班时间内完工</td></tr>
<tr><td>5</td><td>大维修</td><td>一周内完工</td></tr>
<tr><td>6</td><td>新工作申请</td><td>按员工能力允许</td></tr>
</table></td></tr>
<tr><td colspan="2">一般维修单应在 7 日内完工，积压 7 日以上，需每周填报，积压单由值班室汇总，报工程部经理。
（3）维修工程范围大，工作量超过 10 人或影响酒店正常营业，应汇报工程部经理，作计划安排。
（4）维修单完工后由执行维修任务的员工填写材料、工时等，请使用部门员工签字认可，以备工程部实行成本核算。值班工程师每日汇总当日维修单并由值班室注销，注销时应注明完工时间。
（5）对不予施工的维修单，包括计划外和违反财务管理的以及由于违反操作规程或玩忽职守以致事故造成设施设备损坏的，由值班工程师注明原因后退回各部门，并将详细原因及情况呈报酒店管理层。新工作申请应附上空白工作申请单后退回各部门。
（6）未完工项目交值班工程师决定计划完工时间，并应做妥善安排，重新组织实施。
（7）值班室应将下列维修单分类，并通报工程部经理。
①“0-0-0”维修单（凡客房不能出售，设备不能使用，对客服务不能提供均属“0-0-0”）。
②高级套房、VIP 客人、长住客人，以及重要活动维修单。
③和消防安全有关的维修单。
以上三类中，①和③项填入“0-0-0”表，并于次日晨 8 时交送工程部经理。</td></tr>
</table>

（二）设备运行维修部经理

1. 管理层级关系

直接上级：工程部经理

2. 岗位职责

（1）负责全酒店各种能源的供应工作，保证各种能源按时、及时供应，并达到节能要求。

（2）根据预算管理和年度设施工作方针、目标、计划负责制定实施方案和措施。

（3）根据设备设施和能源管理制度，负责制定相应的实施细则。

（4）负责全店锅炉、空调及所管辖设备维修保养，并按期组织实施。

（5）按照各岗位职责和操作规范，抓好现场管理和班组长的考核工作，督导各设备操作者严格遵守操作规范。

（6）根据供热、供冷、供水、供气等规程规定和要求，以及总平面和设备装机容量、重点设备设施的布局，绘制出图表，并根据变更情况，及时进行修改，实现各营业部门的能源及时供应。

（7）定期组织检查设备的技术状态，对不完好的设备进行分析，制定和实施相应的设备更新、修复计划，确保设备处于良好的技术状态。

（三）土建装修部经理

1. 管理层级关系

直接上级：工程部经理

2. 岗位职责

（1）负责土建、内外装修工程现场施工的监督、维修和管理工作，培训、督导下属技工，确保工作顺利完成。

（2）制定建筑、装饰、装修的年度、季度、月、周维修计划和工作标准，报部门经理审批。

（3）组织、实施对建筑装修面和家具的保养工作。

（4）培训装修技工，提高装修技能，保证装修准确、快捷达标。

（5）制定装修工技术考核标准，报部门经理审核。

（6）掌握装修、装饰最新发展动态，及时对酒店的装修装饰改造提出可行性方案。

（7）与仓库保管员密切配合，制订装饰、装修材料储备计划。

（8）经常对下属员工进行职业道德、专业技术知识的培训，考核下属员工的出勤情况，合理调配下属员工。

（四）电力运行维修部经理

1. 管理层级关系

直接上级：工程部经理

2. 岗位职责

（1）执行部门经理的工作指令，向部门经理负责并报告工作。

（2）根据主要设备的管理规定和要求，负责变配电、电梯、强电、弱电系统等设施设备的维护、维修与保养计划的编制，并督导实施。

（3）负责督导变配电、电梯、强电系统和弱电系统等关键设备的运行使用情况和检修工作，制止违章操作和使用。

（4）协助各部门组织设备的大修、技改、更新、改造项目的计划编制、实施、验收、移交工作。

（5）针对各种设备、设施的技术要求和运行情况，负责制定维修、保养（含一、二级保养）、大修改造计划，报部门经理审核和批准后组织实施，并按分级负责的原则，督促和指导各级人员按期完成。

（6）负责指导、督促、检查各种设备设施管理和维修技术人员的业务工作，及时做好各种人员之间技术业务协调工作。

（7）做好管辖技术人员的技术考核，定期组织维修人员的技术培训，定期对营业部门的设施设备操作使用员工进行技术培训。

（8）负责所管辖系统的维修备品备件的计划编制与申购。

从上述各部门经理的岗位职责中，我们可以对工程部几个主要部门的工作内容有一定了解，也能体会工程部是要求管理人员既要有扎实技能，又要有灵活处事的头脑。

三、维修人员操作规范（见表 5-3）

表 5-3　维修人员操作规范

工种	规范内容与要求
泥工	工作前应穿戴好防护用品，并检查整理场地，消除障碍，防止撞翻物品砸伤手脚。 凡登高作业、房屋修理和改建、扩建工作进入施工现场，必须戴好安全帽。所用工具需装入工具袋内，严禁上、下、左、右抛掷，必须严格遵守高空作业安全操作规程。 使用竹梯时要有人扶持，梯子与墙面的角度以 60 度为宜，高空作业注意空中周围有无电线，作业人员要与电线留有一定的安全距离，高空作业或在危险性较大的情况下进行操作时，要使用安全带及采取防护措施。 拆除或修理工程，在施工前应对建筑物的现状进行详细检查，制定安全措施，防止倒塌、触电、高空坠落等伤害事故。 现场所有地沟、深坑应加设防护栏，如作通道用，必须设有坚固的通道板，夜间应设红灯作标志。 材料设备的堆放要整齐、稳固，拆除的模板和废木料不得乱丢。施工中的砖墙，严禁任何人在上面行走，也不准站在施工墙上砌砖。 凡在高空脚手板上操作，脚手架必须扎牢，脚手板要符合 5 厘米厚、20 厘米宽、4 米长规格，并需事先检查板身无伤疤，以防止发生断裂事故。脚手架堆料不准超重，不准多人集中站立在脚手架上，防止倒塌。 遇有恶劣天气，如风力在 6 级以上或雨、雪天影响施工安全时，应停止露天和高空作业。 建造维修中遇高低压电器线路，应及时通知电工先停电，如确不能停电时，需要有遮栏，并要有防护措施才能进行工作。 使用搅拌机、卷扬机、震动器、空气压缩机等机械时，应由专人负责操作，并经常检查电器线路绝缘和钢丝绳、拉绳是否完好。 工作完毕必须清理现场，保证道路畅通、现场清洁。
木工	工作场地严禁明火、吸烟。烧胶水的炉子应加有防火屏障。严格遵守防火制度。 工作时必须事先检查工具是否良好齐全。所有工具在工作场合不得乱放，以免跌落伤人。 使用木工机械，必须先检查安全装置，确认完好，方可操作。
管道工	二人以上搬运管子时要相互呼应，行动一致，管子堆放时必须排列整齐，塞垫牢固，管子竖放时要吊牢缚妥。 拆装管子要先关上总阀门，将余热或冷气放掉，并在阀门上挂上“危险，禁止开启”的警告牌，工作完后取走警告牌，阀门恢复原状。 装阀门时必须注意倒顺，以免发生意外。各种阀门要分清，并均须经检查良好后，方可安装使用。 修理、拆装各种气泵及有压力的阀门和压力表等，要事先查清性能结构，防止事故。 管子热弯要灌干沙，管子内有油应先清除，对管子加热时，人要避开管子头，防止热沙喷出伤人。

四、设施设备报修工作程序（见图 5-3）

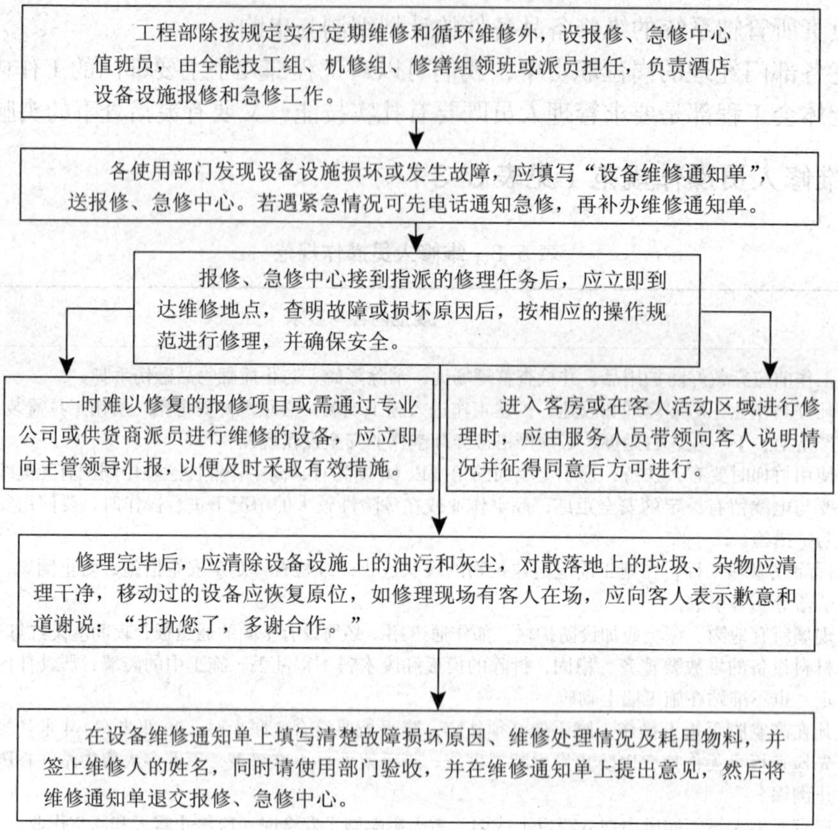

图 5-3　设施设备报修工作程序

五、酒店设备、设施管理的基本原则

（1）加强设备、设施的管理工作是酒店提高服务质量、经济效益和管理水平的一个重要方面。

（2）酒店设备、设施管理必须采用先进的科学管理方法和维修技术，才能保证设备设施的正常使用、运转，并发挥最大的经济效益。

（3）酒店的工程部对酒店的主要设备和设施的设计、造型、购置、安装、验收、使用、操作、维修、改造、更新直至报废的全过程进行综合管理工作。

（4）酒店设备设施管理必须执行“预防为主，维修保养与计划检修并重”的方针，坚持“安排酒店任务和安排好设备、设施维修计划并举”的原则，实行“专业管理与群众管理、专业保养与群众保养”相结合的方法。做到科学管理、正确指导、合理使用、精心维护、定期保养、计划维修，确保设备的正常运行、安全运行、经济运行。

（5）所有设备、设施在全过程管理中，要认真贯彻设备、设施使用、管理、维护、保养的各种岗位责任制和安全操作规程，设备、设施管理考核指标必须纳入各使用部门评比考核内容。对设备、设施管理工作成绩显著的工作人员，要给予必要的奖励；对玩忽职守造成设备重大事故者要给予严肃处理。

（6）对设备管理和操作及维修人员要进行多层次、多渠道的专业技术和管理知识的培训教育，不断提高业务技能，并坚持培训合格后才允许上岗操作。

（7）要严格执行特殊工种持证上岗操作制度。酒店锅炉工、电梯维护和维修人员、锅炉水处理工、气割和电焊工、电工等均属特殊工种。凡从事特殊工种的工人，必须经劳动部门专门培训，考试合格并领取特殊工种操作证后，才能持证上岗操作。对特殊工种的工人除进行三级安全教育外，还应进行特殊工种的安全教育，以杜绝恶性工伤事故的发生。酒店有关部门需要培养特殊工种人员，必须填写特殊工种申请登记表，先由部门领导审核同意后，再由工程部审核批准，方能上岗实习操作。

思考与练习

1. 选择酒店后勤的某个部门，对他们的员工进行工作现状调查，了解日常工作内容。

2. 一名合格的酒店采购员，应该具备哪些素质？

3. 在酒店可能会发生各种安全事件，如吸毒、行窃、行骗等。作为保安部的一员，应该如何发现和预防这些事件？

4. 某酒店客房的小冰箱已超过保修期，而每次都是由厂家更换全套的制冷装置，成本是 160 元，这样 90 多台冰箱势必造成很大一笔维修费用。后来，酒店的助理工程师在网上查阅了大量技术资料，经过反复试验，终于发现只要更换制冷片即可解决问题，其成本只需要 26.5 元。请思考工作时间这样耗费精力是否值得。

5. 选取一家酒店，对它的员工进行食宿满意度方面的调查，整理出反映突出的问题，并提出解决方案。

第六章 酒店营销管理

引 言

酒店营销是满足顾客要求以获得经济效益的经营活动过程，它是为了让顾客满意，并实现酒店企业经营目标而展开的一系列有计划、有步骤、有组织的活动，是一个根据顾客的需要而展开的产品、价格、销售渠道及促销策划和实施的全过程。酒店营销管理是酒店重要的管理活动。

学习目标

- 掌握酒店营销管理的基本内涵。
- 了解营销管理的意义。
- 掌握酒店营销管理策略活动的基本组合与营销对策。
- 掌握最新的营销理念和营销策略。

关键词

市场营销　酒店市场营销管理　酒店市场细分　酒店营销策略　数字营销

导入案例

“丁真事件”彰显数字营销奇效，新业态新玩法因“数”而生

2020年11月，一个叫丁真的康巴帅小伙“引爆”了互联网，各地各平台一边“抢”丁真一边向网友“安利”家乡美景的盛况，也被文旅业界称为“丁真事件”，入选“本年度国内十大旅游事件”。

“‘丁真事件’中各地反应之快、手段之新、理念之特都达到了巅峰。”信宏业解释说，“有些圈外人认为这些文旅部门都在‘猎奇’，其实事件中文旅人追求的并不是短期效应、不是带来多少流量，而是在积极与社会、时尚、潮流互动中，与需求市场保持“热线”联系，这就是智慧旅游理念、模式、手段的一个很核心的写照。”

通过数字化的手段对旅游目的地进行“智慧”营销，正改变着文旅业界传统的营销模

式，打造一张张城市数字文旅新名片。

（资料来源：https://new.qq.com/omn/20201206/20201206A0C8DZ00.html 腾讯网 文章有删减 2020-12-06.）

第一节　酒店市场营销管理概述

一、酒店市场营销的概念及意义

市场营销这个概念比单纯的销售概念包含更多的内容。市场营销可以简单地定义为："那些涉及商品和劳务从生产者流向顾客的业务活动。"也可定义为："以适当的服务满足顾客的各种需求，企业所进行的或应进行的凡能影响企业与顾客之间关系的一切工作。"具体地说，市场营销包括：发现顾客需要什么；提供能满足顾客需求的产品；告诉顾客关于酒店服务产品的情况；使顾客接受产品价值；使酒店取得利润。

酒店市场营销涉及设计服务以满足某一特定市场的需求，它包括对人、社会倾向、劳动力供给、资源、成本、一般市场以及财务情况的分析。酒店市场营销关系到企业组织为其顾客所做的每一件事，除少数极成功的企业外，大多数企业都必须持续地推销自己的产品，这种持续推销要达到两个目的：维持原来市场份额和不断扩大新的市场，即使得原来的宾客下次再来和从竞争对手那里吸引新的宾客。

酒店市场营销就是酒店经营者为了宾客满意，并在宾客满意的基础上实现酒店经营目标而展开的一系列有计划、有组织、有步骤的活动。它不是简单地等同于推销，而是一个贯穿酒店发展全过程的活动。它是一个根据宾客的需求和要求而展开的产品、价格、销售渠道及促销策划活动实施的全过程。

二、酒店市场营销管理的内容

酒店市场营销管理，主要是指在酒店总经理领导下，开展下列一系列活动的过程：由酒店销售部门负责，制订销售计划，确立销售目标，建立预订网络，设置销售网点；开展市场调查，掌握市场动向、特点和发展趋势；确定经营目标，做好各项销售工作，完成销售任务；开展对内、对外公关活动，树立酒店形象；扩大产品销售，提高酒店知名度和声誉等。

营销必须有根本的宗旨。酒店市场营销管理的根本宗旨，应是从宾客需要出发而不是从酒店产品出发。如单纯为出租客房和售卖餐饮而建造酒店就是从产品出发。市场营销远比单纯地提供过夜床位范畴要广，它还包括更多的活动。如汽车旅馆早期成功的主要原因就在于它满足了宾客住房以外的新需求。方便的停车场、简单的登记手续、不收小费、便宜的房价、游泳及其他娱乐设施等，都是为适应宾客变化了的需求而产生的。

既然营销要求从市场需求出发，而不是以销售既定产品为出发点，那么营销管理就是通过研究整个"酒店新产品"，从而促进其销售。营销管理不能满足于仅仅引诱人们光顾某家酒店，而是通过管理有意识地使酒店尽可能适合人们的需求和愿望。营销还必须在扩大营业规模的同时从中实现利润。对于销售人员来说，以不现实的低价格来吸引宾客和创造销售记录是容易的，但从营销的目的来看，销售人员必须注重经济效益。

市场销售与酒店组织的各个部门相联系，不能从酒店的其他部门分离出来，销售部门也不能离开整个组织而运行，因而，营销管理与酒店整体的管理相连，促进销售通常意味着完善整个酒店产品。

三、酒店市场营销管理的主要内容和方式

酒店企业的销售管理方式与工业企业相比，有着根本性的差异，不仅内容不同，其方式也不同。酒店企业的市场营销管理基于这样一种现实，即任何酒店企业都不可能同时满足所有类型的宾客需求。某些类型的宾客不仅可能与企业类型格格不入，而且也可能与企业的目标相冲突。例如，有些人需要价廉物美的房间，但酒店可能只有豪华客房；有些人追求精美食物而另一些人则喜欢快餐。大多数酒店企业的资源有限，这限制了那些与本企业服务不相适应的宾客。很难设想，一家酒店能够同时将资源成功地用于吸引会议宾客、度假宾客、商务旅行者以及蜜月度假者等形形色色的宾客。

酒店市场营销管理的主要内容和方式如下：

（1）开展市场分析。市场分析是市场营销管理的主要内容之一。要在激烈的市场竞争中得到应得的份额，首先要充分认识自己产品的长处和短处，包括设施、住房率、市场覆盖面等，还要熟知不同客源的不同需求和竞争对手的长处和短处。主要是做到"四个清楚"：一是清楚酒店所在地的社会团体、政治组织、工业商业、风景名胜、交通运输、节日、气候等有关背景资料；二是清楚竞争者的设施设备、经营类别、格调、价格等详细情况；三是清楚顾客情况，建立顾客档案；四是清楚本酒店的客房出租率、营业收入、平均房价等经营情况。

（2）制定市场营销组合策略。酒店市场营销的另一个重要内容就是制定市场营销组合策略。能否通过市场分析，更加清楚地了解本酒店的内部情况和现有的市场环境，准确地预测未来市场，做出正确的决策，这是关系到酒店经营成败的关键。一般来讲，酒店市场营销组合策略制定的步骤是：确定酒店目标，进行目标审定；分析市场因素，进行市场选择并制定市场发展策略；制定市场营销策略，进行财务可行性分析；实施行动；进行计划与实际结果的对比分析。

（3）制订销售行动计划。一是制订酒店销售行动计划总策略，即酒店和营业部门的总策略和总对策，其中包括：市场经营对策；淡季和旺季对策；利润预测；市场经营成本；明确市场经营策略的近期任务和长远目标；确定增加销售和提高利润的指标；制定所需时间的时间表等。二是制订市场经营计划的要点，包括：需解决的问题；目标、背景、地点、交通、本地区的推销特点；优势和劣势分析；按业务类别和不同客源分列出竞争的优势劣势表；现有市场的容量，分析其存在的问题；按客房、公共区域、前台和后台分列对产品需求的变化。三是制订销售行动计划的要点，包括：行动计划和行动时间表；致潜在客人、原有客人的信函、电话和面对面推销计划；周末促销计划，广告及宣传品的发放；其他推销方式；员工培训计划；店内推销；其他特殊的促销方式。

（4）实施销售行动计划。在进行市场分析，确定营销策略、制订市场经营计划和销售

行动计划的基础上，经酒店总经理批准后，全面实施销售行动计划。一是拟定推销对象，确定客源范围；二是开辟销售渠道，增加销售网点；三是签署各种用户合同；四是拜访客户；五是完成日常订房业务；六是建立客房档案，等等。

（5）开展公关活动。一是协调内外关系，树立酒店形象。二是协调与住店客人、来访者、新闻媒介、社区团队、政府机关等人员的关系，通过新闻媒介宣传酒店，策划各种宣传活动；通过各种渠道掌握市场信息，把酒店商品信息传播给社会公众和住店客人。

另外，实施酒店营销管理，还包括制作销售统计表、客源分析表、团队会议预订控制表等。

特别提示

2021 年中国酒店业发展报告发布

2021 年 4 月 17 日，由国际饭店与餐馆协会、全国绿色饭店工作委员会支持，中国饭店协会主办，中国饭店协会住宿业事业部、餐饮业事业部、佛山中国陶瓷城集团承办的第十届中国饭店文化节在佛山开幕。会上，中国饭店协会联合北二外旅游科学学院、盈蝶咨询发布了《2021 年中国酒店业发展报告》，对 2020 年全国住宿业设施的发展情况进行了分析。报告显示，2020 年全国住宿业设施的家数和客房数均比 2019 年大幅减少，然而，连锁酒店规模不降反增，体现出很强的生命力。

报告显示，截至 2020 年底，我国大陆地区一共拥有住宿设施总数 44.7 万家，1620.4 万间客房，分别比 2019 年减少 16.1 万家设施和 271.3 万间客房。其中，减少的设施主要集中于非酒店类住宿业，这些 15 间（不含）客房以下的小微设施减少了 10.2 万家，15 间客房以上的酒店类住宿设施减少了 5.9 万家。减少的客房主要集中于酒店类住宿业，一共为 229.4 万间。其中，酒店类设施中的经济型酒店客房数减少最多，为 207.2 万间。中档酒店客房减少了 21.6 万间，豪华酒店客房数减少了 2.8 万间，高档酒店客房数增加了 2.3 万家。

尽管酒店业总体规模萎缩明显，连锁酒店客房数却增长了 16.6 万间，一增一减，推动中国酒店业连锁化率比 2019 年提高了 5 个百分点。数据显示，虽然连锁酒店客房总量在增长，但是各个细分市场有增有减。其中，中档连锁和高端连锁客房数分别增加了 6.1 万间和 21.3 万间。经济型连锁酒店客房数略有下降，豪华酒店连锁客房数降幅较大。

报告还对不同大小的酒店设施情况，以及不同省区、不同级别城市的酒店业设施情况进行了分析。

这一报告的发布，对我们了解疫情下我国不同地区、不同规模和同档次的酒店业发展状况具有重要的数据价值。

（资料来源：http://www.chinahotel.org.cn/forward/enterenterSecondDaryOther.do?contentId=9a7516d448f14983996df3b7fc50cc82）

四、酒店营销观念的发展

纵观世界酒店业发展史，可以发现现代营销观念在酒店的确立并非一朝一夕之功。随着酒店业的发展，指导酒店经营活动的经营观念也不断发展，相继经历了生产观念、推销观念、市场营销观念、社会营销观念、大市场营销观念和全球营销观念六个阶段。

（一）生产观念（Product Concept）

成功运用这种营销观念的典型例子是锦江集团的假日旅馆，他们推出的客房门市价只有 158 元，吸引了大量旅游者，客房的平均出租率在 90% 以上。生产观念的缺陷是既不适应供大于求的状况，又不适应于高声望、高情感和高消费的产品。目前这种观念已经逐步被酒店行业所淘汰。

（二）推销观念（Selling Concept）

推销观念认为，一家酒店除非进行大量的推销工作，否则顾客不会去购买这家酒店足够多的产品。在产品供大于求的情况下，这种观念是普遍适用的。它特别适用于那些顾客不会主动去购买的产品，如新奇或高级的餐饮、娱乐、健身项目。遵照这种观念，每一家酒店都要重视对销售技术的培训。

（三）市场营销观念（Marketing Concept）

市场营销观念认为，酒店营销者需要综合运用各种营销手段，比竞争对手更好地满足顾客的需要，同时实现酒店长期利润最大化的目标。市场营销观念已被普遍接受，特别适用于对消费者的真实福利与环境污染还不太敏感的发展中国家与地区。

（四）社会营销观念（Social Marketing Concept）

社会营销观念认为，酒店营销者不但要比竞争对手更好地满足顾客的需要，使酒店的长期利润最大化，而且，要能维护与改善顾客和社会的福利。它适用于人们对环境保护、身体健康和生活质量更加重视的地区，如发达国家和发展中国家的发达地区。

当然，由于运用社会营销观念往往需要增加酒店的成本，因此，在缺乏法律和社会公众压力的情况下，发展中国家的酒店往往采用市场营销观念，而不是社会营销观念。

（五）大市场营销观念（Mega Marketing Concept）

美国著名市场营销大师菲利普·科特勒，针对现代世界经济迈向区域化和全球化，企业之间的竞争范围早已超越本土，形成了无国界竞争的态势，提出了“大市场营销”观念。大市场营销是对传统市场营销组合战略的不断发展。科特勒提出，企业为了进入特定的市场，并在那里从事业务经营，在策略上应协调地运用经济、心理、政治、公共关系等手段，以博得外国或地方各方面的合作与支持，从而达到预期的目的。大市场营销战略在 4P 的基础上加上 2P 即权力（Power）和公共关系（Public relations），从而把营销理论进一步扩展。

（六）全球营销观念（Global Marketing Concept）

全球营销观念始于 20 世纪 90 年代，它是将一组国家市场视为一个单位，把具有相似需求的潜在购买者群体归入一个全球细分市场，只要成本低，文化上可行，就制订谋求标准化的营销计划。加入 WTO 后，中国经济正在全面融入全球经济，因而迫切需要加快全球营销学在中国的研究、发展和传播。全球市场营销在发展演变过程中形成了六种观念：国内市场延伸观念、国际有限差异化观念、国际本土化观念、全球标准化观念、全球本土化观念、全球混合化观念。

拓展知识

查阅相关资料，比较各种酒店营销观念的异同。

第二节　酒店市场细分与定位

一、酒店市场细分

（一）酒店市场细分的概念

即根据酒店顾客对酒店产品需求的差异性，将顾客市场划分为若干个具有不同需求特征的子市场，而子市场内具有相同、相似的需求，从而使酒店有效地分配和使用酒店资源，进行各种营销活动的过程。

（二）酒店市场细分的依据

依据最终用户的不同，旅游市场在进行细分时必须依照各自的特征设定相应的标准，以使细分的结果合理、有效。由于受消费者所在地理区域、年龄、性别、宗教信仰、收入水平、生活方式和购买行为等多种因素的影响，不同的消费者具有不同的需求特征。这些不同的需求特征是我们细分旅游消费市场的依据。在旅游市场营销学中一般将其概括为地理变数、人口变数、心理变数和行为变数四大类。

1. 依据地理变数细分

所谓地理变数细分，就是企业按照消费者所在的地理位置、地理环境等变数来细分市场，然后选择其中一个或几个子市场作为目标市场。

2. 依据人口变数细分

所谓人口变数细分，就是按照人口总量、性别、年龄、文化程度、收入水平、家庭状况、宗教信仰、民族等人口统计学特征细分市场。由于人口因素直接影响消费者的需求特征，而且较其他因素更易于辨认和衡量，因而是旅游消费市场中最常用、最主要的细分标准。而在人口细分的诸变数中，又以人均收入、人口总量、年龄特征、宗教信仰四项最具有参考价值。

3. 依据心理变数细分

所谓心理变数细分是指企业按照心理变数（如生活方式、个性等）来细分旅游消费者市场。随着社会经济的发展，广大居民生活水平的不断提高，消费者的需求从生理需求向心理需求转化，这一点在发达国家尤为明显，因而消费心理因素成为旅游市场尤其是发达国家市场细分的重要变数之一。由于各国或各地消费者所处的环境、文化及生活经历不同，每个人的性格也不尽相同。不同个性的消费者对旅游的爱好和感受不同，因而不同的旅游产品和品牌在消费者心目中的形象也不相同。企业应按照消费者的不同个性来细分市场，通过广告宣传赋予产品和品牌某些与消费者个性相似的形象，以求获得消费者的认同。

4. 依据行为变数细分

所谓行为变数细分，是指企业依据消费者的购买动机或使用某种商品所追求的利益、开发状况及使用频率、对品牌的忠诚状况以及对各种营销因素的敏感程度等变数来细分国内外消费者市场。例如企业可以按照消费者所追求的利益这个行为变数，将旅游市场细分为高端、中端、低端三个子市场。又如企业可以按照参与程度这个行为变数，将旅游市场划分为未开发、曾经开发、潜在开发、初次开发、经常开发等五个子市场。

应该注意的是，消费者的购买行为特征较为抽象，具体的数据较难采集。为了有效地运用这种细分方法为企业的旅游市场营销决策提供依据，企业一方面要进行深入的市场调查，对消费者的行为特点进行定量的统计分析，另一方面还应结合其他的细分方法来进行双重或多重细分，以保证市场细分的有效性。

二、酒店目标市场战略

所谓酒店目标市场，就是指酒店对具有不同欲望和需求的顾客，在细分市场的基础上确定为自己服务对象的最佳细分市场。实质上就是酒店对最佳细分市场的抉择。酒店目标市场是酒店决定要进入的市场，是酒店产品和服务的销售市场，是酒店营销活动所指向的具有特定需要的顾客。

（一）无差异营销战略

酒店市场无差异营销战略类似于在一个国家实行大量营销战略，它在所有的目标市场上使用相同的营销组合。这种战略的优点在于通过大批生产和标准化的营销活动，可以实现规模经济，降低生产和营销成本，树立统一的产品形象和企业形象。世界上只有少数大企业有能力采取这种战略，如锦江之星以标准的服务和统一的广告宣传成功地占领了全国经济型酒店市场的一席之地。这种战略的特点是忽视不同的地区、不同的消费者需求之间的差异性，基本的营销策略较为稳定，在一定程度上有可能会丧失许多市场机会。

（二）集中营销战略

采取集中营销战略的酒店把自己的目标集中在一个或少数几个有限的子市场上。采用这种战略的多是资源有限的中、小型酒店，他们追求的目标不是在较大的市场上占有较小的市场份额，而是在一个或几个较小的市场上占有较大的，甚至是领先的市场份额。这种战略的优点是适应了其酒店资源有限这一特点，可以集中力量向某一特定子市场提供最好的服务，生产和营销的集中性使酒店的营销效果会更加明显。这种战略的缺点是放弃了其他的市场机会，以后想再进入会较为困难。此外，集中性营销战略有较大的风险，如果目标市场突然变化，如价格猛跌、购买者兴趣转移，或者突然出现强有力的竞争对手，酒店就可能陷入困境。因此，许多酒店宁可分散力量于几个子市场，使生产和营销多样化。

（三）差异营销战略

差异营销战略是一种比前两种战略都复杂的目标市场战略，它是指酒店选择两个或两个以上的细分市场作为目标市场，并为不同的目标市场制定不同的营销策略组合，以分别适应各个目标市场消费者的需求。例如，把酒店市场细分为观光、度假、会议、体育等不同的细分酒店市场，而观光酒店市场又可细分为丝绸之路、田园生活等不同内容的二级市场，并设计各种不同的服务项目，以满足不同阶层消费者的需求。这一战略的优点在于酒店可以通过更有针对性的营销战略更有效地吸引消费者，占领更多的酒店市场。它的缺点在于随着产品种类、分销渠道、广告宣传等因素的扩大化和复杂化，酒店的营销成本会增加，管理的难度也会加大。因此，世界上只有部分实力雄厚的大酒店才采用这种目标市场战略。

三、酒店市场定位

定位是什么？美国营销专家菲利普·科特勒认为，定位就是对公司的产品进行设计，从而使其能在目标顾客群体中占有一个独特的、有价值的位置的行动，本质上是一个寻求差异化的过程。简单地说，定位就是寻求产品在消费者心目中的位置，让消费者认识到本企业产品的独特之处。定位的核心就是差异化。现代社会商业高度发达，各行业的产品都有一个或几个品牌被消费者所熟悉。一个后来出现的品牌如果想打入市场，差异化就成了至关重要的因素。有些企业家认为定位就是寻求市场空白，这是一个典型的误区，因为市场空白会被快速地填补，仅仅发现并进入这个空白市场并不能保证企业长久的竞争力。

酒店市场定位的概念与意义：

1. 概念

即在信息传播过度的社会，酒店市场营销人员通过强调自身产品的差异性，将自己与竞争对手区分开来，以在消费者心目中确立起不可替代的地位与印象，最终在竞争中获得优势。

2. 意义

①有利于建立酒店以及产品的市场特色；②市场定位决策是酒店制定市场营销组合策略的基础。

案例分享

首旅集团

打造6+2产业体系 / 覆盖全旅游要素 / 践行中国服务

成立于1998年2月的首旅集团，在二十年的改革和发展中，始终坚持党对国有企业的领导不动摇，始终坚持国企改革的方向不偏离，高举“中国服务”旗帜，坚持“品牌+资本”的核心战略和“干事创新、人本和谐”的企业文化。

按照“走国际化路，创民族品牌”的发展思路，经过创建改制、战略重组、深化改革三个发展阶段，构建起集“食、住、行、游、购、娱”六大旅游要素于一体的旅游商贸服务产业体系，努力实现“每个业务板块一家上市公司、一套品牌系列，并均处于全国同行业领先地位”的产业发展目标，全力推进实现“6+2”产业布局，不断向着生活方式服务业产业集团迈进。目前，旗下拥有“首旅酒店”“王府井”“首商股份”“全聚德”四家上市公司。集团资产规模已超千亿元，在《中国500最具价值品牌榜》和全国大型旅游集团排名中位居前列。

图 6-1　首旅集团旗下老字号品牌

首旅集团品牌价值在旅游服务行业中位列第二；连续 11 年荣登“中国旅游集团 20 强”；首旅集团作为唯一地方国企排在“20 强”榜单的第一梯队；世界品牌实验室发布《中国 500 最具价值品牌排行榜》位列 70 名。

酒店板块现状

首旅集团住宿板块结构合理，品牌系列齐全，客户资源丰富，网络覆盖全国，运营体系智能化，价值全方位。拥有包括北京饭店、贵宾楼饭店、西苑饭店、南苑饭店、建国饭店、民族饭店、东方饭店等一批历史悠久的传统品牌酒店；创建了“诺金”“首旅建国”“如家”“安麓”“安岚”等多个高中端民族酒店品牌，并与“万豪”“凯宾斯基”“雅高”“安缦”“悦榕庄”等国际知名酒店品牌合作管理酒店。

图 6-2　酒店板块现状

首旅如家酒店集团是首旅集团旗下的从事酒店投资与运营管理及景区经营的上市公司，是由原首旅酒店集团与如家酒店集团合并后成立的二级集团企业。合并后的首旅与如家实现了优势互补、资源整合，为首旅如家酒店集团的整体业务带来升级，并加速以酒店为主的住宿产品的迭代更新。现已成为中国酒店业领导者全球最大酒店集团之一。

美国酒店权威杂志《HOTELS》2019 年下半年公布的最新“全球酒店集团 325 强”的排名（截至 2019 年 12 月 31 日），首旅酒店集团合计的房间数在全球排名第十。目前，首酒集团官方 APP 拥有 1.5 亿会员、24 多万日活量、2500 多万下载量，官方微信服务号拥有 860 多万粉丝，线下推广资源覆盖全国 400 个城市、4000 余家酒店。截至 2020 年 12 月 31 日，首旅如家酒店数量 4895 家（含境外 1 家），客房间数 432 453 间。公司中高端酒店数量 1165 家，占比 23.8%，客房间数 128 224 间，占总客房间数的 29.7%。旗下拥有近 20 个核心品牌，40 多个产品，覆盖“高端”“中高端”“经济型”“休闲度假”“社交娱乐”全系列的酒店产品，在不断细分的市场中，持续发力中高端和经济型酒店产品与创新，对品牌体系与住宿产品不断进行产品丰富与服务创新，满足消费者在个人商务和旅游休闲中的多样需求。

首旅置业是首旅集团旗下主营酒店经营管理和旅游项目投资的企业，积极推进“住宿业革命”，坚持“存量在我、增量分享”，构建平台化发展模式，实施资产精细化管理，逐步搭建起康养社区、城市文创综合体、精品生活方式综合体等发展平台，全面盘活存量资产。旗下企业包括诺金酒店、凯燕酒店管理公司、安麓酒店管理公司、凯宾斯基酒店、长富宫中心、新世纪日航饭店、颐和安缦、新侨饭店、凯威大厦等。

丰盛世纪置业通过对所属北京饭店、贵宾楼饭店、紫金世纪置业霞公府万豪公寓式酒店等资源整合，发挥了首旅集团在王府井商圈的集群规模效应。

3. 酒店市场定位的结构（见图 6–3）

针对性定位 E1：

（1）市场容量大，足以吸纳两个以上竞争者的产品需要量；

（2）本酒店比 A 产品生产条件更好，质量能胜过它；

（3）本酒店比 A 产品有更好的实物、资源等条件，能发挥自己的优势；

（4）这种定位与本酒店的特长、声誉、地理位置相适应。

创新式定位 E2：

（1）有高质量的技术和服务，胜过对手；

（2）管理水平较高，能产出低成本的同类产品；

（3）本企业信誉好，顾客相信本企业能提供物美价廉的产品。

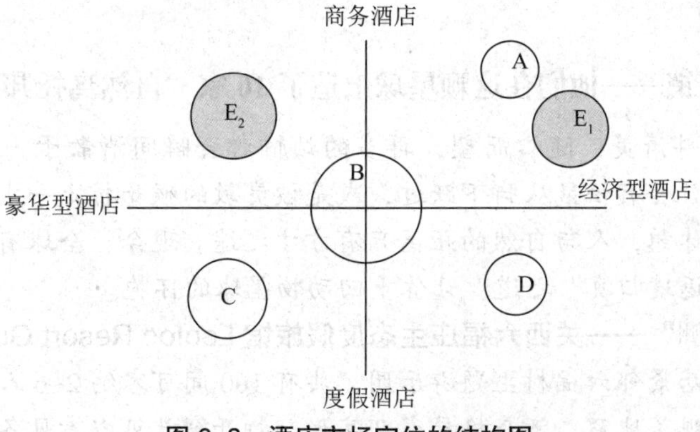

图 6–3　酒店市场定位的结构图

拓展知识

市场定位的方式

（1）避强定位。这是一种避开强有力竞争对手的市场定位。其优点是：能够迅速地在市场上站稳脚跟，并能在消费者或用户心目中迅速树立起一种形象。由于这种定位方式市场风险较小，成功率较高，常常为多数企业所采用。

（2）对抗性定位。这是一种与在市场上占据支配地位的、亦即最强的竞争对手“对着干”的定位方式。显然，这种定位有时会产生危险，但不少企业认为能够激励自己奋发上进，一旦成功就会取得巨大的市场优势。

例如，可口可乐与百事可乐之间持续不断地争斗，“汉堡王”与“麦当劳”对着干，等等。实行对抗性定位，必须知己知彼，尤其应清醒地估计自己的实力，不一定试图压垮对方，只要能够平分秋色就已经是巨大的成功了。

（3）重新定位。即对销路少、市场反应差的产品进行二次定位。这种重新定位旨在摆脱困境，重新获得增长与活力。这种困境可能是企业决策失误引起的，也可能是对手有力反击或出现新的强有力竞争对手而造成的。不过，也有的重新定位并非因为已经陷入困境，而是因为产品意外地扩大了销售范围引起的。例如，专为青年人设计的某种款式的服装在中老年消费者中也流行开来，该服饰就会因此而重新定位。

实行市场定位应与产品差异化结合起来。产品差异化是在类似产品之间造成区别的一种战略。因而，产品差异化是实现市场定位目标的一种手段。

市场定位的类型可以分为：初次定位与重新定位，针对式定位与创新式定位。

第三节　酒店营销策略

随着酒店市场的日益成熟，酒店业竞争日趋国际化、全球化。在这种新形势下，出现了一批全新的营销理念和营销技巧。这些营销理念和营销技巧，丰富了酒店营销管理的内容，推动酒店营销活动走上了一条全新的道路。

拓展知识

创意营销——他们在这颗星球上造了10家“自然乌托邦”酒店

满目葱茏，耳畔清灵，随心而望，再多的烦恼都会瞬间消散于一片生机勃勃的风景中。而步出室内，就会有松鼠从脚下跃过，或是被灵敏的猴子掠走手中零食，亦会有成群的虎豹象群在近处休憩，人与自然的距离只有方寸之遥。现今，全球有10家精选“兽性”酒店可提供如此“返璞归真”之道，让你重回动物星球的怀抱。

亚洲的“小非洲”——关西六福庄生态度假旅馆 Leofoo Resort Guanshi

这家4星级酒店紧邻六福村主题游乐园，共有160间可容纳2~6人仿非洲狩猎风格的客房，拥有大片景观落地窗。酒店格局成凹字形，打开窗就可以看见各式各样的非洲放养草食性动物：长颈鹿、犀牛、斑马、鸵鸟、北非髯羊、环尾狐猴及苏卡达陆龟。

酒店内还有一处农庄，客人可以亲手体验农夫工作，栽种当令的生鲜蔬菜，酒店提供将成熟蔬菜寄送给客人的服务。每天早上，在撒哈拉广场有非洲音乐演奏互动体验，而逢周末还能欣赏到鹦鹉表演。

2014年韩国综艺节目《Running Man》曾入住此酒店，拍摄游乐园惩罚特辑，爱刺激的朋友还可以跟随他们的脚步去搭乘游乐园的“笑傲飞鹰”（U形悬吊式螺旋过山车）。

官网：leofooresort.com.tw/lrg/zh–TW

房价：春季早鸟专案 TWD 6750+10% / 房起（二人成行，约合人民币1506元）

世界之南看企鹅——海狮旅馆 Sea Lion Lodge

虽然这座位于英国最南的三星级酒店，仅有10间客房，但入住这里就意味着不用到寒冷的南极，也可以和成群海狮企鹅零距离接触。BBC曾在此拍摄企鹅栏目，多档电视节目也来此录制自然风光。为了保证最原始的生态，全岛常住人口只有5名酒店工作人员，不允许外来物种被带到岛上。

每年11月至次年2月是酒店旺季，徒步至海滩观察大批到来岛上栖息的企鹅、海狮、海豹，酒店还提供越野车和游轮一日游行程。

因为是相对封闭的一座酒店，一日三餐使用的都是福克兰岛本地食材。如果客人有任何特别食谱，只要事先与厨师沟通，工作人员都会尽己所能地满足客人需求。

官网：sealionisland.com

房价：淡季9月　£100 / 人 / 晚，旺季　£170 / 人 / 晚

与天地共主——Null Stern Hotel

这座位于阿尔卑斯山脉中海拔2000米的风景酒店，因其没有围墙和屋顶，只有一张双人床、一对床头柜、两只床头灯和水泥地面，最大限度地提供了人与自然交流的可能。在繁星铺满头顶的夏季入住，可以伴随着隐约的虫鸣鸟语入睡，幸运的话，还有岩羚羊和红鹿欢快掠过你的“领地”。

自2016年7月2日发布预订信息以来，2个月的开放期内每晚爆满，如果想要预订，只能发邮件请酒店把你的名字加入2017年夏季等候名单。

想沐浴、上厕所，附近有小木屋可以随时满足这些需求。酒店还为入住的客人配置一名管家，提供游览信息、餐饮服务等。

官网：null–stern–hotel.ch

房价：CHF 250 / 晚（约合人民币1706元）

夏季白宫——State Game Lodge

隶属于南达科他州卡斯特州立公园度假村的这座酒店，是一栋建于1920年的石头木屋，隐藏在连绵的山谷之中。令其闻名的，除了美国第30任总统卡尔文·柯立芝和第34任总统艾森豪威尔都曾下榻外，便是被郁郁葱葱的松树、橡树和桦树包围的绿色景致，以及成群水牛悠闲地与客人并肩散步。

每年4—5月是来到这里观察野生动物的最佳时间，一个个小生命的诞生为这片森林谷地带来勃勃生机。2017年5月开始，酒店提供日出观水牛的吉普车之旅。

入住酒店，可以免费参观两位总统入住的房间。当然，花上255美元和335美元就可

以住一晚总统历史房。酒店还十分欢迎携带宠物，是爱宠一族的福音。

官网：custerresorts.com/lodges-and-cabins/state-game-lodge

房价：$125/ 晚起

热带风情——马拉河野生动物酒店 Mara River Safari Lodge

在轻松的雨林环境中度假时，耳边充满了非洲雄狮的咆哮，这是怎样的一种体验？巴厘岛的这家 4 星级酒店就把自己放进了野生动物园里，并提供胡萝卜和水果让客人从阳台上亲手喂食下方的斑马、犀牛、鸵鸟等食草动物。

在全景餐厅 Tsavo Lion Restaurant，则可以一边品尝风味菜肴，一边透过玻璃窗看狮群来回踱步，刺激又有趣。

亲子行的父母们选择白天的动物园观览车，一来是可以看到活力四射的动物们，二来白天光线好，适合拍摄。最重要的是，在炎热的巴厘岛，坐在空调巴士里是超级享受的。

官网：marariversafarilodge.com/

房价：$205 / 晚起（含税）

魔法动物园——迪士尼动物王国酒店 Disney's Animal Kingdom Lodge

设计灵感源自传统非洲小屋群落，在奥兰多迪士尼乐园内被四片热带稀树草原环绕，有超过 30 种、200 只非洲野生动物散养在酒店内。

大堂的礼宾服务中额外提供野生动物指南，让客人随时随地了解身边的动物。

酒店还有一个超大的露天游泳池，并有一个令人兴奋的水滑梯供客人玩乐。泳池旁还会不定期放映迪士尼电影，还可以进行烤棉花糖这项美式经典娱乐项目。

官网：disneyworld.disney.go.com/resorts/animal-kingdom-lodge/

房价：$319 / 晚起（不含税）

与动物同眠——贾马拉野生动物旅馆 Jamala Wildlife Lodge

1998 年动物摄影师 Richard Tindale 购买下了堪培拉附近的一座水族馆，并花了近 20 年的时间，将它改造成全球动物迷都想去住一晚的酒店。

18 间客房被零星散入这座私人动物园中，在长颈鹿屋可以每天给这些大朋友喂食，在丛林别墅可以边喝咖啡边看一米远处的棕熊打滚，吃顿饭也有两头狮子在背后凑趣。

入住客房，即可在工作人员的陪护下，享受两次与凶猛野生动物零距离触摸的机会。而房费则包括下午茶、餐前饮料、一顿早餐和一顿晚餐。

官网：jamalawildlifelodge.com.au/

房价：鲨鱼房 AUD 923/ 晚起，长颈鹿房 AUD 1193/ 晚起，丛林别墅 AUD 1773/ 晚起（约合人民币 4865 元）

和高个子做朋友——长颈鹿庄园 Giraffe Manor

长颈鹿庄园位于肯尼亚内罗毕市郊，是世界上唯一一家以长颈鹿为主题的酒店。在 20 世纪初建造的英式狩猎屋周围，有极为稀有却常驻于此的罗斯柴尔德长颈鹿群，这些长颈鹿比其他种类的更高、更白，并且长有 5 只角。

长颈鹿常于早晚出现在庄园里，在你享用早餐的时候，它们还会将脖子伸进室内，企图与你共进早餐。入住两晚以上的客人，可以免费获得专业摄影师为他们拍摄的与长颈鹿互动的照片。这家独立精品酒店拥有 10 间带浴室的豪华客房，除了和这些高个子做朋友之外，傍晚在户外享受东非大裂谷的夕阳，也能令人神魂颠倒。

官网：thesafaricollection.com/properties/giraffe-manor

房价：$550 / 晚起

非洲之心——马卡尼亚野生动物旅馆 Sanctuary Makanyane Safari Lodge

酒店坐落在被称为“当代诺亚方舟”的马地圭野生动物保护区内（the Madikwe Game Reserve），在这里很容易看到猎豹和鬣狗。8 间豪华空调套房，让最多 16 名客人尽情享受非洲的浪漫星空与 1800 万平方米的私人广阔天地。

在确保安全的前提下，可以参加徒步探索动植物群项目，或丛林 BBQ 和丛林 SPA 项目。看过动物后，在酒店的无边泳池内舒展身体是个不错的选择，俯瞰着马里科河的同时，还能瞥见野生动物从下面的灌木丛穿行。

官网：sanctuaryretreats.com/luxury-safari-south-africa-makanyane

房价：ZAR 6100/ 晚起（约合人民币 3220 元）

做一只美人鱼——棕榈岛亚特兰蒂斯度假酒店 Atlantis The Palm

在这座全球最豪华的度假酒店里，有世界上最大的露天水族馆，任何一间客房均可览胜风光优美的阿拉伯湾或棕榈岛。客人们还可以通过“失落的空间”穿过神奇迷幻的通道进入传说中的“亚特兰蒂斯帝国”。

酒店中仅有 2 间超级水下豪华套房，可从卧室和浴室的落地窗直望巨大的空间水族馆，入住套房还可以免费参与海豚互动游戏两次。

酒店还提供多种特色海洋活动：通过特制的头盔置身鱼群中的水下漫步，亲手喂养鳐鱼，在鲨鱼环绕中终极浮潜等。

官网：atlantisthepalm.cn

房价：AED 9450/ 晚（约合人民币 17 645 元，不含 10% 服务费与 10% 房屋使用费及 20 迪拉姆的旅游税）

（资料来源：苏苏 Hotelers 公众号 . 2017-02-19.）

市场营销组合是把影响酒店经营的各种因素划分为两大类：一类是不可控因素，主要指各种经营环境影响因素；另一类是可控因素，包括酒店的产品和服务、价格、销售方式、销售渠道和销售促进等方面。酒店营销组合就是酒店对自己可控制的各种营销因素进行分析，本着扬长避短的原则进行优化组合和综合运用，使各个因素协调配合，发挥整体功效，最终实现营销目标。市场营销组合的基本要求及目的，就是要用最合适的酒店产品和服务、最合适的价格、最合适的销售方式和渠道、最合适的促销方法及最佳的组合，更好地满足宾客的需求，以取得最佳的经济效益和社会效益。

一、从“4P”“4C”到“4R”

根据美国学者麦卡锡（McCarthy）的分类方法，对酒店而言，可控制的市场营销组合因素主要有四类：产品（Product）、价格（Price）、营销渠道（Place）、促销方式（Promotion），简称为市场营销组合的“4P”战略。这四个因素的不同组合及变化，必须适应酒店经营环境的变化要求，从而就可以产生出许多的营销组合策略。

（一）"4P"营销理念

1. "4P"的基本内涵

众所周知，"4P"是营销学的传统经典理论，由产品、价格、渠道和促销等企业内部可控的四要素有机组合而成。这一理论得到了营销之父科特勒的首肯。而后虽也有人陆续加上人、过程、有形展示（服务）等而成为7P等，然而"4P"为基础的营销组合理论，仍为国际营销学界所认同。

2. "4P"的意义

"4P"的营销组合理论，对促进企业的生产和经营曾起过巨大的作用，而且至今仍有旺盛的生命力。之所以如此，是因为它的基本出发点是要求产品的生产或经营者，既要重视对当今社会以及国际政治、经济、文化环境等对酒店业来说不可控因素的了解，又要采取自己力所能及的相应对策，以求适应和生存。但作为微观实体的酒店，则应该把主要的精力用于酒店自身可控因素的研究上，使其达到最佳组合，促使企业经营获得成功和发展。国内外均不乏以此思想为指导而获得成功的例子。

（二）"4C"的营销理念

1. "4C"的问世及其作用

20世纪90年代以来，为有效提升服务业的营销效果，营销专家根据服务业的基本特点，提出"4C"营销组合策略，即为有效提升营销效果，服务型企业应注重宾客（Customer）、消费成本（Cost）、便捷（Convenience）、沟通（Communication）的有机组合。以酒店为例，酒店企业在开展营销活动时，应综合考虑宾客的需求及满意程度、宾客愿意承担的消费成本、宾客购买产品的便利性以及酒店与宾客之间的双向信息沟通。

2. "4C"的基本内涵

（1）宾客。

酒店市场发展至今，已形成一个典型的买方市场，因而酒店企业营销的重要任务是寻找宾客、发现宾客、吸引宾客。基于这一市场现状，酒店企业应将宾客作为酒店营销活动的出发点和归宿点，着眼于研究宾客的需要和欲望，根据宾客的购买能力分析不同宾客的消费需求，在产品设计、价格定位、分销渠道以及促销模式的选择上充分考虑不同宾客的特殊性，以期获得宾客对酒店产品的认同。

酒店应对宾客的需求时刻保持敏感。国际旅游业普遍认为，宾客需求信息是酒店最珍贵的资料。谁掌握了宾客需求信息，谁就是赢家，谁就有可能成为管理大师、营销大师。因而酒店要在内部建立"眼对眼"的观察机制，酒店工作人员要善于发现、预见宾客需求，特别是广大工作人员要有积极寻找报务、寻找有效信息的精神，并具备对宾客需求做出敏捷反应的能力。酒店在营销过程中尤其应突出满足宾客特殊需求的能力，并将其付诸行动。满足宾客特殊需求的能力现已成为酒店产品质量中最有价值、最重要的部分。具有满足宾客特殊需求的能力，往往表明酒店具有超越同行的产品质量。

（2）消费成本。

现代酒店面对的宾客具有"经济人"的显著特征，他们总希望以较少的投入获得较大的收益。因而如何减少宾客消费总成本是酒店营销要考虑的重要问题。值得注意的是，宾客的消费成本是一个综合概念，它包括以下成本：

货币成本，即宾客购买、消费酒店的产品所支付的货币总和。

时间成本，即宾客在购买酒店产品时所付出的时间代价。

体力成本，即宾客在购买酒店产品时所耗费的体力价值。

精力成本，即宾客在购买酒店产品时所承受的心理代价，也就是宾客的精神成本。

信息成本，即宾客在收集酒店产品有关信息时所耗费的成本。

酒店应尽量减少宾客的消费总成本，让宾客意识到自己购买的产品是最经济、最实惠的产品，从而获得最大的满意。

（3）便捷。

酒店在营销过程中，特别是在营销渠道的设计和选择上，应充分考虑这种营销渠道能否使宾客便捷地购买到其感兴趣的产品，应考虑如何在最接近宾客的地方出售产品和服务。

互联网的兴起和发展使得酒店在客源市场全球化分布这一大背景下也能为宾客创造一个良好的营销通道。因此酒店在营销渠道的设计上，除了保持传统的营销渠道外，还要研究网站的设计、推广和运用。

（4）沟通。

营销过程是酒店与宾客的相互沟通过程，并且随着宾客消费能力的提高，在这种互动关系中宾客将占据主动地位。因而酒店应树立“营销即沟通”这一理念，既要加强内部互相沟通，又要加强与宾客的沟通。

酒店内部沟通包括管理人员与服务人员之间的沟通以及部门与部门之间的沟通。在酒店内部沟通中，首先要加强管理人员与服务人员的沟通，这种沟通使得管理人员及时向服务人员提供信息（尤其是经常向服务人员提供有关服务质量的反馈），使服务人员能清楚地了解自己的作用、管理人员的期望、企业的经营目标等；服务人员可使管理人员更多地了解有关宾客需求的信息，这有利于他们科学地做出决策，及时纠正决策中的一些偏差，制定客观的服务质量标准和切实可行的服务经营策略。在酒店内部沟通中还要加强部门之间的沟通，特别是营销部门与其他部门之间的沟通。酒店应保证营销部门能及时获取酒店内各种最新信息。

酒店外部沟通的实施同样需要贯彻全员沟通理念。酒店的管理者和每位员工都必须认识到，营销工作不只是营销人员的事情，酒店的每个岗位都是吸引客人的因素，都具有发挥创造性的潜力。因此，每个酒店从业人员都应充分利用与宾客接触的机会，在宾客心目中树立起良好的形象，同时尽可能地为酒店收集更多的信息。

（三）“4R”营销理念

20世纪90年代，美国学者唐·舒尔茨提出了“4R”营销组合策略。他认为，现代企业营销的关键在于能否与消费者建立关联（Relevance）、能否提高市场反应速度（Reaction）、能否开展关系营销（Relationship）、能否得到回报（Reward）。根据这一理论，面对竞争性市场中的宾客，酒店企业要赢得长期稳定的市场，就要做到：

（1）通过某些有效的方式与宾客建立一种互助、互求、互需的关系，减少宾客流失。

（2）建立快速的市场反应机制，提高反应速度和应对能力。

（3）注重关系营销，把服务、质量和营销有机结合起来，通过与宾客建立长期稳定的关系实现长期拥有宾客的目的。

（4）注重营销活动的回报。一切营销必须以为宾客及企业创造价值为目的。回报是维持和发展市场关系的必要条件。

无论何种营销组合策略，都有其适用的企业和适用的市场，因而酒店企业应根据外部环境和自身条件，适时选择合适的营销组合策略，并将其综合运用，以提高营销效果。

二、绿色营销策略

20 世纪 80 年代后期，营销理论界出现了一种全新的营销理论，即社会营销观念。社会营销观念认为：酒店开展营销活动，不仅要比竞争对手更好地满足宾客的需要，使酒店的长期利润最大化，而且还要比竞争对手更关心宾客和社会的长期福利，要能维护并不断改善宾客和社会的长期福利。

社会营销观念的进步之处在于它要求酒店企业在开展营销活动时，要关心和考虑酒店与宾客之外的社会利益和长期利益，它将酒店、宾客、社会三者的长期利益视为一个有机的整体来看待。这一观念是基于环境、能源、人口等世界性的问题日益严重，人们的环保呼声、可持续发展呼声日益高涨的背景下提出的。绿色营销观念和营销观念的最大区别在于适度消费。营销观念鼓励宾客只要能够满足自己的需要，就要多消费、高消费，只顾满足宾客眼前的短期利益，忽略了宾客的长期福利。而绿色营销观念则引导人们怎样适度消费，杜绝资源的浪费和遏制环境的恶化，维护社会和环境的可持续发展。在绿色营销观念的推动下，出现了一种全新的营销方式，并逐渐引起人们的关注，这就是绿色营销。2010 年以后提出的“低碳经济”“光盘”运动等，都是在绿色环保的概念中延伸出来的。

（一）绿色营销的含义

绿色营销是指酒店以环保、健康和安全为经营宗旨，倡导绿色消费，保护生态，合理使用资源，为宾客提供舒适、安全、健康的房务产品和餐饮产品等的营销策略。

酒店绿色营销主要包括绿色房务产品营销和绿色餐饮产品营销。绿色房务产品营销是指：客房采用无化学污染的装饰材料；日常用品（如毛巾、枕套、床单和浴衣），特别是一次性用品（如牙刷、梳子、小香皂和拖鞋等）按顾客意愿更换，减少洗涤次数；包装物（如杯套、洗衣袋等）使用可降解材料制成；客房内放置对人体有益的绿色植物；提供洁净的饮用水；客房采光充足，有良好的通风系统，室内无异味、无噪声；各项有害气体指标低于国家标准。

知识链接

饭店调试节能项目简介

绿色饭店以“节约、环保、放心、健康”为核心理念，在安全方面重视消防安全、治安安全、食品安全、消费安全和职业安全；在健康方面突出绿色客房、绿色餐饮和卫生操作；在环保方面重视清洁生产，关注节能、降耗和垃圾处理。创建“绿色饭店”始于 20 世纪 80 年代的欧洲饭店行业，并很快成为国际饭店业的潮流。

2005年国务院号召要创建绿色饭店，接下来国家商务部、发改委、环保部、国标委、国资委、旅游局等六部委发出通知，明确了创建绿色饭店的目标和相关部署。中国饭店协会按照国家行业标准推动创建工作，取得良好效果。为了更加扎实有效地开展这项工作，商务部、发改委、环保部、国标委、国资委、旅游局和中国饭店协会共同起草了《绿色饭店》（GB/T21084—2007）国家标准，于2007年发布并从2008年3月1日起开始实施。这部国家标准的发布和实施，有力地提升了我国创建绿色饭店活动的地位，同时以国家标准替代废止的相关行业标准，对创建工作也提出了新的更高的要求。为了保证创建工作的顺利进行，根据商务部要求，成立了全国绿色饭店工作委员会，以及各省市相应工作机构。

绿色饭店是国际住宿业和餐饮业的新型经营方式，是国内饭店业发展的必然趋势，更是我国饭店业的发展方向。以往的实践证明，创建绿色饭店可以帮助企业平均节电15%、节水10%。仅以国内现有的一万多家星级饭店为例，如果都创建绿色饭店，每年可节约水相当于近20个杭州西湖的水量，可供180个中小城市一年用水；节电相当于目前三峡电站近一个月的发电量，近170个中小城市一年的用电量。创建绿色饭店不仅在节能减排、绿色环保方面取得成效，也将有利于节能产品、技术等推广和应用，带动相关产业的发展。可见其中蕴含的巨大经济效益和社会效应。

（资料来源：http://www.chinahotel.org.cn/forward/enterenterSecondDaryOther.do?contentId=e67c2436932a4d9690a9339af7a33445）

绿色餐饮产品营销是指酒店以健康无污染食品为原料，使用有利于健康的工艺制成菜肴，保护原料自身营养，控制和减少各种环境污染。绿色餐饮营销从原料采购开始，采购自然较少污染食品原料，尽量不购买罐装和半成品原料。大型酒店或酒店集团可建立无污染无公害原料种植基地和饲养场所。菜肴原料在初加工时，应认真清洗、择拣，认真区别各种原料的质地和营养，合理搭配原料，均衡菜肴营养；合理运用烹调技艺，减少对原料营养的破坏，不使用任何添加剂，致力于呈现原料的自然味道。简化菜肴生产环节，减少污染机会。根据国际惯例，酒店使用的食用油用过3次便不再使用。精简餐饮服务程序，减少对餐巾、餐具和用具的污染，用无化学污染的器皿盛装菜肴。餐厅配有无烟区，有良好的通风系统，提供剩余食品打包服务，不使用一次性餐具。倡导适量点菜，避免浪费。

绿色营销观念的宗旨是：保护生态环境，防止污染，充分利用并回收再生资源，以利社会，对整个社会负责。

绿色营销的出现，是营销活动的进步，它使得酒店企业的营销活动带上了浓厚的社会责任色彩，尤其是环境保护色彩。这在追求利润导向的大背景下是难能可贵的。可喜的是，这种营销方式一出现，就引起了社会各界的广泛关注。尤其是在酒店行业掀起了一股浪潮，各地纷纷出现了创建“绿色酒店”的活动，即酒店在建筑材料、物料用品等方面，尽量使用污染小、可再生的物资，减少垃圾、污水以及各种浪费，在酒店内部树立关心环境、关心社会的“责任人”形象。

目前，中国酒店协会将绿色酒店分为5个等级。A级绿色酒店表示酒店符合国家环保、卫生、安全等法规并实施了改进环境的措施；AA 级表示酒店为顾客提供绿色产品，在减少环境污染方面取得了初步成效；AAA 级表示酒店在生态环境方面取得了卓有成效的进步，生态环境在本地区酒店业处于领先地位；AAAA 级表示酒店产品与设施在生态环境保护中获得社会高度认可，并处于国内酒店业领先地位；AAAAA 级表示酒店环境保护工作在世界酒店业处于领先地位。

（二）创建绿色酒店的关键

开展绿色营销活动，创建绿色酒店，关键在于从以下几个方面着手。

1. 做好酒店各级员工的观念转变工作

长期以来，旅游业一直被公认为是“无烟产业”，是无污染的产业。然而，随着旅游业的进一步发展，人们发现，正是“无烟产业”实际造成了大量的污染。以酒店为例，就存在着惊人的浪费，每天倒掉大量的食物，水电空耗，棉织品一天一换甚至两换，牙膏、洗发水、沐浴液、香皂等易耗品没有用完就换掉，好好的牙刷用一次就扔了。因此，应让酒店各级员工意识到酒店制造了数量庞大的“生活垃圾”，酒店业并非一个无污染的行业。并且，从更大的范围来看，酒店的数量增长过快，档次攀高，使得社会资源得不到合理的配置。过去人们总以为酒店是高投资、高回报、高收益的短平快项目，因此，纷纷上马搞酒店。实际上酒店是资金密集型的企业，投资极大，一旦出现盲目投资和结构不合理，就会造成很大浪费。现在众多空置的酒店客房就是资源的巨大浪费。同时，要以“社会整体利益至上”的观念代替原先“经济效益至上”的观念，加强员工的社会责任感和历史使命感。

2. 建立和健全有关制度

绿色营销活动的落实有赖于一套完整的规章制度。规章制度作为高压线首先规范了员工的行为。如香港的香格里拉酒店在 1993 年就根据绿色营销观念，编制了详尽的环境管理系统（EMS）手册，向社会公开承诺：第一，不断改善环境；第二，阻止污染；第三，遵守酒店已确认的环境规章制度和其他要求。其中摸索出了可用于整个酒店操作的 100 多种“最佳实践方针”，并在能源使用、水电消耗、资源节约、废液和固体垃圾的限制和处理等方面制定了详细的制度与处理要求。为了便于落实，该酒店还制定了环境管理系统程序和操作程序。系统程序由环境面貌、环境训练、通信、EMS 文件控制、监控的测量以及环境系统监督组成，它是指在正常操作、非正常操作和可能发生的紧急情况下制定的目标。操作程序则为各部门提供了环保技术，包括在打扫客房、洗衣、厨房、办公室、餐馆、服务管理和环保物品购买方面的宝贵经验。

3. 成立相应的组织体系

酒店开展创建绿色酒店活动，要求有相应的组织体系加以保障。如香港的香格里拉酒店专门成立“绿色委员会”，系统化进行可持续发展的实践。香格里拉的“绿色委员会”每月召开一次会议，进行工作回顾和展望，如果达到了目标，委员会将制定更新、更高的目标，在绿色之路上继续迈进。酒店还专门设立三位“EMS 经理”担任酒店内部专职的环境监督员。

4. 做好“绿色培训”工作

培训的对象分为内部公众和外部公众两大类。对于内部公众的培训，应本着自上至下的原则，从高层管理人员到基层普通员工都进行培训，在员工中反复强调开展绿色酒店创建活动的意义。培训时要注意循序渐进，如香港香格里拉酒店以不间断的培训来克服一切可能遇到的阻力。他们培训的第一步就是向员工说明推进“绿色计划”的作用和意义。在此基础上，再进行“绿色能力”训练。通过这个阶段的培训，教会员工更多关于环境管理系统的内容和如何提高效率的方式方法。对于外部公众的培训，主要侧重于让公众理解酒店开展绿色酒店创建的意义以及怎样谋求公众的合作。许多酒店“培训”宾客的做法是在客房内放置一张“绿卡”，提醒宾客：为了减少对环境的污染，减少更换床单、毛巾的宾客，可以给予价格优惠，请宾客自觉减少浪费行为。

5. 加强废物的处理和控制

这是创建绿色酒店的最直接的实际行动，酒店可以从以下“4R”入手，加强废物的处理与控制：

（1）减量化（Reducing）。减少一次性易耗品的使用，减少废物和垃圾的产生。如有的酒店专门提供例份菜量，防止浪费食物。

（2）再使用（Reusing）。做好物品的二次利用。如有的酒店办公室将复印过的纸张反过来再使用等。

（3）替代化（Replacing）。以多次可回收利用的物品来代替一次性物品。如有的酒店用布袋或藤篮代替原先塑料的洗衣袋；用消毒筷子代替一次性筷子。

（4）循环使用（Recycling）。如大床单破损后可改制成小孩床单、破旧的毛巾可用来当抹布。

知识链接

第二届中国绿色消费节暨绿色评审员大会成功举办

2021 年 3 月 25—26 日，第二届中国绿色消费节暨绿色评审员大会在厦门举办，主题为“以‘坪效’论英雄，引领绿色新增长”。

中国饭店协会会长、全国绿色饭店工作委员会主任韩明在致辞中介绍了绿色饭店为“六稳”“六保”做出积极贡献，根据中国饭店协会建立的“绿色饭店领跑者指数”模型显示，以率先响应“创绿”活动的一批酒店为代表，企业平均节电 15%、平均节水 10%。超过 1500 家绿色饭店在推动住宿业节约资源、节能降耗、保护环境、引导行业转变增长方式、培育社会节约消费风尚等方面，发挥了积极作用。创建绿色饭店在实现社会效益的同时，也能够实现经济效益，不仅体现在对于能源、原材料、劳动力的节约方面，更体现在收入创造与抗风险能力层面。在 2020 年疫情影响中，绿色饭店“节约、环保、安全、健康”的理念深入人心，在疫情期间为消费者提供更加健康与放心的服务，绿色饭店平均房价及平均入住率的环比降幅均小于非绿色饭店，抗风险能力明显更强，极大体现出“创绿”工作带来的优势。

韩明会长表示，绿色升级是“十四五”饭店业发展的新方向。在刚刚闭幕的全国两会上，“十四五”规划和 2021 年政府工作报告中明确提出，要加快发展方式绿色转型，广泛形成绿色生产生活方式，促进消费向绿色、健康、安全发展，发展绿色消费。中国饭店协会作为饭店餐饮行业绿色发展的积极倡导者，将在“十四五”期间继续坚持引领行业，创新驱动，大力发展绿色饭店、绿色餐饮升级版，推动线上线下融合发展，建设共享、共建、共发展的行业高质量平台。

厦门市商务局副局长陈跃进在致辞中表示，厦门是中国五大经济特区之一，是对外开放的窗口和创新发展的热土，也是著名的侨乡和闽南文化的发源地。去年以来，面对突如其来的新冠肺炎疫情，在厦门市委、市政府的坚强领导下，厦门大力推动包括餐饮业在内的服务业复工复产、复商复市，促进餐饮消费。

厦门市餐饮行业协会会长贺迎芳表示，近日习近平总书记赴福建考察，对福建绿色建设提出了指示。未来厦门市餐饮行业协会一定会在厦门市商务局领导下，大力推行绿色饭店、绿色餐饮，培养更多绿色标杆企业。

本届消费节一大特色是标准先行、推动住宿餐饮业绿色发展提速。消费节期间发布《绿色饭店》国家标准实施细则 3.0 版，将绿色饭店核心理念升级版细化落地；发布《绿色餐饮经营与管理》国家标准实施细则，启动绿色餐饮国家标准宣贯活动，建设一批绿色饭店、绿色餐饮示范企业，进一步推动绿色消费、产业升级。

值得注意的是，本届消费节在延续 2020 年基础上，在 4 项内容上进行了创新。

（1）继续与美团合作，通过在 OTA 平台上通过限时秒杀、首页引流、多渠道引流、列表提权等线上促销方式和优惠活动面对 C 端消费者，促进消费。

（2）上线绿色饭店线上采购专区及“银杏链——饭店餐饮业食安供应链服务平台”，优化住宿企业采购流程、保证采购产品品质、降低企业采购成本。

（3）在继续推出“非凡生活锦鲤豪享卡”之外，今年还将重点围绕绿色客房项目推出空气净化产品、饮用水产品、健康睡眠产品、无接触服务产品等绿色饭店专享产品，让绿色客房在环保的基础上更加舒适。

（4）增加线下活动场次。第二届中国绿色消费节在厦门启动后，将继续联合各地行业主管部门、绿色饭店工作机构、行业协会，在 15 个省市举办绿色消费节地方现场会，务实推进绿色消费节各项服务内容和产品的落地。

活动主办方希望通过举办绿色消费节，促进优秀绿色产业链资源的分享对接，增强绿色饭店企业市场竞争力和盈利能力，进而全面营造全社会绿色、安全和健康消费氛围，引导全行业、全业态、全过程的绿色化建设新发展格局。

（资料来源：http：//www.chinahotel.org.cn/ forward/enterenterSecondDaryOther.do?contentId=355f89e9daae40aab2e616a00bfcc69e. 中国饭店协会官网，2021-03-30. 文章有节选）

三、服务营销策略

服务营销是企业在充分认识满足消费者需求的前提下，为满足消费者需要在营销过程中所采取的一系列活动。服务作为一种营销组合要素，真正引起人们的重视是在 20 世纪 80 年代后期。这一时期，由于科学技术的进步和社会生产力的显著提高，产业升级和生产的专业化发展日益加速，一方面，使产品的服务含量，即产品的服务密集度日益增大，另一方面，随着劳动生产率的提高，市场转向买方市场，随着消费者收入水平的提高，他们的消费需求也逐渐发生变化，需求层次也相应提高，并向多样化方向拓展。酒店业作为服务业中的新兴产业，近十几年来取得了突飞猛进的发展，但是也时常暴露出在某些方面的不尽如人意。经济的发展要求酒店深刻理解服务营销的内涵，只有在先进的理念指导下，不断改善经营管理，我国酒店才能提高其在世界性竞争中的竞争力。

（一）酒店服务营销的原则

"服务营销"是一种通过关注顾客，进而提供服务，最终实现有利的交换的营销手段。实施服务营销首先必须明确服务对象，即"谁是顾客"。酒店行业的顾客就是消费者。对于企业来说，应该把消费者看作上帝，提供优质的服务。通过服务，提高顾客满意度和建立顾客忠诚。作为服务营销的重要环节，"顾客关注"工作质量的高低，将决定后续环节的成功与否，影响服务营销整体方案的效果。以下就"顾客关注"介绍九项原则。

（1）获得一个新顾客比留住一个已有的顾客花费更大。企业在拓展市场、扩大市场份额的时候，往往会把更多精力放在发展新顾客上，但发展新的顾客和留住已有的顾客相比，前者花费更大。此外，根据国外调查资料显示，新顾客的期望值普遍高于老顾客。这使发展新顾客的成功率大受影响。不可否认，新顾客代表新的市场，不能忽视，但我们必须找到一个平衡点，而这个支点需要每家企业不断地摸索。

（2）除非你能很快弥补损失，否则失去的顾客将永远失去。每个企业对于各自的顾客群都有这样那样的划分，各客户因而享受不同的客户政策。但企业必须清楚地认识到一点，即每个顾客都是我们的"上帝"，不管他们为公司所做的贡献是大或小。我们应该避免产生客户歧视政策，所以不要轻言放弃客户，退出市场。

（3）不满意的顾客比满意的顾客拥有更多的"朋友"。竞争对手会利用顾客的不满情绪，逐步蚕食其忠诚度，同时在你的顾客群中扩大不良影响。这就是为什么不满意的顾客比满意的顾客拥有更多的"朋友"。

（4）畅通沟通渠道，欢迎投诉。有投诉才有对工作改进的动力，及时处理投诉能提高顾客的满意度，避免顾客忠诚度的下降。畅通沟通渠道，便于企业收集各方反馈信息，有利于市场营销工作的开展。

（5）顾客不总是对的，但怎样告诉他们是错的会产生不同的结果。"顾客永远是对的"是留给顾客的，而不是企业的。企业必须及时发现并清楚了解顾客与企业立场存在差异的原因，告知并引导他们。当然这要求有一定的营销艺术和技巧，不同的方法会产生不同的结果。

（6）顾客有充分的选择权利。不论什么行业和什么产品，即使是专卖，我们也不能忽略顾客的选择权。市场是需求的体现，顾客是需求的源泉。

（7）你必须倾听顾客的意见以了解他们的需求。为客户服务不能是盲目的，要有针对性。企业必须倾听顾客意见，了解他们的需求，并在此基础上为顾客服务，这样才能做到事半功倍，提高客户忠诚度。

（8）如果你都不愿意相信，你怎么能希望你的顾客愿意相信？企业在向顾客推荐新产品或是要求顾客配合进行一项合作时，必须站在顾客的角度，设身处地考虑。如果自己觉得不合理，就绝对不要轻易尝试。你的强迫永远和顾客的抵触在一起。

（9）如果你不去照顾你的顾客，那么别人就会去照顾。市场竞争是激烈的，竞争对手对彼此的顾客都时刻关注。企业必须对自己的顾客定期沟通了解，解决顾客提出的问题。忽视你的顾客等于拱手将顾客送给竞争对手。

以上都是简单的原则，如果酒店企业能遵循上述原则，将会有事半功倍的效果。当然，没有不变和永恒的真理。随着市场的变化及工作经验的不断积累，相信更多精辟、实用的“顾客关注”法则会应运而生，“顾客关注”工作也将推向更新的高度。

拓展知识

酒店服务营销

回想入住过的酒店，是什么让您记忆犹新？是酒店的富丽堂皇，是如画般的景色，还是微笑服务的工作人员？都不是。让人难以忘怀的永远是旅游过程中与众不同、出其不意、超越期望的服务。旅游带有浓厚的情感性，很多时候个性化要超越规范化才能满足游客的真实需求。在桂林一家高星级酒店的西餐厅正举办一个宴会，主人请餐厅服务员上湿毛巾让客人清洁双手，谁知服务员竟以“按照规定，西餐厅不能上湿毛巾”为由将主人的合理要求拒绝。所以，规范固然要遵守，可人性化服务更重要。与酒店标准化相对的是：

镜头1：丽思·卡尔顿酒店的“枕头战”

位于佛罗里达棕榈海岸的丽思·卡尔顿酒店，洞察到了游客的“怀旧”情怀，为每间客房的客人提供30个高弹棉特制枕头、两副小号拳击手套，为客人的“枕头战”做好准备。

客人呢，也会一改往日的斯文端庄，拿起枕头当“武器”，相互投掷任意厮打，很多人都对童年的“枕头战”意犹未尽。酒店甚至会在客人大打“枕头战”时，免费送上牛奶、饼干、巧克力和香槟。

镜头2：开普敦酒店的野炊篮

南非城市开普敦临近大西洋，位于十二门徒山脚下，风光无限好。开普敦酒店希望游客能够在山水中尽情放纵，参观自然生态园，领略桌山国家公园的美景。为鼓励客人出游，酒店给每位客人精心准备了一个野炊篮，方便在景区的野炊点享用美食。如果客人想懒懒地躺在海滩吹海风，酒店还会主动提供遮阳伞和野炊篮。当然，厨师们在野炊篮上花费了不少心思。酒店会事先摸清客人的口味，并准备相应的美食，如烟熏鲑鱼、奶酪、西红柿、马苏里拉、柠檬天竺葵和香草蛋糕，等等。

（资料来源：秦远好. 现代饭店经营管理［M］. 重庆：西南师范大学出版社，2007.）

（二）酒店服务营销的后续——服务修复

服务修复，也就是修补顾客服务的疏失，这对酒店企业来说显得前所未有的重要。很多酒店经理人认为服务修复是第一线人员的工作，甚至将责任完全推给服务人员——简单地认为对顾客道歉或补偿之后，事情就解决了。事实上，这么做只是治标不治本，它无法保证失误不再发生。

要处理顾客抱怨的问题，对客服务人员必须有更多的自主权。如利兹酒店就授权给一线人员最高两千美元的额度，弥补顾客的不满。交广传媒旅游策划营销机构认为，随机应变，应该是利兹酒店该项授权的精髓所在。

我们国内的酒店管理层可以设计一个“客户服务满意程度表”，摒弃原来硬邦邦、冷冰冰的表格和大量的文字说明，那样只能让客户认为你在敷衍和应付他们——表上只需列出表达满意程度的表情图标。授权我们的服务人员以及营销人员先评估游客不满的程度，然后拿出折扣券、优惠卡，甚至一副宣传扑克送给顾客，使客人获得补偿。这些弥补失误的举措，并不需要主管的同意，员工可以依问题轻重选择弥补方法，并诚挚道歉，先让勃然大怒的顾客息怒，然后大事化小、小事化了，最后赢得顾客的满意。

四、全员营销

许多饭店员工错误地认为营销只是销售部的工作，与己无关。但实际上，营销是一种意识、观念，而并不是某种具体的销售、推销行为。

现代的营销观念以客人的需求为中心，也就是客人需要什么，我就生产什么，提供什么，而饭店里强调的也是宾客的需求。所以饭店的每一位员工都需具备营销意识，即全员营销。完整的营销过程是为客人全方位服务的过程，员工应了解酒店产品的信息。酒店中有许多分工不同的部门和岗位，各司其职，但当宾客需要帮助时，他会随便向任何一位服务员询问，因为他认为酒店中每一位服务员都有义务为他服务。因此，酒店服务人员所掌握的不应局限于本部门或本岗位所需的专业知识和能力，而应拓展至酒店服务与管理所需的专业知识和能力，以便全面满足宾客需求。因此，酒店的一些营销活动，也应该让员工了解详细情况。如美食节的时间、地点、菜肴特点、厨师特长以及一些典故等。

☞ 案例分享

实习生小廖在武汉光谷华美达酒店行政楼层工作。一日，有一对老夫妇路过服务台，顺便询问她，可以在哪里买到孔明菜。小廖热情地回答请稍候。其实她听后的第一反应也不是太清楚，不过后来她认真地想了想，突然记起老师曾经在课堂上讲过，襄樊有诸葛孔明的隆中故居，因此，襄樊的大头菜也美其名曰孔明菜。于是她仔细地告诉那对老夫妇，如何到附近超市购买。那对老妇在离开酒店前，特意到行政楼层跟小廖打招呼，表示感谢。

五、网络营销

随着互联网技术和电子商务的迅猛发展，现代人的工作、生活已经越来越离不开网络了。随着智能手机、智能电视等的出现，APP 软件的发展和完善，现代的网络已经远远不同于 2008 年以前的传统客户端生态环境了。随处可见的“网上交易”“网上购物”已经彻底颠覆了几千年来一手交钱一手交货的交易状态。某著名 IT 人士曾经说过：“互联网不会完全取代传统销售，但是互联网会基本取代传统销售。”如今的网络交易终端非常多元，电脑、手机、电视、汽车、PSP 游戏机等都可以完全实现网上预订和网络交易，这还不包括设在银行、超市、公司等地方的无数的固定交易终端。

（一）GDS 预订（全球分销系统）

全球分销系统（Global Distribution System，GDS）是在全球航空业和旅游业得到广泛应用的大型计算机网络信息服务系统平台。2001 年我国基本完成 GDS 分销系统的主体工程建设工作。截止到 2020 年，中国拥有全球最大规模的中产阶层，中国旅客出境需求有上亿人次。GDS 在中国的发展将获得难得的机遇，也会遭遇到前所未有的激烈竞争。国外 GDS 发展早于国内，经过数十年发展建设，国际上目前已经形成以 AMADEUS、ABACUS、GALILEO 等为代表的全球 GDS 分销平台。这几家 GDS 分销平台，基本垄断了全球航空旅游分销市场。由中国航信运营的中国唯一的 GDS 分销平台 TRAVELSKY，凭借着庞大的国内航空旅游市场和快速的增长，已经进入全球 GDS 分销前四强的行列，并在技术开发能力、客户体验、数据挖掘，以及后期培训服务方面形成了成熟的机制。但是，其主要市场优势是国内航空旅游的分销市场，在国际间分销能力和市场占有率等方面还是与其他几家国外 GDS 分销平台存在差距。

（二）网上酒店中介（网上订房系统）

作为中国领先的在线旅行服务公司，携程旅行网成功整合了高科技产业与传统旅行业，向超过 4000 万会员提供集酒店预订、机票预订、度假预订、商旅管理、特惠商户及旅游资讯在内的全方位旅行服务，被誉为互联网和传统旅游无缝结合的典范。携程网以酒店 + 机票的预订模式运营，为会员提供即时预订服务，合作酒店超过 32 000 家，遍布全球 138 个国家和地区的 5900 余个城市，有 2000 余家酒店保留房。携程网的酒店预订量连续几年保持 50% 以上的增长，发展速度惊人，而其 2014 年旅游产品 APP 预订量更是较去年增长近百倍，让人无限看好移动客户端的前景。整合了同程网并已被全球第一大在线旅行商控股的 e 龙，以及分别背靠大型国有控股旅游集团拥有雄厚的资金保障和丰富的旅游资源的遨游网和芒果网，都是在酒店在线预订领域拥有相当竞争力的企业。

（三）酒店独立网站

酒店建立自己的网站，等于在互联网上为酒店打开了一个窗口。理论上来说，在自己的网站上宣传酒店并接受在线预订是很有前景的。这一形式在互联网发展的初期被很多酒店效仿，甚至是一种很时髦的做法。但是经过市场的检验，目前，能够成功作为在线预订平台运营的酒店独立网站却凤毛麟角，绝大多数网站沦为单纯的宣传网站。具体原因有以下几个方面：首先，建设成本和后期维护费用高。其次，访问量低，回报效果不理想。再次，技术落后，仅能应付网络营销基础工作。最后，日趋成熟的第三方预订平台让独立网站没有太多的发展空间。

六、其他营销策略

自从 2008 年以来，新的营销革命在酒店行业也被逐渐带动起来。团购、手机预订、“粉丝”营销、微电影营销、病毒式营销、饥饿营销等都引起了酒店行业高度的关注。随着苹果、小米等企业的成功，仿佛一夜之间很多传统企业的管理者都感到茫然若失，好像一下子不知道该怎么做营销了。即便是营销、广告行业的大佬也在感叹营销行业这两年变化太快了。

（一）微博营销

随着微博的火热，即催生了有关的营销方式，就是微博营销。每一个人都可以在新浪、网易等注册一个微博，然后更新自己的微博。每天的更新内容可以跟大家交流，或者抛出大家所感兴趣的话题，这样就可以达到营销的目的，这样的方式就是新兴的微博营销。新浪与腾讯微博、网易微博和搜狐微博的注册用户总数已经突破 6 亿，每天日登录数超过了 4000 万。同时，微博用户群又是中国互联网使用的高端人群，这部分用户群虽然只占中国互联网用户群的 10%，但他们是城市中对新鲜事物最敏感的人群，也是中国互联网上购买力最强的人群。企业可以利用更新自己的微博向网友传播企业信息、产品信息，树立良好的企业形象和产品形象。通过微博可以聚集海量的有一定忠诚度的粉丝，这为“粉丝营销”提供了强有力的支持。

（二）微信营销

微信营销是网络经济时代企业营销模式的一种创新，是伴随着微信的火热而兴起的一种网络营销方式。微信不存在距离的限制，用户注册微信后，可与周围同样注册的“朋友”形成一种联系，用户订阅自己所需的信息，商家通过提供用户需要的信息，推广自己的产品，从而实现点对点的营销。

微信营销主要体现在以安卓系统、苹果系统的手机或者平板电脑中的移动客户端进行的区域定位营销，商家通过微信公众平台，结合微信会员卡管理系统展示商家微官网、微会员、微推送、微支付、微活动，已经形成了一种主流的线上线下微信互动营销方式。

（三）网红直播营销

2020 年 4 月的时候，淘宝首席主播薇娅为家乡杭州代言，一场直播观看人数就超 2100 万，成交超 2500 万元。

（四）抖音、小红书等 APP

如小红书是年轻人的生活方式平台和消费决策入口，由毛文超和瞿芳于 2013 年在上海创立，致力于让全世界的好生活触手可及。在小红书，用户通过短视频、图文等形式标记生活点滴。

特别提示

世界顶级销售大师、纽约时报畅销书作家 Grant Rant 曾经讨论过客人最讨厌的 5 个短语：

1.“我不知道”

当客人问你问题，你只是告诉他们“我不知道”的时候，这表明你是个脑子里什么都没有的人。

2.“这个我做不到”

当你说这句话的时候，听起来就是你不愿意帮忙。

3.“这是公司规定”

客人根本不在乎你的公司规定。

4. “您介意稍等一下不要挂机吗？”

是的，我介意。

5. “不可能”

我们不是去月球、去外太空，有什么不可能的？！

96% 的客人不会抱怨你说过的话，只是这些客人当中，91% 的人不会再来。

拓展知识

应不应该让宠物入住酒店？

宠物朋友同样也是值得认真对待的贵客。也许你会说，它们的到来会带来很多的“麻烦”，但仔细想想，制造麻烦的从来不是它们，而是我们自己。其实对宠物友好的酒店品牌还是有很多的。

（资料来源：二狗 Hotelers 微信公众号. 2017-03-02.）

思考与练习

1. 什么是酒店营销？
2. 试述酒店营销管理的内容。
3. 酒店基本营销策略是什么？
4. 绿色营销理论的基本内容是什么？
5. 什么是服务营销？

第七章 酒店信息管理

引　言

信息化时代已降临，人类已经进入“大智物移云”（大数据、智能终端、物联网、移动互联网、云计算）的新阶段，酒店业也概莫能免。身处互联网时代的酒店企业，所需要的不仅是一个内部运营的软件，而且是移动互联网时代，酒店推广、销售和顾客互动的平台。国际上，微软公司的Opera PMS V9.0、Infor公司的HMS是主要代表。国产软件中也涌现了一批新产品，其中，中高端酒店平台以杭州绿云、上海别样红、北京住哲等为代表，小型酒店、客栈业态则有“客栈通”“云掌柜”“番茄来了”等新生代产品。它们一方面大幅度提高了中国酒店，尤其是小微酒店的信息化水平；另一方面，也将新的思想、方法和工具带给酒店，如微信预订、移动支付、微信会员卡、摇一摇抽奖等，形成了新的酒店融合生态，最终必将带来酒店内部流程、组织架构和商业模式的变革。

（资料来源：穆林.信息化的酒店运营管理［M］.上海：上海交通大学出版社，2016.）

学习目标

- 了解酒店信息化发展历程。
- 掌握酒店管理信息系统的概念和功能。
- 了解当前酒店管理信息系统的发展趋势。
- 了解决策的基本原则和程序。
- 理解决策支持系统。

关键词

信息　酒店管理信息系统　决策　决策支持系统

导入案例

无人酒店，未来已来

阿里旗下飞猪旅行近日公布，阿里无人酒店取名未来酒店，位于杭州西溪园。

它全程没有任何人操作，没有大堂、没有经理，甚至连打扫卫生的保洁员都没有，所有事情统统交给了人工智能。

1. 入住

客人到达酒店后，一个1米高的机器人取代了传统的人工接待。它通过人脸识别技术，首先记住了客人的样子。

登记入住时，客人只需在大堂自助机刷一次脸，这时后台就会对接公安系统确定住户身份信息。随后，客人的个人信息就会覆盖酒店内全场景。

这意味着客人的脸从此成了一张通行证，无须任何服务员引导，只需刷脸就能享受酒店所有服务。

登记完毕后，电梯会启动等候系统，这时机器人带客人去房间就不必再费时间等电梯了。

电梯通过无感体控系统，识别客人身份，判断乘坐电梯的意图后，最后直接在入住的楼层停下来。

到达房间门口后，摄像头识别出身份，房门自动开启，客人就能进去休息了。

2. 吃喝玩乐

传统酒店进门必须插卡才能取电，但在阿里未来酒店，一切传统的东西统统消失了。

进门无须插卡，灯光会自动进入欢迎模式，电视机自动开启。房间内的空调、灯光、窗帘等设备全部不用手工操作，客人只要对着天猫精灵下达指令，一切都可以躺着进行。

我们上面说过，登记时酒店系统会记住客人身份，也就是说去餐厅、健身房、游泳池只需带着一张脸就行了。

比如，当客人走进餐厅，人脸识别系统就会识别出他的身份和房间号，所点的餐品将自动被记录到消费清单。

客人不需要再结账或签单，用完餐或者健完身拍拍屁股就能走。

如果你不想出去，只需在手机上点单，机器人就能把食物和水送到你房间。

3. 退房

在传统酒店退房时，前台会派卫生阿姨前去查房，但在未来酒店，客人只需在手机上退房，系统就会弹出客人的所有消费金额。点击确认，随时离店。

在离开房间的一瞬间，电梯也已经启动程序等候客人了。

此时，房间会自动生成一张打扫订单，就像滴滴一样，附近的卫生阿姨接到订单就会前来打扫房间，酒店无须专门请清洁工。

未来酒店凝聚了阿里豪华的阵容：达摩院负责架构、阿里云提供大数据、人工智能实验室设计机器人、智能场景事业部完成酒店数字化运营和智能服务中枢、天猫则为酒店床品提供供应链。

（资料来源：https://www.sohu.com/a/273424288_656080.）

第一节　酒店信息

21世纪是信息化的世纪，信息在任何行业都具有举足轻重的作用，可以说，谁拥有了信息谁就成功了一半。对于酒店来说，最有效的手段之一就是大规模应用先进的信息化技术，变革传统意义上的酒店业竞争方式和经营管理模式进而赢得新竞争优势。据美国酒店及旅游业财务与科技专业人员协会（HFTP）的调查报告显示，先进的信息化技术已成为今后酒店及旅游业获得新竞争优势的重要工具。如何直接借鉴、应用国际先进的信息技术来增强自身的经营管理工作，避免掉陷阱、走弯路，也日益成为国内酒店业有识之士关注的焦点。

一、信息与信息技术

信息（Information）是企业管理的基础，信息是通过数据形式来表示的，是加载在数据之上，经过一定的处理和加工，对数据具体含义的一种解释。

信息的定义是与数据联系在一起的，数据和信息都是客观事物的反映，都反映了人们对事物的了解和认知。因此，从管理角度，可把信息简单定义为：数据是信息的载体，信息则是数据加工的结果，是对数据的解释。

信息技术（IT，Information Technology）是指同获取、传递、再生和使用信息有关的一系列技术，是计算机技术、电子技术、网络通信技术、数据库技术、软件开发和应用技术的总称。信息技术已成为当今发展最快、应用面最广的一种技术，其应用涉及国民经济各个领域，而且成为国民经济创新发展的主要技术和手段。

在旅游行业，信息技术是旅游信息化管理、信息化服务和开展旅游电子商务的主要技术，酒店信息管理系统是信息技术在酒店行业中的具体应用。可以说，信息技术的应用能力已成为衡量一个酒店管理水平和创新能力的重要衡量指标。

知识链接

酒店信息系统发展现状

在2013年乃至更早开业的酒店，大多使用了基于局域网的PMS系统，如国外的Fidelio、HIS，或者国产软件中的西湖软件、中软好泰、航信华仪、千里马、泰能等，尽管技术已经更迭，但出于多方面的因素，既有软件不会在短时间内完成转换。这些PMS足以应付酒店日常运营的需要，如预订、入住、支付等，但涉及互联网的功能，如手机APR、OTA直连、微信订房、支付宝付款、会员积分商城等，实现起来难度颇大。这些功能，由于移动互联网和社交媒体的发展，已经成为移动互联网时代酒店营销体系的“刚性需求”，会有越来越多的酒店提出此类功能需求。基于这些理由，笔者判断：酒店PMS将从局域网时代快速进入移动互联网时代，在这一变革过程中，酒店PMS产品和厂商也必将迎来一次新的时代洗礼。

无论技术、界面如何变更，“以客户为中心构建互联网营销体系、实现优质服务”是酒店经营永恒的主题。

（资料来源：穆林.信息化的酒店运营管理［M］.上海：上海交通大学出版社，2016.）

拓展知识

数字化，是将许多复杂多变的信息转变为可以度量的数字、数据，再以这些数字、数据建立起适当的数字化模型，把它们转变为一系列二进制代码，引入计算机内部，进行统一处理，这就是数字化的基本过程。

（资料来源：百度百科.）

二、酒店信息

酒店信息是经过加工处理后与酒店经营密切相关的数据，信息是酒店日常管理最为重要的内容，可以说，全面、准确、及时的信息和科学、合理的信息处理是酒店经营不可或缺的。

（一）酒店信息的种类

1. 酒店外部信息

（1）法律、政策、行业信息。它是酒店必须遵守的规范，也是酒店经营的指导。包括酒店相关政策、法规，行业规范，酒店星级评定标准，安全要求等文件；还包括涉外的管理规范以及一些地方性行业管理政策。

（2）经济、金融信息。经济、金融信息反映了经济的总体形势，是酒店经营的外部经济环境。它包括宏观经济指标信息、外汇汇率变化信息、股市信息等信息。经济、金融信息是酒店经营管理者制定战略和决策的依据。

（3）相关协作单位信息。酒店经营过程中有很多协作单位，如旅行社、交通公司、酒店用品供应商、食品原材料供应商等。这些供应商是酒店正常经营的保证，酒店要如实了解这些供应商的准确信息。

（4）酒店同行信息。现代酒店经营中，同行是竞争对手，但更是互相学习的伙伴。管理者要及时了解同行的设施、价格、服务、经营特色以及经营动态，以便知己知彼，百战不殆。

（5）其他信息。其他信息包括旅游业发展状况信息、交通信息、气象信息、城市规划和产业发展信息、公共服务设施信息、旅游景点信息等。

2. 酒店内部信息

酒店管理者必须准确、及时、全面了解酒店内部信息，它包括客户和客源信息、市场销售信息、财务信息、人力资源信息、设备设施信息、物资用品信息等。

（二）酒店信息的收集方法

1. 顾客意见调查法

顾客意见调查法是酒店广泛采用的一种方法，就是通过各种方式对酒店顾客进行调查。这种调查法常用的有以下几种：调查表法，酒店提供顾客意见调查表供到酒店消费的顾客填写；电话调查法，酒店通过向顾客打电话询问来了解信息；现场采访法，酒店抓住各种机会向到酒店消费的顾客当面了解信息；小组座谈法，酒店邀请一些有代表性的顾客参加座谈，就相关情况进行了解。

2. 神秘顾客法

神秘顾客法是酒店获取真实信息的一种重要方法。具体做法是酒店聘请酒店管理的专业人士或者资深顾客以“神秘顾客”的身份到酒店进行消费，在消费结束后就酒店管理和服务中存在的问题向相关管理人员提出书面报告。

3. 员工意见反馈

酒店一线员工是与顾客接触最多、对顾客了解最多的人。酒店管理者要调动员工的积极性，让员工尽可能参与管理，并要开辟畅通的渠道供员工向上级反映各方面有价值的信息。

4. 现场巡视

现场巡视是指酒店管理人员通过工作巡视，在工作现场来获取有关信息。酒店管理人员亲临现场，通过口头询问和实地观察，可以直接获得顾客的真实信息。在现场巡视时，管理者可以根据具体情况说出自己的身份，也可以隐藏身份。

5. 专业资料参考

酒店业内的专业杂志、书籍等时常登载有关顾客需求情况的调查报告、论文等文章，这也是获取信息的一个重要途径。专业资料的获得比较容易、成本低，专业性、权威性也比较强，管理人员要积极用好这些资料。

6. 其他方法

酒店还可以采用其他各种方法来获取有价值的信息，例如个别深度访谈法（管理者和那些对酒店熟悉并对酒店有专业见解的人交换意见）、上门访问法、网络调查法、邮寄问卷调查法等。

特别提示

《旅馆业治安管理办法》（2020 年国务院令第 732 号）第六条规定，旅馆接待旅客住宿必须登记。登记时，应当查验旅客的身份证件，按规定的项目如实登记。接待境外旅客住宿，还应当在 24 小时内向当地公安机关报送住宿登记表。第九条规定，旅馆工作人员发现违法犯罪分子，形迹可疑的人员和被公安机关通缉的罪犯，应当立即向当地公安机关报告，不得知情不报或隐瞒包庇。

第十六条规定，旅馆工作人员违反本办法第九条规定的，公安机关可以酌情给予警告或者处以 200 元以下罚款；情节严重构成犯罪的，依法追究刑事责任。

旅馆负责人参与违法犯罪活动，其所经营的旅馆已成为犯罪活动场所的，公安机关除依法追究其责任外，对该旅馆还应当会同工商行政管理部门依法处理。

（资料来源：http：//www.xiaomeixiong.cn/zhishi/zixun/1910.html）

三、酒店信息化发展历程

（一）电算化阶段

在这个阶段，酒店信息化主要是引入计算机电算化系统，以替代手工操作。员工可以利用系统来处理简单、琐碎、重复性的工作。例如财务管理，可进行收银、总账、出纳管理、银行对账等；客房管理，可进行可用房查询、客房统计报表等，顾客入住酒店后，酒店计算机管理系统可执行入住登记、收银、查询、结账、报表生成等多种功能。这些应用对酒店实现局部科学管理、提高工作效率、改善服务质量等起到了一定的作用。但是这一阶段的信息化应用并没有从深层次上改变传统酒店业的内部管理流程，还停留于表层，仅仅是替代手工操作或对现有流程的计算机模拟。

（二）自动化阶段

随着计算机在智能楼宇、控制自动化和酒店设施设备管理监控的应用，酒店设备运行管理的自动化逐步走向高层次信息化应用，如暖通系统的监控，给排水系统监控，供配电与照明系统监控，火灾报警与消防联动控制，电梯运行管制，出入口控制及门禁系统等。发展成由中央管理站、各种 DDC 控制器及各类传感器、执行机构组成的能够完成多种控制及管理功能的智能化自动化控制系统。酒店信息化在这一阶段应用的另一方向是酒店办公业务自动化，通过覆盖酒店管理主要业务部门的办公自动化（OA）系统，实现文档信息方便、快捷、准确地传递和管理。

（三）网络化阶段

以因特网（Internet）和数字化经济为主要特征的信息化冲击，使网络化建设成为酒店业整个信息化建设应用中的重要部分，于是以宽带高速数据网络为核心的“数字化酒店”（Cyber Hotel）应运而生。“数字化酒店”其含义不仅仅是酒店有宽带接入线路，方便客人在酒店内高速上网，还包含以下内容：在网上创建公司网站可供客户浏览，可进行互动式的数据查询和提供客户自助服务，有市场销售、宣传推广、订房管理功能；运行酒店管理 MIS 系统；以因特网为基础，方便员工的移动办公系统和面向社会的电子商务系统。这一阶段的应用重点是网络营销和网上适时订房业务，正所谓“网络点击，无限商机”。酒店通过网络宣传企业形象和服务，开展网上预订客房，让客人了解酒店设施，选择所需要的服务进行远程预订。而酒店与顾客通过网上互动式交流，为顾客提供更为个性化的服务。

（四）集成化阶段

这个阶段主要是酒店各个管理模块的集成和酒店流程再造。酒店管理软件——宴会与销售管理、财务管理、人力资源、前台管理、餐饮和成本控制管理、工程设备管理、采购和仓库、客房服务、商业智能分析、远程数据库交换等各个模块之间无缝集成，同时还与多种饭店智能自动化系统如门锁管理系统等有接口。针对酒店经营管理全过程中的各个环节，电脑管理系统都有相应的功能模块来方便、快捷和规范地运转。酒店在网上宣传酒店设施、服务项目、餐饮特色、旅游景点、购物指南等卖点，客人在网上可选择预订酒店客房和服务项目，当客人完成预订后，系统就生成了一项预订记录。

酒店业务流程再造，就是将传统的组织结构向顾客导向的组织结构转变。酒店流程的再造不仅是为使用电脑系统而使用电脑系统，更重要的是相应地转变和理顺酒店的组织结构，使信息技术架构同酒店的新业务流程及组织的管理目标相互协调，形成酒店在信息时代的新竞争优势。

当顾客到达酒店，系统便开始自动提示预订项目并在顾客确认后执行。顾客只要经过简单的手续就可以领取电子卡入住客房和选择消费项目。在住店过程中，顾客可以凭电子卡在酒店的其他部门签单消费。各种消费项目将通过系统迅速、精确地汇总到客人账上。楼层服务员通过运用自动化智能技术，不用频频敲门，便可根据客房内安装的红外线安全消防监控系统，感应客人是否在房内。客房小酒吧的自动化管理，可实现自动记账和监控，提示服务员及时补充。当客人结账离店后，酒店管理者通过系统生成的报表汇总了解顾客的各种信息，包括顾客来源、消费项目、消费次数、需求次数、需求偏好和客人特殊要求，等等。这些数据经过集成化处理后将为经营管理者制定决策提供准确及时的信息，使酒店管理方法逐渐由经验管理转向科学管理。

案例分享

金陵饭店的信息化战略选择

1983年开始营业的金陵饭店曾经是"神州第一高楼"，在当今的数字化时代，金陵饭店的信息化开发和应用水平一直走在全国同行的前列，还创造了好几个"全国第一"：国内第一家拥有真正意义上的呼叫中心的酒店；开通了国内第一家具有实时订单管理功能的B2B的中央采购平台和供应商关系管理系统。

金陵饭店在客户关系管理系统和常客技术开发方面也走在国内同行前列，并且完善了电子邮件系统和办公自动化建设、ERP系统、广域网、入侵检测和安全防护系统、采购系统、人事系统、餐饮管理系统等系统建设。金陵饭店荣登了"2006年中国商业科技100强排行榜"，并位居48位，是旅游饭店行业仅有的两家入围企业之一。

金陵饭店构建了全球市场营销系统，大力推广中央预订系统。目前，70%的订房量都是通过金陵饭店自有订房系统完成的。全新升级的金陵网站使客人可以在网上自由预订客房，并享受了便捷服务和优惠价格；对金陵贵宾会员则强化了若干会员自助管理功能，例如网上自助账户管理、电话自助账户管理、网上自助积分管理等，为客人提供方便的同时，也大大降低了内部运行成本，继续保持其在行业的领先地位。在细节服务方面，金陵饭店则用信息化技术演绎了特有的"细意浓情"服务理念，强化了对会员消费历史数据的管理以及对消费行为和消费习惯的分析，为市场营销和产品服务设计提供决策依据。譬如"客人是左撇子，第二次来就餐，筷子就会放在左边"。金陵饭店还将关键业务由信息系统控制，如开通了金陵中央采购网，所有的采购业务都可以通过网上操作进行。想要购买某种产品，只要点击申购、送货时间和地点，信息就会传到金陵中央采购中心。这种网络采购模式不仅消除了以往采购过程中可能存在的暗箱操作，还争取到了采购价格的最大优惠。

"金陵"正式与全球旅游技术和服务领域的领导者Pegasus Solutions公司签订合作协议，从而使金陵中央预订系统可以和全球分销系统，以及全世界超过60万家旅行社和1000家主流网站"无缝"链接，客人将可以在全球范围内实现实时预订金陵饭店的客房。此外，金陵饭店陆续与中国国际航空公司、中国东方航空公司、招商银行结成战略合作伙伴关系。根据协议，双方将共同享有中高端忠诚客户会员，从而给10多万金陵贵宾会员带来切实的利益。

要赢得投资者持续的信任，良好的盈利能力是关键。在这方面，金陵饭店需要继续加强对IT系统的应用，如推行收益管理技术，通过采用先进的收益管理技术，使有限的客房资源产生更多收益；进一步深化客户关系管理技术，将客户关系管理系统从终端客人拓展至500强企业、旅行社、订房中心等公司层面；进一步推行电子商务，开发和使用电子商务技术以及常客技术，方便客人的同时，降低运营成本；进一步完善网络沟通平台，推行远程会议、网上培训等系统，提高沟通效率，降低团队协作成本，等等。所有这一切，都将为降低酒店运营成本、提高经济效益做出大力支持。

（资料来源：http://blog.sina.com.cn/s/blog_4d8413b901000at0.html）

（五）协同化阶段

进入互联网新经济时代，酒店业信息化的新境界是在集成化基础上的协同化应用。酒店通过互联网搭建统一的信息应用平台将客户、酒店、员工、供应商、合作伙伴等各方联为一个整体以实现纵览全局的跨行业、跨组织、跨地区，实时在线的、端对端数据无缝交换的业务协同运作，其重点在于各方联为一体直接面向顾客提供个性化服务。

知识链接

旅行代理商可为商务型客人和休闲型旅游者安排航空旅行、游船旅行和铁路旅行等，同时代理预订租车和酒店客房预订等，如携程网（www.Ctrip.com）已经成为最大的旅行代理商。2017年5月11日，携程旅行网公布截至3月31日，2017年第一季度财报：净营收同比增长46%，达到61亿元人民币（约合8.84亿美元）；归属于携程网股东的净利润为8200万元人民币（约合1200万美元），2016年同期为净亏损16亿元人民币。

2017年5月，2017世界级中国互联网品牌榜单发布，携程旅行网排名第14。旅行代理商倾向于为其客户预订信誉可靠并且服务质量稳定如一的酒店。此外，旅行代理商还喜欢同那些预订手续简便并能迅速支付佣金的酒店打交道。携程网已经成为国内最大的酒店预订中间商。

航空公司利用自己先进的预订系统，在订票的同时受理乘客预订酒店的请求。多数航空公司也通过其他中间商，例如旅游批发商、旅游零售代理商、旅游俱乐部等，向休闲型旅游市场出售自己的旅行产品，而且还会将航班和飞机座位作为包价旅游产品的组成部分对外提供。春秋航空公司将集团的旅游和航空资源集中销售。

旅游俱乐部也会影响会员购买旅游产品的决策。随着休闲型旅游市场变得越发挑剔，旅游俱乐部不仅考虑满足其会员的一般性消费需求，而且开始考虑去满足他们特定的消费需求。这类旅游俱乐部，例如宇窗俱乐部、地中海俱乐部等，都将其目标对准经常性的休闲旅游者，并且为俱乐部会员组织前往其理想目的地的特别旅游。此外，这类旅游活动还常常根据人们的具体兴趣，例如打高尔夫球、打网球、参观历史遗址或者只是寻求内心清净等，有针对性地进行组织。

越来越多的银行通过向消费者宣传和推销由旅行社等其他中间商组织的包价旅游，去影响人们的购买决策。此外，一些规模较大的信用卡公司、银行，甚至一些大型的百货公司，往往还附设专门的营业处，负责向其顾客推销旅行产品和包价旅游产品，如民生银行的分期付款旅游组合。

第二节　酒店信息系统

随着酒店经营规模不断扩大，酒店经营管理面临的要求也越来越高，而信息技术以及酒店管理信息系统在酒店中的应用大大提高了酒店的管理效率和水平，酒店管理信息系统建设与应用的水平已经成为酒店经营能力的重要标志之一，研究和建设酒店管理信息系统已成为酒店管理科学中的一个重要内容。

一、酒店信息系统的概念

酒店信息系统是辅助酒店进行经营、管理和决策的计算机及其软件，以及利用计算机技术和通信技术为酒店经营、管理和决策服务的人机相结合的综合系统。

知识链接

酒店信息系统发展现状

一、常见国外酒店信息系统

在国外，美国ECI公司最早使酒店前台业务实现了计算机管理，主要包括预订、排房、结账、客史资料、餐厅、查询、夜审及市场分析等。以下简单介绍国际上著名的、在国内使用较多的软件系统：

1. ECI（EECO）

酒店系统ECI系统是美国易可（ECI）电脑公司最早于1969年开发的酒店信息系统，被全世界公认为酒店电脑系统的翘楚。ECI公司是美国加州电子工程公司（Electronic Engineering CO.，EECO）所属的子公司，因此该软件也称EECO系统。1970年，在美国夏威夷WAIKIKI的喜来登酒店（SHERATON HOTEL）安装了全世界第一台ECI酒店电脑系统。经过20年发展，在其鼎盛时期，全世界有600多家用户（中国有60余家），如杭州香格里拉、桂林文华、广州中国大酒店、北京天伦、青岛海天等。ECI系统采用的是集中式标准多用户系统，目前已被淘汰，还在使用的是其第三代产品GEAC/UX系统。

2. HIS酒店系统

酒店业资讯系统有限公司（Hotel Information Systems，HIS）于1977年成立，总部位于美国洛杉矶，目前是美国上市公司MAI Systems Corporaion的全资公司，全盛时期在全世界80多个国家拥有4000多家用户，如中国的北京王府、北京中国大饭店、北京长城、上海锦江、上海华亭、上海希尔顿、广州花园、浙江世贸中心等，而香港采用HIS系统的高星级酒店最多时占了75%左右，目前该系统已有许多被更换。

3. Fidelio酒店系统

Fidelio Software GmbH于1987年10月在德国慕尼黑成立。成立四年即成为欧洲领先的酒店软件产品，成立六年跃居世界酒店信息系统供应商之首，后来该公司合并入美国Micros System Inc.公司。目前已经在全球16 000余家酒店、豪华游艇和休闲别墅使用，在国内四星级以上市场占有40%左右的市场份额；在五星级酒店市场，占有超过70%的市场份额，而且是目前外资或外方管理的酒店采用最多的软件。

4. OPERA

OPERA系统是美国Micros公司在Micros- Fidelio系统的基础上开发的新版本，作为企业级软件解决方案，包含OPERA前台系统（OPERA PMS）、OPERA销售宴会系统（OPERA S&C）、OPERA物业业主管理系统（OVOS）、OPERA工程管理系统，以及OPERA中央预订系统（OPERA Reservation System）和OPERA收益管理系统（OPERA

Revenue Management）等。

5. Sinfonia

2006年，石基公司北京信息购得Fidelio V7源码，与Micros–Fidelio共享版权。2009年，石基公司推出Sinfonia Version 1.0，Sinfonia在Fidelio基础上为中国用户做出了重新开发。

二、常见国产酒店信息系统

1. 华仪软件

1979年清华大学教授金国芬为北京前门酒店开发了一款具有查询功能的酒店管理软件，开创了国内酒店管理软件的先河；1987年成立华仪公司。

2. 中软好泰

1990年北京中软好泰酒店计算机系统工程公司成立，研发了中软好泰系统CSHIS。

3. 西湖软件

1993年6月杭州西湖软件有限公司成立，研发了Foxhis系统，目前最新版为X5版，成为最大的国产酒店信息系统公司，公司于2006年12月18日与Fidelio和OPERA系统的国内代理商北京中长石基信息技术股份有限公司合并。

4. 千里马酒店管理系统

千里马酒店管理系统最初由广东劳业电脑系统开发公司于1993年推出DOS版，1998年推出WINDOWS版（采用C/S结构，用VB开发，采用Windows NT/2000平台，使用SQL Server数据库），到目前有300家左右酒店用户，主要分布在广东、湖北、湖南、四川等省。劳业公司于1998年被香港万达电脑系统有限公司收购，改名为广州万迅电脑软件有限公司。

5. 北京石基公司

1998年，李仲初创办北京中长石基网络系统工程技术有限公司，专门从事酒店信息系统的研究与开发，2001年12月21日改制股份有限公司。2003年7月，石基公司与MICROS公司签订中国大陆市场（不包括香港、澳门、台湾）独家技术许可协议，全面代理了MICROS公司Fidelio和OPERA在中国大陆的全部销售。另一方面石基公司与北京世纪泰能科技有限公司共同设立北京泰能软件有限公司，石基公司以现金500万元出资，占公司注册资本全额的65%，为低星级酒店提供服务。石基公司又在2006年12月18日与当时国内最大的酒店信息系统提供商杭州西湖软件公司合并，在国资酒店的开拓上进一步加强力量。

（资料来源：穆林．酒店信息系统实务［M］．上海：上海交通大学出版社，2011.）

二、酒店信息系统HMIS的功能

HMIS的主要功能是支持酒店的经营管理，并提供各种服务。在这些功能中，最核心的是支持酒店的前台业务管理工作，其次是支持酒店后台的业务管理工作，HMIS还提供一些数据分析及控制方面的功能。下面简要介绍这些功能。

（一）前台系统功能

在酒店管理信息系统中，为宾客直接提供相关的服务工作都属于前台系统功能范畴。

酒店前台的主要功能是接待宾客服务。前台系统功能包括登记服务功能、预订功能、客房管理功能、餐饮预订和点菜功能、娱乐管理功能、收银功能、商务中心功能、预订中心功能、公关销售功能、账务处理功能，同时包括信息网站的内容管理功能以及总经理室的查询功能等。

（二）后台系统功能

酒店后台的工作主要是支持前台服务的各个部门。作为一个信息系统，后台系统功能包括账务处理、财务管理、财务核算、人力资源管理、人员招聘、资产管理、采购管理与控制、工程设备管理、安保管理等功能。

（三）分析与控制功能

分析与控制功能属于 HMIS 的扩展功能，负责对前台经营的一系列分析工作，如财务控制情况、人力资源需求情况、能源消耗分析情况、客源分布和预测情况、销售价格趋势分析等。具体功能主要有财务分析、绩效分析、餐饮成本分析、产品定价分析、采供分析、经理决策以及酒店经营中的知识管理等功能。

（四）服务接口功能

酒店是一个服务企业，在经营过程中需要与许多相关部门交换数据。作为一个信息系统，在设计系统时要提供相应的服务接口功能。这些服务接口功能包括程控电话接口、智能门锁接口、IC 卡接口、远程查询接口、公安户籍管理接口、外网业务接口、语音信箱接口等，同时包括企业自己网站的数据接口以及其他旅游门户网站的接口等。

通常，酒店管理信息系统的这些功能以程序模块的形式设计，这些模块可以组合成各个子系统，酒店可以根据自己的需要选择相应的功能模块，并整合成完整的 HMIS。典型的 HMIS 功能结构如图 7-1 所示。

图 7-1　HMIS 的主要功能结构

拓展知识

IBM“数字客房”试水中国酒店业

前日，一套以 IBM 技术为核心的“数字客房”系统在上海亮相，据称将全面升级我国酒店业的数字应用化水平。

据公司市场部负责人介绍，这套“佰道数字客房应用平台”，是专门针对入住酒店客人开发的数字化多媒体网络酒店应用系统，可以提供全方位个性化服务，它通过在客房中安装无线遥控的液晶显示屏终端，以简便的操作模式、丰富的服务品种，最大限度地满足入住客人对商务、旅游、影视、新闻娱乐、票务等方面的需求，是一个集商务系统、交互视频系统和网络化体系为一体的客房信息服务数字终端。

（资料来源：中国旅游报，2010-05-21.）

三、酒店信息系统的作用

（一）制造进入壁垒

市场上存在许多低进入壁垒的服务。詹姆斯 · L. 赫斯克特列举了各种理由来证明如何通过利用规模经济、增加市场份额、提高转换成本、投资于通信网络和利用数据库与信息技术等战略优势设置进入壁垒。

以下介绍三种利用信息技术制造进入壁垒的方法：预订系统、会员制和增加顾客的转换成本等。

（1）预订系统（例如：携程与如家快捷）。在传统的酒店策划理论中，酒店的位置是非常重要的要素。从理论上讲，如家快捷创造了神话，酒店平均出租率超过 85%。经济型酒店利用连锁策略，并辅以“呼叫中心”“网络酒店信息系统预订中心”等现代服务业的销售手段，比单体的传统一星级、二星级宾馆拥有更高的客房出租率以及利润率。因此，经济型酒店刚在国内出现雏形便吸引了各种海内外投资的进入。

（2）会员制。酒店会员制起源于欧美的高端型酒店，演变至今，各家酒店形成了自己的品牌和特色。中国酒店业在引入会员体系时结合早期中国消费者价格敏感的特点进行了一定的改进，高端酒店、经济型酒店在会员定位上具有明显差异。从全球来看，合理的会员制度使得会员对酒店品牌的忠诚度较高。全球范围内，加入酒店会员计划的顾客中有 50% 的人都忠诚于单一品牌。现在各个品牌都在想办法扩大自己忠诚计划的覆盖范围，让自己的会员享受到更好的服务，从而提高自己的竞争力。

（3）增加顾客的转换成本。提高转换成本是忠诚计划的关键。“转换成本”（Switching Cost）最早是由迈克波特在 1980 年提出来的，指的是当消费者从一个产品或服务的提供者转向另一个提供者时所产生的一次性成本。这种成本不仅仅是经济上的，也是时间、精力和情感上的，它是构成企业竞争壁垒的重要因素。如果顾客从一个企业转向另一个企业，可能会损失大量的时间、精力、金钱和关系，那么即使他们对企业的服务不是完全满意，也会三思而行。

从目前来看，酒店的信息技术应用主要体现在完善的信息系统上，如前台管理信息系统、后台管理信息系统、顾客自助服务系统、餐饮与宴会系统等。这些应用可以使经营服务更敏捷，管理更有条理，具体如：信息资源查询更方便、信息资源传输更迅速、信息资源存储海量、信息资源处理更精确、信息资源控制更有效，可以代替进行人工无法或无能力完成的工作，极大地提高了信息资源使用的效率和效益。

（二）信息技术对酒店经营管理的辅助作用

在酒店管理中，信息技术对经营管理所产生的辅助作用，主要集中于以下几个方面：

1. 改变业务流程和管理模式

改善业务操作水平、提高操作效率是信息技术作用最直接的体现。现在不论是高星级酒店还是低星级酒店，几乎都采用了信息技术的前台系统管理。信息技术对信息的处理能力和处理速度是人力无法企及的，它不仅能够提高酒店员工对信息的处理速度，同时也加快了饭店内部的信息流通，从而提高对客服务的效率。例如，酒店管理信息系统的应用，可以使预订的客人在几秒钟内入住酒店，非预订的客人实现快速入住，以及享受一分钟内结账完毕的快速服务；语音信箱系统、电子邮件系统等实现了信息的实时传递和沟通；餐饮与宴会系统可以实现无线点菜和厨房打印，不仅加快了点菜的速度，还减少了差错。

2. 增加收入

财务指标是企业最为关注的指标之一，信息技术能够增加收入，目前主要体现在前台系统以及营销系统上。前台系统可以提高业务效率，如加快对客人的登记 / 结账的速度。酒店信息系统提高每小时的预订数量、提高清洁人员每小时打扫客房数等，进而提高效益。营销部门依靠信息技术的翅膀，可以很容易地扩张酒店的市场范围，可以直接与大洋彼岸的潜在客户沟通，在营销系统的帮助下他们能够实时提供可以满足客户需求的信息，进行“一对一”营销，从而提高预订量。

3. 降低成本

信息技术能够帮助“开源”的同时也实现了“节流”。信息技术的应用，不仅使效率提高，一项工作可以用更少的人完成，从而减少酒店的劳动成本，同时，非常明显的变化就是使酒店的主要营收来源之一——客房的销售成本降低。根据国际酒店销售与营销协会（HSMA）1995 年的数据，通过酒店集团预订中心的电话语音预订，其成本在 15~20 美元，而一个电子预订，成本仅在 3.5 美元左右。

4. 提高宾客满意度

信息技术不仅可以记录客户的基本情况及历史消费资料，还可以及时、主动地提供客人所需要的产品和服务（如通过网站），实现个性化服务；通过信息技术，酒店可以更加快速地应对各种突发变化，减少客人等候情况，提高客人对酒店的满意度；通过信息技术，还可以实现与客户的互动交流，提高客户的参与度，例如，根据客人对客房的偏好、对枕头的特殊要求，提早布置客房，给客人带来意外惊喜；通过信息技术对客史资料的分析和整理，有针对性地给客人提供其所需要的信息或者给客人及其亲人的重要纪念日提供促销信息；通过实现信息的电子化传递，可以使前厅的工作井然有序，从而提升酒店形象，并提高客户的满意度。

5. **辅助决策支持**

在市场竞争中，获得竞争优势是酒店业的战略层目标，竞争优势能够使酒店保持相对长久的利益。许多研究表明，信息技术能够创造竞争优势。资料丰富的数据库包含着客史资源，通过这些资源的分析和挖掘，可以制订常客计划、实行“个性化”服务，并利用信息技术手段维系客户关系，创造服务优势；通过网络技术，可以与客户再现沟通，创造营销优势；通过对市场来源的信息化分析，可以帮助酒店进行更加准确的市场定位，从而实现市场优势；通过为决策者提供详细的数据分析与预测，帮助决策者进行决策而实现管理优势，等等。例如，一个高尔夫山庄酒店，可以对客史进行数据分析，筛选出高尔夫爱好者，分析其特征，从而确定活动的主题及营销策略。同时，信息系统提供的简单、清晰、形式丰富的分类报表也可以让管理者从庞杂的数字中解脱出来，真正关注于核心的数据，有利于做出正确的决策。

案例分享

减少投入也能提高宾客满意度?

海滨酒店坐落在中国海南省一个著名的海滨浴场附近，近期酒店标准间对外门市价为800元（含早餐）。由于附近的酒店越来越多，海滨酒店本月的出租率已经下降4个百分点，而且，未来两个月的预订数量也下降了7%。面对着即将到来的冬季，在海南地区传统销售旺季提高出租率和平均房价成为酒店市场营销部总监刘黎的首要任务。

周一 9：00 市场营销部晨会 “通过调查，我们的竞争对手沙滩酒店已经将客人的早餐增加为两份。”预订经理马凯已经通过网络了解到了对手的动向。“听说深海酒店已经订购了大量的沙丁鱼和深海鱼类，我的看法是他们会在近期提高自助早餐的档次，鱼类刺身是一定会有的，这样会吸引走我们的一部分客人。毕竟，我们的客源大多数来自内陆地区，增加鱼类菜品对他们诱惑很大。”销售部刘经理也不甘示弱。“大家是什么意见？”总监征求大家的意见，“小张，你觉得如何？”“‘人无我有，人有我优’才能在酒店业体现服务质量，我们应该博取深海酒店和沙滩酒店之长，既将早餐增加为两份，同时也要进一步提高早餐质量。”销售部实习生小张的回答充分体现了自己的专业背景。“这样的成本会不会太高？新开业的天空酒店已经在早餐中提供免费现磨咖啡和鲜榨果汁了，如果我们也这么做的话餐饮部需要增加新员工，估计他们又要抱怨了。”曾经做过成本控制经理的王姐依然是典型的“铁算盘”，目前，她是酒店的收益管理经理，也是市场营销部唯一一个偶尔和刘总监有摩擦的人。

10：00 原本15分钟的晨会，今天破天荒地延长了，但会议依然没有结束的兆头，今天的会议有点像酒店新点子展示中心，每个员工都在提出他的朋友和同人所在酒店的新点子。可以说，如果站在客人的角度讲，大家都觉得每个点子都是优秀的，但站在酒店的角度来看的话，情况就完全不同了，因为，如果这些信息都被客人知道的话，大家怕客人对酒店的要求会提高好多……“这样商量下去不会有结果的，今天就谈到这里吧。”刘总监“时间管理”课程的知识告诉她，今天的谈论几乎是没有终结的，接下来，她打算去找杨昆交流一下。杨昆是酒店刚刚成立的信息中心经理，前两天刘黎刚刚看到员工培训计划上出现了杨昆主讲的课程“数据库营销”。“我倒要看看这个总经理如此推崇的‘信息中心’有何价值。”看得出来，刘总监并没有对这次交流抱太大的希望。

10：15 “刘总监，你好！”虽然这位杨经理问候还算亲切，不过刘总并未改变对他并不算好的印象。“在酒店工作的男人居然留一头披肩长发，更恐怖的是，这样的形象居然被总经理认可了！”

11：45 在亲眼看着长发男将一万多个客户资料在30分钟内整理完毕并且将所有客人分门别类统计后生成各种各样直观的表格后，“以后要将制表这样痛苦的事情让他们信息中心的人来办”成了刘总监心中的想法，不过她也不得不承认，她好像不那么讨厌这个新来的长发男了。“毕竟，他又不用见客人”，刘总监的态度有了些转变。

周二 9：00 市场销售部晨会 “我们在未来两个月的销售价格……包价……”刘总监宣布冬季销售市场策略。“刘总，您确定没弄错？取消免费早餐？”马经理感觉他手中最重要的一把利剑被剥夺了。“是的，这是由总经理亲自批准后的销售方案。”

14：00 餐饮部西餐厅 西餐厅员工小高被通知三天后转至酒吧工作，小高从床下拖出他当年练习花式调酒的“装备”，摸摸自己的手。似乎又想起了当年练习时被砸得像面包的手。“酒店取消自助早餐，要扩大酒吧规模，It’s show time！”小高暗自得意。

周三 4：30 西餐厅王经理卧室 “丁零零……”王经理床头的闹钟又响了。但王经理并没有像往常那样起床，也没有像周末那样摁下闹钟，而是拆下闹钟的电池，他昨天晚上忘记调闹钟了。“以后不用再早起了。”他想道。

周五 10：00 酒店前台接待部 “汪先生，欢迎您的光临，请问，您有预订吗？”“有的。”“哦，您预订的价格本来是1080元含一份早餐，目前我们正在进行早餐我做主活动，特别适合您这样平时忙碌，出来度年假放松的客人，您是否要参加呢？”“哦？什么是早餐我做主？”“由于很多度假客人反映早晨没空吃早餐，因此您可以用您的自助早餐更换早餐客房送餐服务，这样您就可以安心度假，每天睡到自然醒，而这样的更换是完全免费的。除此以外，酒店的海滨浴场全天免费对您开放，期间您的所有饮料均为免费，更为重要的是，您还可以得到价值150元的酒水券，可以夜间在酒店的酒吧使用，我们的酒吧可是附近最有情调的地方。怎么样，汪先生，您参加该活动吗？”“听起来一本万利的交换，我实在想不出拒绝的理由。”“是的，汪先生，这样的活动就是为您这样的休闲度假客人量身打造的。”

周六 10：30 汪先生入住的 2405 客房 “汪先生，请慢用。”客房部送餐服务员轻声说道。“谢谢。”汪先生关上房门。“早餐很简单，但很适合我这样的人，”汪先生想道，“要不是客房送餐，我又要像在公司一样饿肚子了，我可没精神起来去餐厅吃早饭。”

11：30 刚吃完早餐（也许应该算午餐……）的汪先生出现在酒店的海滨浴场。“唉，长期的工作让我胖了好多……”汪先生喝着自己刚取来的果汁，自言自语：“体质下降啦，要多活动活动。”虽然是免费的，不过汪先生可没肚子喝那么多果汁，下海与波涛搏斗了一小时以后，他又和酒店的冲浪教练学习了一小时，当然，这个不是免费的，280元。

14：00 披着一条浴巾，踩在酒店的亚麻地毯上，汪先生正在西餐厅吃他的午餐。

17：00 当普通人正在准备晚饭的时候，汪先生正在睡午觉，当然，可能绝大多数人并不称之为午觉。

21：00　也许有些人这时候开始准备休息了，但汪先生刚刚醒来，在别人正在洗漱的时候，他一天中最精神的时间到来了……

23：00　酒店酒吧赠送的150元酒水券被汪先生用来看了两次小高的花式调酒表演，当然，那是两杯鸡尾酒。在接下来的三个小时内，汪先生与同是来度假的王小姐聊得很投机，消费一共是1400元，1瓶芝华士，12瓶绿茶，两个果盘，两杯很平常的鸡尾酒，一杯"红粉佳人"，一杯"B52"。

两个月以后，酒店市场营销部　"酒店的季度收入经营报告出来了，我们的出租率下降了2个百分点"。今天的晨会刘总监是主角。"但是，除了出租率，我们所有的业绩均获得大幅增长，酒店总收入增加13%，利润增加27%……"

"餐饮部的同事看起来气色都好了很多，毕竟，不用早晨5点起床了"。今天，看起来像是市场营销部的节日，大家都很高兴，但在大家相互庆贺的时候，刘总监来到了酒店信息中心。"刘总好！"信息中心经理杨昆的头发似乎又长长了。"你好啊，杨经理，你的头发很飘逸啊！""……刘总，您今天升副总？""这……我是来谢谢你的，谢谢你两个月前给我的市场细分报告和客户资料汇总报告，让我准确地制订了销售方案。毕竟，我对于平均年龄三十岁的休闲度假客人很有经验……为了表示感谢，我请你吃饭吧！""什么细分报告？就是OPERA自动生成的那两个Excel表格？才80K的数据你就请吃饭啊？我这里还有30G，我算一下，30G除以80K……"

根据本案例思考并回答以下问题：

1. 海滨酒店在冬季销售中运用了什么样的市场策略？

2. 海滨酒店的冬季市场策略的效果如何？该策略运用是否正确？

3. 面对沙滩酒店和深海酒店的冬季销售策略，海滨酒店为什么会运用这一市场策略？

4. 如果酒店使用销售部实习生小张"早餐增加为两份，同时也要进一步提高早餐质量"的销售策略，你认为会有什么样的业绩表现？

5. 海滨酒店制定这一市场策略的依据是什么？

6. 通过本案例可以看出，酒店信息系统在酒店经营战略的制定中所起的作用是什么？

7. 结合本案例给你的启发，说说如果你是一家以国内商务客人为主的三星级酒店的市场总监，在今年的夏季客房销售中，你应该采取怎样的市场策略。

四、酒店信息系统的发展趋势

随着信息技术的发展和酒店业本身经营方式的变革，酒店管理信息系统新的系统特点及发展方向不断涌现，其主要发展趋势包括以下几个方面。

（一）专业化

随着市场竞争的加剧，酒店越来越注重目标市场的选择，通过开发个性化产品和提供个性化服务来赢得目标顾客。经济型酒店、现代商务酒店、青年旅馆、汽车旅馆、酒店公寓、温泉度假村等都有各自明确的市场定位。不同酒店客人的旅行目的、住店需求有很大差别，这就要求酒店管理信息系统应该能够对顾客的需求进行详细分析，从而为不同的客户群提供不同的服务。因此，酒店管理信息系统的开发必须按照酒店本身的市场定位实现专业化和特色化。例如，经济型酒店不同于一般的星级酒店，它仅提供有限的服务。它的酒店管理信息系统就必须简单明了，尽量做到培训简单、操作简便、维护方便、实施周期短。尽管经济型酒店单体系统往往功能要求简单，但由于这些酒店经常是连锁经营，因此集团化管理功能，如中央预订、常客计划、集团营销等是必不可少的。

（二）集团化

集团化经营策略是当前酒店业发展的必经之路。雅高（Accor）集团旗下有将近 4000 家酒店，万豪（Marriott）集团则有 2600 余家使用万豪、万丽、丽思·卡尔顿等品牌的酒店，希尔顿（Hilton）有超过 500 家，国内最大的锦江集团也拥有 150 多家酒店。酒店的集团化管理不仅仅是指成员酒店的报表数据汇总、数据信息的上传下达等简单的管理，还是将集团下属所有酒店资源整合在一起，形成一个完整的系列。集团总部可以通过网络有效地管理各地的酒店，及时了解各酒店的经营情况，各酒店之间也可通过 Internet 实现信息互传，并为客人提供服务。相对应的酒店管理信息系统就必须满足酒店集团化的要求。

集团化酒店管理信息系统是基于 Internet 的，包括集团中央预订系统、超常客计划、集团营销及客户管理系统、集团统一财务系统、集团统一采购系统等更高层次上的信息管理系统。目前集团化酒店信息管理系统的数据库结构主要有两种方式：一种是中央数据库集中方式，所有成员酒店及集团总部的数据集中存放在集团中央数据库，容易实现数据的一致性，有利于集团统一管理和控制。另一种是分布式数据库方式，集团中央数据库与成员酒店数据库相结合，数据分布存储、分布计算。集团和连锁酒店各自能强化自身的业务运算，效率较高，一次性投入的经济风险小，受网络设施影响较小，整体系统的安全性较高，容易被集团的各种酒店业主所接受，适合于发展连锁酒店的酒店集团。

（三）集成化

目前，酒店建设向着集成化、智能化的方向发展，酒店内部有许多系统，这些系统通过集成和互联才能更好地发挥作用，才能更好地体现效果。通过标准和协议，规范各系统之间的关系，使得资源能够合理配置，这样易于工程的实施和进行高效的运营维护，其结果是提高了酒店对客人的服务品质。酒店管理信息系统作为一个综合概念，经过不断的建设和发展，正逐渐形成一个涵盖数据采集、信息保存、信息处理、传输控制等的集成信息系统。目前酒店管理信息系统除一般集成电话交换机、门锁系统、语音信箱、VOD（视频点播）等系统外，通过 Internet 与银行、公安局中心数据库系统的集成已有许多酒店采用，而酒店管理信息系统与客房智能控制系统、酒店信息展示系统、客房管理系统的接口实现互联将使酒店达到更高层次上的服务和管理水平。例如宾客抵达酒店只需插入他的信用卡，操作自动登记系统就可以完成入住登记手续。再如用电话实现客房状态修改、语音信箱、自动问询、客房账目查询等，同时，通过管理系统还可以控制电子门锁、空调、灯光、热水等设备达到节能的目的，通过系统管理客房小酒吧，实现自动记账和监控，便于服务员及时补充饮料和食品。客房配备电脑或数字设备可以实现宾客自己结账，查询各种信息，还可以通过远程网络或网络处理公司商务以及进行信息查询。客人进店后，酒店前台系统通过接口对客房系统发出指令。客房电视系统接到指令后，在客人打开电视时会根据客人的母语显示相应的欢迎词，显示点播节目、账单查询和做好互动准备。

（四）标准化

随着酒店管理的发展和市场竞争的日趋激烈，各酒店逐步采用标准化、制度化及预算管理、目标管理、定额管理、数理统计分析等科学的管理方法。因此，目前的酒店管理信息系统大多按照酒店的标准化业务流程设计，对酒店的人流、物流和资金流进行统筹规划。酒店业涉及的信息系统和产品众多，酒店业的应用系统不同，各家供应商的软件系统也各不相同，如果缺乏统一的行业标准使各个供应商相互协调，一方面会造成各子系统互不兼容，导致资源浪费；另一方面也会阻碍系统整体水平的提高，无法完全符合酒店的需要。而对于一家酒店，如果各部门使用的是不同的平台、不同的软件，当员工进行软件操作时，需要学习各种软件，这样不但使员工的学习成本增高，也影响酒店的效率。而对于连锁酒店集团而言，酒店不但需要耗费大量财力去维护不同的平台，而且当未来同一连锁集团的酒店共享服务中心或实施电子商务时，平台整合的任务会非常困难和昂贵。

拓展知识

酒店数字化转型需要翻越的三座大山

后疫情时代，经营的不确定性，数字化虽然处在风口，还是存在大量酒店不敢坚定是否要做数字化转型。虽然当下经营环境受疫情影响充满了不确定性，但是我们处在一个宏观的确定性时代——中国的十四五规划是极其确定的，关于数字化的方向是极其确定的。国家十四五规划中，有关数字化和文旅行业的宏观政策是极其确定的。

面对这个不确定性中的确定性，酒店的数字化转型是一条必由之路。在这条必由之路上酒店还需要翻越三座大山，分别是：认知与定位、组织与结构、选品与执行。

首先看认知与定位，这决定了酒店数字化转型的战略方向。大量酒店其实都对数字化转型这个问题的认知不到位，定位数字化转型仅是工具和应用层面，就像前几年对“互联网＋”的理解类似。实际上，当互联网进入下半场后，网络就像水电煤一样成为基础设施，网络之上的数字化生存就会成为必须而非工具和应用，如因这次新冠疫情防控而生的健康码，已经是一个公民防疫的数字身份证，可以预见未来基于健康码还会延伸更多的应用场景。

因此，从本质上看，酒店数字化转型其实是切换到一张基于大数据、云计算和物联网等底层技术支撑的全新价值创造网络，而不是在原有传统价值网络上的升级改造。数字化转型会从根本上改变酒店的管理模式、经营模式，甚至是竞争格局。如阿里的菲住不渴酒店，其经营和管理模式已经与传统酒店完全不是一回事了。

其次看组织与结构，酒店数字化转型其实是对既有组织的打破与重组，会改变现有组织的结构体系和分配体系。这种改变就像是一次改革一样，必然会涉及对既得利益的触动和对现有架构的冲击。

阿里钉钉关于企业数字化转型，有一个非常形象的五个在线的总结：组织在线、沟通在线、协同在线、业务在线、生态在线。钉钉的五个在线，看上去是数字化工具的应用，但其实是通过数字化重构了传统企业的组织与结构，将客户、员工、合作伙伴，以及业务进行基于数字化的重新连接和组合，创造出了不一样生态结构。酒店通过数字化转型，可以轻松实现客源结构的调整、管理团队的优化、合作伙伴的筛选，甚至是改变与竞争对手的博弈策略。

最后看选品与落地，这里的选品是指选择什么样的产品，匹配怎样的落地方案，这是决定酒店数字化转型顺畅运转的重要环节。产品的选择一定不是基于现有的需求，而是应该考虑未来的趋势。

当下的具体需求的确很重要，但是要看到有些需求放到更大的视角和更长的周期看可能就不是很重要了，甚至都不是核心问题了。比如当未来 OTA 流量不是酒店核心流量时，网评就不是酒店需要投入核心资源要解决的问题。

将数字化落地简单地当成就是执行力的问题是目前绝大多数酒店数字化转型过程中存在的问题。酒店数字化落地并不是简单的执行，而是通过落地执行解决基层员工对数字化的认知，做到通过行动理解思想的目的。

年轻一代的酒店员工，本身就是数字时代的原住民，他们其实对数字化的理解和应用是潜移默化的，酒店在数字化落地中需要做的就是要调动他们的积极性，让他们通过数字化融入到酒店管理和经营转型中。

总之，酒店数字化转型是一个不断打破过去，不断重组要素，不断重塑认知，不断重构系统的过程，这个过程中会有不确定性，但是数字化的方向是极其确定的。

（资料来源：https://www.meadin.com/zl/227460.html）

第三节　酒店决策与决策支持系统

决策是为了实现目标而制订若干个可选择的方案，并选择一个满意方案的分析判断过程。决策支持系统（Decision Support System，DSS），是指具有辅助决策能力的高级计算机信息管理系统。它为企业和组织提供各种决策信息以及问题的解决方案，将管理者从低层次的信息分析处理工作中解放出来，使他们拥有更多的时间专注于最需要决策智慧和经验的工作，从而提高决策的质量和效率。酒店决策支持系统（Hotel Decision Support System，HDSS）是 DSS 应用中的一个分支，主要支持酒店对结构化和非结构化管理问题的决策，支持酒店多个层次上的决策活动，支持一个决策过程的所有阶段，支持用户独立的决策活动和决策分析，方便对环境与任务变化的快速响应等。

一、酒店管理决策的概念

酒店管理决策，是指酒店管理决策者以其掌握的知识、经验、信息等为依据，遵循决策的原则，采用科学的方法，确定酒店未来的目标，在两个以上的备选方案中选择一个合理方案的分析判断过程。

1978 年诺贝尔经济奖获得者、美国著名管理学家赫伯特·西蒙（Herbert Simon）曾指出：管理就是决策。在酒店经营管理过程中，决策是非常重要的，无论是进行计划、组织还是指挥和控制，各项管理职能的开展都离不开决策，决策是管理工作的基本要素。管理实际上是由一系列的决策组成的，决策伴随着管理工作过程中的每一个环节，可以说，决策的水平直接决定着管理的效果。所以很多管理者说：决策是管理的中心，管理就是决策。

二、酒店管理决策的基本原则

酒店管理决策的原则反映了决策过程的基本规律和要求，遵循这些原则有助于决策效果科学、可行。

（一）系统性原则

酒店在整个社会经济系统中，要受到社会、经济、政治、文化和人口等环境的影响，同时，酒店自身又是一个系统。这就要求酒店在做决策时必须协调好企业内部各部门、各单位、各环节之间的关系，进行综合平衡，同时要充分考虑酒店外部的环境因素。这就要求管理决策应坚持系统分析的观点，从整体出发，全面地对问题进行分析，确定目标和找出对策。

（二）经济性原则

讲求效益是决策的根本目的，经济性原则，就是研究经济决策所花的代价和取得收益的关系。决策要把速度与效益、短期效益与长期效益、企业效益与社会效益有机结合起来。总之，管理决策贯彻经济性原则，就是以最小的人、财、物及时间耗费取得最大的效益或争取最小的损失。

（三）可行性原则

决策是要付诸实施的，决策必须切实可行。可行性原则要求在决策时充分估计到有利因素和成功的机会，还要预测到不利的因素和失败的风险，更要对各种影响因素的发展变化进行定量和定性的动态分析。掌握可行性原则必须认真研究分析制约因素，包括外部环境因素的制约和决策本身目标系统的制约。

（四）集体与个人相结合的原则

现代企业决策问题涉及范围广泛，单凭决策者个人的知识和能力很难做出有效决策。为了弥补决策者知识、能力方面的不足，避免主观武断可能造成的错误决策，保证决策的正确性和有效性，决策者必须充分发扬民主，调动决策参与者，甚至包括决策执行者的积极性和创造性，共同参与决策活动，善于集中和依靠集体的智慧和力量进行决策。

（五）反馈原则

反馈原则，就是建立反馈系统，用实践来检验和修正决策。由于酒店外部的环境处在不断发展变化之中，加之决策者受知识、经验、能力的限制，决策在实施中可能会偏离预定目标，这就需要根据反馈情况来采取措施，对原方案或目标加以相应的调整和修正，使决策趋于合理和可行。

三、酒店管理决策的程序

（一）诊断问题

一切决策都是从问题开始的，决策者必须知道哪里需要行动，因此决策的第一步是诊断问题。近年来，我国的酒店行业取得了非常大的进步，酒店的管理水平大大提高，也出现了一些知名的酒店管理品牌，但与全球知名的一些酒店管理集团还有着非常大的差距，还远未形成国际知名的酒店管理品牌。管理者必须不断地对酒店与其环境状况进行深入的调查研究，找出实际状况与理想状况的偏差。诊断问题的精确程度有赖于信息的准确程度，所以管理者要尽力获取准确的、可信的信息。

（二）确定目标

决策目标是决策者对未来一段时间内要达到目的和结果的判断，目标是决策的方向。在确定决策目标时，要注意以下几点：一是决策目标要明确具体，切忌模糊笼统，否则会在决策者中引起各种不同的理解和解释，使决策者之间产生不一致的思想认识，从而无法做出正确决策；二是目标要切合实际，不能太高，也不能太低；三是当进行多目标决策时，要区分目标的重要程度和主次顺序；四是对决策预定达到的要求应当有具体的标准规定，以便为拟订方案提供参考依据，同时作为检查决策执行结果的考量尺度。

（三）拟订方案

为解决某一问题而设计出的多个可行的供决策者抉择的方案称为备选方案。备选方案至少需要有两个或两个以上，决策者才可以从中进行比较，然后选出最理想的方案。

决策方案的拟订应满足整体上的齐全性和个体间的排斥性两个条件。整体上的齐全性是指应把所有可能的备选方案都找出来；个体间的排斥性指的是各个方案之间应有原则的差异性且互相排斥，执行了甲方案就不能同时执行乙方案。

（四）方案的评估与选择

在所有备选方案中，选出最优方案作为行动方案，为此，要建立一套科学的评估体系对所有方案进行评估。这一阶段的工作，就是根据当前情况和对未来的发展预测，选用科学的评估方法对不同方案进行比较、分析、评价和选择。在评估过程中，要使用预定的决策标准以及按每种方案的预期成本、收益、不确定性和风险，对各种方案进行排序。在排序的基础上，要充分考虑酒店自身的能力和企业面临的环境，还要充分考虑未来所有可能发生的变化，从而做出选择。

选择最优方案的规则是：执行该方案对实现酒店目标的贡献最大，而可能出现的问题最少。在实际决策过程中，由于受主观和客观条件的限制，很难找到最优的方案，一般来说找到决策者认为最满意的方案就可以了。选择方案时要考虑方案实施所需要付出的代价与可能带来的效果的比值，选择方案的原则是以尽可能小的代价换取尽可能大的效果，从而实现最好的决策效益。

（五）方案的执行与反馈

决策的最终成功取决于决策的执行，因此方案的实施是决策过程中至关重要的一步。为了确保方案的实施，一是要制订切合实际的实施计划；二是要把各项行动落实到具体的人员身上；三是要建立强有力的组织机构来实施；四是要有计划地调配人力、物力、财力等经济资源。

在决策执行过程中必须进行有效的控制和监督，对决策执行过程中的结果必须进行及时的反馈，要将方案实际的执行效果与当初所设立的目标进行比较，看是否出现偏差，如果出现偏差，则要找出偏差产生的原因，并采取相应的措施。

四、决策支持系统的定义与发展过程

决策支持系统是辅助决策者通过数据、模型和知识，以人机交互方式进行半结构化或非结构化决策的计算机应用系统。它为决策者提供分析问题、建立模型、模拟决策过程和方案的环境，调用各种信息资源和分析工具，帮助决策者提高决策水平和质量。

从上面的定义可以看出，决策支持系统具有以下基本特征：

（1）对准上层管理人员经常面临的结构化程度不高、说明不充分的问题；

（2）把模型或分析技术与传统的数据存取技术、检索技术结合起来；

（3）易于为非计算机专业人员以交互会话的方式使用；

（4）强调对用户决策方法的改变，使之更具灵活性及适应性；

（5）支持但不是代替高层决策者制定决策。

决策支持系统实质上是在管理信息系统和运筹学的基础上发展起来的。20 世纪 70 年代初，美国麻省理工学院的 Scott Morton 教授在《管理决策系统》一文中首先提出了决策支持系统的概念。1980 年 Sprague 提出了决策支持系统三部件结构（对话部件、数据部件、模型部件），明确了决策支持系统的基本组成，极大地推动了决策支持系统的发展。20 世纪 80 年代末、90 年代初，决策支持系统开始与专家系统（Expert System，ES）相结合，形成了智能决策支持系统（Intelligent Decision Support System，IDSS）。智能决策支持系统充分发挥了专家系统以知识推理形式定性分析解决问题的特点，又发挥了决策支持系统以模型计算为核心的定量分析解决问题的特点，充分做到了定性分析和定量分析的有机结合，使得解决问题的能力和范围得到了一个大的发展。20 世纪 90 年代中期出现了数据仓库（Data Warehouse，DW）、联机分析处理（Online Analysis Processing，OLAP）和数据挖掘（Data Mining，DM）新技术。把数据仓库、联机分析处理、数据挖掘、模型库、数据库、知识库结合起来形成的决策支持系统，即将传统决策支持系统和新决策支持系统结合起来的决策支持系统是更高级形式的决策支持系统，成为综合决策支持系统（Synthetic Decision Support System，SDSS）。综合决策支持系统发挥了传统决策支持系统和新决策支持系统的辅助决策优势，实现更有效的辅助决策。

由于因特网（Internet）的普及，网络环境的决策支持系统将以新的结构形式出现。决策支持系统的决策资源，如数据资源、模型资源、知识资源，将作为共享资源，以服务器的形式在网络上提供并共享服务，为决策支持系统开辟一条新路。网络环境的决策支持系统是决策支持系统的发展方向。

知识链接

连锁集团酒店管理系统的未来发展动向分析

随着我国计算机和互联网技术的发展，国内的酒店管理系统尤其是连锁集团版酒店管理系统，在技术性能、产品功能等主要指标上已达到甚至部分超越了国外同类产品；而在本土化和适应性上则已经明显优于国外系统。但是，必须承认，国内的酒店管理系统在品牌认知和高端性上还有很长的路要走，要像联想、华为一样走向国际，仍需付出更多的努力。

在IT技术高度发达的今天，酒店管理系统能为酒店带来在营销、管理、服务质量、工作效率等方面的好处已无需多言。在本文中，笔者将简要论述连锁集团酒店管理系统的两大最具代表性的发展趋势和动向。

一、更集约化、更易管理、更省成本的基本发展趋势

近年来，酒店管理集团化和酒店营销集团化已不再是“听起来很美”的概念，它们早已变为全国各大小连锁酒店“跑马圈地”的第一手段。作为酒店业者的您如果也计划要这样做，那么首先要看看，现在用的系统合格吗?

这里说的“合格”主要是指至少具备如下管理模块：连锁酒店中央预订系统、酒店前台管理系统、销售管理系统、客户关系和会员管理系统、餐饮管理系统及集团门户网站等集团酒店管理功能，而这只是连锁化经营的基本功之一。

早期，集团版酒店管理系统以C/S架构为主，采用分店独立数据库方式，集团中央数据库与成员酒店独立数据库的商务数据关系是一个N+1的业务逻辑关系（集团数据库对应N个成员酒店数据库）。它的缺点是：系统建设一次性投入较大、数据同步效率低、对销售数据的整体性把控能力弱、集约化效应不明显，不利于连锁酒店集团规模化的发展。

如今，取而代之的是基于云计算技术的集团版酒店管理系统。所谓“基于云计算”是指，管理系统把强大的运算能力放到了“云端”即大规模服务器上，所有成员酒店及集团总部的数据集中存放、集中处理，而每个分店只需用最普通的能上网的PC机即可实现全部的管理和营销功能。它的突出优势主要表现在：

（1）节省成本：因各分店不需要购买服务器和其他硬件而省去大量人力、软硬件和能源成本。包括：运行服务器的耗电、本地酒店管理系统的维护、服务器的硬件投入、购买酒店管理软件及其升级费用、各分店系统维护人员开销等。

（2）更易于管理：使酒店经营者实现对酒店的3A管理（Anywhere，Anytime，Anything）。随时随地办公，无论出差或出国，白天或是晚上，即使是拿着能上网的iPad也能查看和处理所有门店的事宜。

（3）集团经营数据统一管理、统一分析：新一代的集团版酒店管理软件系统为酒店建立了一个集运营、预订、促销、会员、口碑等多种管理需求于一身的统一管理服务平台，帮助集团酒店实现统一管理、分析及决策，赢得顾客，树立品牌，更可以为酒店制定发展战略提供数据支持，降低企业扩张成本。

（4）颠覆了传统C/S架构集团版管理系统数据库N+1的数据逻辑关系，只需1个高效的中央数据中心，完全去掉了“N”，即所有成员酒店和集团的逻辑都在一个数据库中执行完成。

以上为基于云计算的集团酒店管理系统的代表产品之一“罗盘iPMS”的集团版管理后台范例。正如杭州鲜屋连锁酒店的张总对罗盘系统的评价：“一开始我们6家门店同时在试用市场上5个不同品牌的酒店管理系统，都不甚满意；直到开始接触罗盘iPMS云计算集团版酒店管理系统，到现在已经在6家店全面实施近1年时间，我们感觉非常好。既大幅降低集团版软件的巨额投入，同时也比较好地满足了我们对连锁酒店的管理需求。”

二、提升业绩、发展顾客、留住顾客的终极发展趋势

一直以来，酒店管理系统处于辅助管理的“内务总管”层面；而基于大数据和云计算等技术，能为酒店更好地服务顾客、留住顾客、发展顾客的新一代集团酒店管理系统正在走进我们的视野，为酒店直接创造经济效益不再是业者对管理系统的奢求。

在创造经济效益方面，云计算的集团酒店管理系统几乎支持全部的渠道预订。除传统的第三方预订平台以外，那些可以做直销的、不需要返佣的、有更大自主性的新兴销售渠道得到了酒店集团的更多青睐。如官方APP客户端预订、官方微博预订、微信预订、官方手机网站预订等。通过它们直接赢得的顾客在“7天”“布丁”等连锁集团全部入住中所占的比例越来越大。

这些通过直销而获得的客人，酒店拥有最为详细的入住记录和客户大数据档案，包括消费统计、客人嗜好、时段分析、投诉记录等。酒店可据此制定基于大数据分析的更为科学的常客管理、贵宾管理、积分奖励计划、客户群管理、潜在客户分析、客户信用管理等高级别的客户关系管理工作。为客户提供优质而个性化的服务，发展集团与目标客群之间一对一的实时互动关系，提高品牌忠诚度，挖掘潜在客户。

如果说，以往的集团酒店管理系统尚能通过“分析人员+基础数据”的方式来应付对VIP客人的服务，那么基于云计算和大数据的集团酒店管理系统则将服务和营销的触角伸向了曾被忽视的“非优质客群”以及“潜在客户挖掘”这一巨大金矿上，你的营销计划将是有大数据支持的营销计划，绝非过去的凭经验甚至“拍脑门”。客源是集团酒店经营的根本，在移动互联网时代，让每个客户都有个性化的解决方案，这样的酒店就完全不同了。

人们常讲“开源节流”，传统管理系统被保守派们诟病的地方就在于它往往只能“节流”而“开源”无力。如今，有了大数据，有了云计算，开源与节流并重的管理系统已经成为现实。这也是为什么文中提到的罗盘云计算集团版酒店管理系统在很短的时间内就有200多个酒店集团品牌选择使用的原因。

（资料来源：https://m.qudong.com/pcarticle/169668）

知识链接

中国酒店数字化成熟度研究报告

一、酒店数字化现状

调研访谈中，98%的酒店认识到数字化转型的必要性、重要性，数字化转型已成为行业级重要战略。酒店普遍认为数字化会从各维度优化或颠覆企业经营的各个方面，主要包括提高营业收入、改善营销策略、提高运营效率、改进产品服务和优化客户体验以及保持市场竞争力。酒店作为传统行业，数字化转型相对缓慢，不同类型的酒店数字化进程参差不齐，差距非常大。

二、酒店数字化成熟模型及数字化成熟度

阶段&维度	第1阶段 认知期	第2阶段 试水期	第3阶段 进展期	第4阶段 成熟期
数字化战略	没有或尚未开始做出努力进行数字化转型	正在做出努力进行数字化转型，但仅限于战术层面，缺乏战略规划和顶层设计	制定了数字化战略，但着眼于短期	拥有以数字化方式创新的整体战略，利用数字化的方式解决业务问题和实现商业价值
数字化技术	多渠道数据尚未打通和关联	部分渠道或系统数据实现打通，但整体仍存在数据孤岛问题	基本解决数据孤岛问题且能够基于业务需求进行数据分析和可视化展示	建立了业务数字化体系，用数据驱动业务，实现业务的精细化运营
数字化协同	业务和技术的协同程度低，业务和IT部门的数字化计划与企业战略脱节	业务部门和IT部门尝试进行数字化协同，但未取得明显成效	业务全局视角贯穿业务链，构建了支撑业务优化的数据链路闭环	以人为中心打造智能协同体系，形成了人与人、人与事、人与物等之间的智能协同
数字化组织	没有或尚未有计划设置数字化岗位，缺乏数字化规划和执行相关人才	有计划构建或招募数字化相关岗位职能和人才	招募或培养了数字化相关岗位人才，但人才不能完全匹配数字化转型需求	从公司层面形成统一数字化领导力，组织推动公司的数字化转型

三、专家观点——数字化的本质、基本原则

星级酒店，尤其是中国自己经营的这些星级酒店，如果能够意识到数字化的必要性和重要性，对酒店的未来运营会产生一个根本性的竞争力改变。

谈数字化，谈数字化转型，要回到事情的根本。如何持续提高效率，如何持续推动创新，是酒店经营者要思考的根本问题。

数字化能改变现在传统做事方式的效率效果，是解决问题的手段。

数字化的本质，是辅助企业在规模化的条件下达到更好的经营效果。所以规模化是很重要的，没有规模化的话，数字化价值很小；只有在很大规模的时候，才可能实现非常大的价值。数字化最重要的任务就是管理好数字资产，所以数字化，是把物理世界映射成了数字世界。

数字化转型是个系统工程。数字化转型成功的企业，大多有一以贯之的数字化战略。要推动企业的数字化转型，首先要制定企业的数字化战略。所有的数字化战略肯定是围绕公司的目标去进行的，这是一个大前提。

数字化一定基于业务，但它不只是一个单纯的技术支持和简单地给业务赋能。数字化转型是长期工程，要有战略眼光，放到未来3~5年甚至10年这样更高的角度上。

任何转型升级都是困难的，酒店企业的一把手能否做出改变，是否具备长远的战略眼光，十分关键。

数字化转型与生俱来就是在迭代中学习、进化。

数字化转型失败主要有两个原因：一是认知偏差，就是对数字化理解比较片面化，以为只是采用数字技术及其应用，仅是运营方面的数字化，没有意识到是整个组织的数字化；二是路径错误，领导者喜欢从上到下推动数字化，而且喜欢毕其功于一役。数字化转型必须是一把手工程。

（资料来源：环球旅讯工匠一课微信公众号文章，有删减，2021-04-29.）

思考与练习

1. 试述酒店信息化发展历程。
2. 什么是酒店管理信息系统？酒店管理信息系统有哪些功能？
3. 请论述酒店管理信息系统的发展趋势。
4. 酒店管理决策的基本原则有哪些？
5. 什么是数字化？数字化的本质是什么？酒店数字化转型需要克服哪些困难？

第三部分

业务管理

第八章 酒店主要接待部门管理

引　言

前厅部、餐饮部和客房部是酒店的主要接待部门，为宾客提供面对面服务，这便要求这些部门的酒店员工具备较高的服务能力。本章主要阐述了这三个接待部门的概念、地位和工作内容等，并通过案例介绍了一线员工所必须具备的素质以及服务技巧。

学习目标

- 掌握酒店主要接待部门的地位。
- 了解酒店主要接待部门对于酒店运作的意义。
- 重点了解前厅部、餐饮部、客房部的基本工作内容及服务技巧。

关键词

前厅部　餐饮部　客房部

导入案例

某晚，某酒店餐厅包间内一席普通的家宴正在进行，在祥和的用餐气氛中，服务员小李看到老先生不停地用小勺翻搅着碗中的稀饭，对着鸡鸭鱼肉直摇头。这是怎么回事呢？是我们饭菜做得不合口味？不对呀，其他人不正吃得津津有味吗？小李灵机一动，到后厨为老先生端上了一碟小菜——榨菜丝。当小李将榨菜丝端上桌后，老先生眼前一亮，对着小李不停地称赞："小姑娘，你可真细心，能够看出我对咸菜感兴趣，不简单。"老先生的老伴连忙说："这儿的服务跟其他地方就是不一样，我们没说到的小姑娘们都能想到、做到，以后有时间我们要经常到这里来。"

点评：

在对客服务中，小李为客人提供了满意的服务，给他们无微不至的关心，让他们在酒店比在家感到方便。因此餐厅服务员需要时时注意客人的用餐情况，把事情做到客人开口之前，为客人提供"满意＋惊喜"的服务，这是餐厅持续改进服务质量的根本。

第一节　前厅部概述

一、前厅部的概念

酒店前厅（Front Office），又称为总服务台，或称为总台、前台等。它通常设在酒店的大堂，是负责招徕并接待宾客、销售饭店客房及餐饮娱乐等服务产品、沟通与协调饭店各部门、为客人提供各种综合服务的服务部门，起着计划、组织、指挥、协调的作用。在酒店管理中，前厅管理具有全面性、综合性和协调性，前厅是酒店的神经中枢。

二、前厅部的地位和作用

（一）前厅部是酒店业务活动的中心

客房是酒店最主要的产品。前厅部通过对客房的销售来带动酒店其他各部门的经营活动，前厅部人员的对客服务从客人抵店前的预订、入住，直至客人结账，建立客史档案，贯穿于客人与酒店交易往来的全过程。同时，前厅部还要及时地将客源、客情、客人需求及投诉等各种信息通报相关部门，共同协调全酒店的对客服务工作，以确保服务工作的效率和质量。所以说，前厅部自始至终是为客人服务的中心，是客人与酒店联络的纽带。

知识链接

一、安排客房的原则

（1）原则上根据客人要求和客房状况来分房；

（2）有特殊要求的须预分；

（3）重要客人预分最好的房（楼层、房号），安排重要客人与抵店客人在时间上的衔接；

（4）考虑客人禁忌数字。

二、预订客人转住其他酒店，要求将其信函和电话转过去，应该怎么处理

（1）了解客人转住的原因，尽可能将客人争取过来；

（2）如争取不过来，立即将其预订取消；

（3）询问客人的姓名、酒店名称、房号及联系电话；

（4）询问是否还有其他的服务；

（5）由主管通知总台、总机、行李部和大堂副理跟办。

三、预订客人未到店怎么办

（1）阅读预订未到店客人名单与电脑资料核对，确认客人没有到店；

（2）根据客人订房代理人的电话号码，询问客人未到店的原因，客人若推迟来店时间，可更改有关订房资料，重新给予预订；

（3）如客人取消来店，又事先为保证订房预付了押金，须明确告诉对方，押金已冲房费不退还并通知前台收银做冲账处理；

（4）如客人改住其他酒店，应了解改住的原因，做工作再尽力拉过来。

（资料来源：https://www.ahsrst.cn/a/201509/67501.html）

（二）前厅部是酒店管理机构的代表

前厅部是酒店的神经中枢，在客人心目中它是酒店管理机构的代表。客人入住登记在前厅、离店结账在前厅，客人遇到困难寻求帮助找前厅，客人感到不满时投诉也找前厅。前厅工作人员的言行举止将会给客人留下深刻的第一印象。如果前厅工作人员能以彬彬有礼的态度接待客人，以娴熟的技巧服务客人，妥善地处理客人投诉，有效地帮助客人解决问题，那么客人对酒店的其他服务，也会感到放心和满意。反之，客人对一切都会感到不满。

由此可见，前厅部的工作直接反映了酒店的工作效率、服务质量和管理水平，直接影响酒店的总体形象。

案例分享

客人电话退房却报错房号，怎么办

1月20日上午11点左右，正值某酒店退房高峰。收银台前，服务员小宋忙得不可开交。这时，一阵急促的电话铃声响起。电话里传来一位男子急促的声音：“服务员，我是1616房间的客人，请你帮我把房间退掉，房间里没有什么东西，钥匙卡在我手上，但我人在外面一下子赶不过来，你帮我把账停掉，等会我过来结账！”

“好的。”接到电话，小宋扫了一下客房房态表，1616房间显示的确有客人入住。但为保险起见，小宋询问道：“请问先生住的是1616房间吗？”“是的。”“先生，您……”没等小宋向客人确认房间的基本信息，客人已经急急地挂掉了电话。放下电话，小宋不禁隐隐感到有点不安：“客人这么急着要求停账退房，会不会报错房号？！”

想到这儿，小宋立即拨通了1616房间的电话。铃声响了两下，一位女士接起了电话，而通过与她的交谈，也印证了小宋的猜测，刚刚那位先生在急忙中真的报错了房号！“客人到底住几号房？”急中生智，小宋立即通过总机查询客人的来电号码显示，但可能是客人隐藏了号码，总机查不到客人的来电号码，希望落空了！

第一个方案行不通，那就只能想办法缩小目标了。中午12点是酒店的房费结算限制时间，一般在酒店住宿的客人如果在当天需要退房，在这个时间大多都会办理结账手续。于是，小宋通过住房登记表，仔细地对未曾办理结账手续和续房手续的客人进行了筛选，然后一一通过电话进行确认。一番工夫下来，最终把目标缩小到三个房间并且致电房务中心，讲明了情况，让楼层值台人员协助查房，再将查房情况进行了对比，最终锁定了1016房间，对这个房间进行了停账处理。

下午4点，当打电话退房的客人急匆匆赶到酒店结账时，得知其虽然报错了房号，但酒店还是及时采取措施为他办理了停账手续，使他避免了不必要的损失时，禁不住连连感谢！

点评：

在上述案例中，尽管是客人报错房号在先，但服务员没有因为责任在客人而放弃查询，而是能够站在客人的立场上采取多种措施为客人避免不必要的损失，从而赢得客人的赞誉，也维护了酒店的声誉。这说明服务规范在服务实践中往往是不够的，遇到特殊情况，规范服务加上超常服务才算得上是优质的服务。一个优秀的酒店服务员必须不断提高自身素质，多做换位思考，在服务实践中做到规范服务的原则性和突发事件的灵活性紧密结合。

（资料来源：酒店高参专栏作家余昌国先生网易博客.）

知识链接

前厅服务不但要做到主动服务、热情服务、周到服务，更需要的是做到个性化服务和细节服务。

某日中午前台员工查预期离店房时，发现有某协议单位客人房内无人有行李，但由于他前日消费挂账较多，现押金已不足半日房费。于是前台员工为了促使客人到总台交押金，告知楼层服务员，如客人回来要求开房门，不可以给其开门，因为他未交足押金，必须让其交过押金后方可开门。就这样客人回来时，楼层服务员就按总台的要求未给客人开门，客人说："你先给我开门，待一会儿再到总台交押金。"服务员说："你们不能进入房间，因为你们押金已经不够了！"无论客人怎么解释都无济于事，总台仍执意要求客人先交押金再开门。最终客人恼火导致投诉。

本案例中反映了前台个性化服务不足的问题。在市场竞争激烈的今天，要想留住客人，赢得宾客，单纯靠规范服务和微笑服务是远远不够的，更重要的是给客人实实在在的帮助，也就是说服务要更有内涵。本案例中服务员死守教条，墨守成规，导致客人的强烈不满。因此只有灵活机动，打破条条框框，超越常规地去想去做，才能使服务超越宾客的期望。

（资料来源：职业餐饮网，http://www.canyin168.com/glyy/qtgl/qtal/201006/22376_2.html.）

（三）前厅部是酒店管理机构的参谋和助手

作为酒店业务活动的中心，前厅部能够收集到有关整个酒店经营管理的各种信息。前厅部对这些信息进行认真的整理和分析，每日或定期向管理机构提供真实反映酒店经营管理情况的数据和报表，并定期向酒店管理机构提供咨询意见，作为制订和调整酒店计划和经营策略的参考依据。

综上所述，前厅部是酒店的重要组成部分，是加强酒店经营的第一个重要环节。

三、前厅部的任务

（一）销售客房

前厅部的首要任务是销售客房。目前，客房的营业收入一般要占酒店全部营业收入的40%~60%。前厅部推销客房数量的多与少，达成价格的高与低，不仅直接影响着酒店的客房收入，而且住店人数的多少和消费水平的高低，也间接地影响着酒店餐厅、酒吧等的收入。

（二）正确显示房间状况

房间状况指的是饭店客房的使用情况，前厅部必须在任何时刻都正确地显示每个房间的状况——住客房、走客房、待打扫房、待售房等，为客房的销售和分配提供可靠的依据。

知识链接

酒店常见房态

房态	英文	中文	备注
Occupied	Occupied	住客房	住店客人正在使用的客房
Vacant	Vacant	空房	暂时未出租的房间
OC	Occupied & Clean	已清洁住客房	
OD	Occupied & Dirty	未清洁住客房	
VC	Vacant & Clean	已清洁空房	已完成清扫整理工作，尚未检查的空房
VD	Vacant & Dirty	未清洁空房	
VI	Vacant & Inspected	已检查空房	已清洁，并经过督导人员检查，随时可以出租的房间
CO	Check Out	走客房	客人刚离店，房间尚未清洁
OOO	Out of Order	待修房	硬件出现故障，正在或等待维修
OOS	Out of Servise	停用房	因各种原因，已被暂时停用的房间
BL	Blocked Room	保留房	为团队客人、预订客人以及重要客人等预留的房间
SK	Skip	走单房	一种差异房态。前厅房态是占用房，而管家房态是空房
SL	Sleep	睡眠房	指前厅房态为空房，而管家房态是占用房
S/O	Sleep Out	外宿房	住店客人外宿未归
LL	Occupied with Light Luggage	携少量行李的住客房	
NB	No Baggage	无行李房	
DND	Do Not Disturb	请勿打扰房	客房的请勿打扰灯亮着，或门把手挂有“请勿打扰”牌
DL	Double Locked	双锁房	酒店（或客人）出于安全等某种目的而将房门双锁

（三）提供相关服务

前厅部必须向客人提供优质的订房、登记、邮件、问询、电话、留言、行李、委托代办、换房、钥匙、退房等各项服务。

（四）整理和保存业务资料

前厅部应随时保存最完整、最准确的资料，并对各项资料进行记录、统计、分析、预测、整理和存档。

（五）信息管理

前厅部不仅要负责收集有关经营信息，而且要对其进行加工、整理，并将其传递到客房、餐饮等酒店经营部门和管理部门。

知识链接

信息通畅　协调服务

前台员工应树立整体意识，各个岗位之间，上一班与下一班之间要做好协调工作，相互衔接，环环相扣，从而保证整个酒店工作像一个工厂流水线那样顺顺当当地正常运转。

有一酒店协议客人当日在总台寄存两条皖烟，由于他是常客，当班人员未按规定填写“留物表”，并遗忘了交班。次日早客人来取物品时，夜班人员未得此交班，早班接班人员也翻看“留物表”无此记录，又联系礼宾处也无此物品，就断然告知客人未寄存。客人回去联系之后了解到确在总台，故而投诉，再经主管找寻，发现两条皖烟就在留物柜中。

这个案例大家一定会想收物品的员工未交班，责任在他。但接下来又有两位员工经手此事，却无一人仔细查找就回复客人。没有将上班未做好的事及时弥补导致客人一气之下投诉，给酒店造成了不好的影响。

所以这个案例给大家的启示是：前台工作脱节造成的不良后果要认真吸取教训，同样也要求我们的前台员工注意将有关客人的任何信息及时知会其他岗点及员工，使信息通畅，不至于怠慢客人。而每位员工又都应该具有补位意识，使服务更完善。不要总是事不关己，高高挂起，而使服务变成一种机械的工作。

（资料来源：餐饮网，http://www.canyin168.com/glyy/qtgl/qtal/201006/22376_2.html.）

（六）建立客账

建立客账是为了记录客人与酒店间的财务关系，以保证酒店及时准确地得到营业收入。客人的账单可以在预订客房时建立（记入定金或预付款）或是在办理入住登记手续时建立。

（七）建立客史档案

大部分酒店为住店一次以上的零星散客建立客史档案。按客人姓名字母顺序排列的客史档案，记录相关内容，以便以后更好地提供个性化服务。

四、前厅部机构设置原则

（一）机构组成

前厅部的组织机构要根据饭店企业的类型、体制、规模、星级、管理方式、客源特点等方面因素进行设置。前厅部组织机构一般由以下部分组成：部室、预订、问询、接待、礼宾、结账、大堂副理、商务（行政）楼层、电话总机、商务中心（见图 8-1）。

另外，通常在前厅还设有其他非饭店所属的服务部门，如银行驻店机构、邮政部门驻店机构、旅行社分社驻店机构、民航以及其他交通部门驻店机构等，以作为满足饭店不同服务功能需求、完善服务的必要补充。

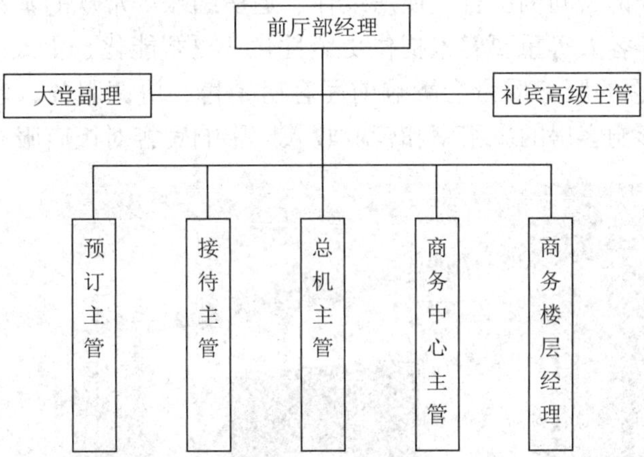

图 8-1　中型酒店前厅部组织机构的设置

（二）机构设置原则

1. 因店而异的原则

前厅部组织机构的设置应结合饭店性质、规模、地理位置、管理方式和经营特色等实际情况，不宜生搬硬套。例如，规模小的饭店或以内宾接待为主的饭店，可以考虑将前厅接待服务划入客房部管辖，不必单独设置前厅部。

2. 因事设岗、因岗定人、因人定责的原则

机构精简遵循"因事设岗、因岗定人、因人定责"的劳动组织编制原则，在防止机构重叠、臃肿的同时，要处理好分工与组合、方便客人与便于管理等方面的矛盾。

3. 明确隶属关系的原则

在明确各岗位人员工作任务的同时，应明确上下级隶属关系以及相关信息传达、反馈的渠道、途径和方法，防止出现职能空缺、业务衔接环节脱节等现象。

4. 协作便利的原则

前厅部组织机构的设置不仅要便于本部门岗位之间的协作，还要有利于前厅部与其他相关部门的合作。

（三）主要机构及业务分工

1. 预订处（Rooms Reservation）

负责酒店的订房业务，接受客人以电话、电传、传真、信函或口头等形式的预订；负责与有关公司、旅行社等提供客源的单位建立业务关系，尽力推销客房并了解委托单位接待要求；密切与总台接待处的联系，及时向前厅部经理及总台有关部门提供有关客房预订资料和数据，向上级提供 VIP 抵店信息；参与前厅部对外订房业务的谈判及合同的签订；制订预订报表（包括每月、半月、每周和明日客人抵达预报）；参与制订全年客房预订计划。

2. **接待处**（Reception / Check-in / Registration）

接待处是销售客房及饭店产品的主要场所，位于酒店前厅大堂最醒目的位置，是除客房以外，客人与酒店接触最频繁的场合，也是能给客人留下深刻印象的重要场合。其主要职责是：提供入住登记、问询留言、换房续住、退房结账等常规的基本服务，也为VIP客人、常住客人、商务客人等重要客人提供更个性化、更智能化、更人性化的服务。接待处24小时对客服务，它的服务质量会影响前厅客房销售、协调服务、建账结账、客史档案等工作，也会直接影响客房的出租率和营业收入，影响宾客对饭店服务与管理的评价。

图 8-2　前厅接待处

案例分享

"NO SHOW"客人又出现后带给小周的麻烦

小周是杭州某酒店的前厅接待员。国庆节期间，杭州几乎所有酒店客房都已爆满，而且房价飙升。10月1日23:00左右，小周在工作繁忙之时接到一位潘先生预订客房的电话。潘先生是该酒店某协议单位的老总，也是常住客，所以小周格外小心。当时还剩下一间标准间，刚好留给潘先生，并与他约好抵店时间是当晚23:30。在这半小时期间，有许多电话或客人亲自到酒店来问是否还有客房，小周都婉言谢绝了。但一直等到23:40，潘总还未抵店。小周心想：也许潘先生不会来了，因为经常有客人订了房间后不来住，如果再不卖掉，24:00以后就很难卖了。为了酒店的利益，不能白白空一间房，到23:45，小周将最后一间标准间卖给了一位正急需客房的熟客。24:00左右潘总出现在总台，并说因车子抛锚、手机没电，故未事先来电说明。一听说房间已卖掉，他顿时恼羞成怒，立即要求酒店赔偿损失，并声称将协议取消，以后不再安排客人来住。小周该怎么办呢？

（资料来源：https://wenku.baidu.com/view/cbcb46aa178884868762caaedd3383c4ba4cb4f7.html）

【点评】

以下列出几种应对方法，并各作评析。

第一种：小周向客人做出严肃的解释，指出是潘总未按约定时间抵店，按口头预订规定，小周并没有责任，指出：潘总无房是自己造成的，不应怪罪酒店。

评析：作为酒店前厅服务员的小周，从操作程序上来看，这样做并没有错，而客人潘总途中车子抛锚耽搁了时间也是可以理解的。但要想做一个优秀的服务员，不仅仅要符合操作程序，还必须具有应变能力。此法显然不够灵活，没有把酒店的长期商业利益考虑进去，很可能就因这一次事件潘总以后再也不会来酒店消费，甚至还会向亲朋好友做反面宣传。也应考虑到，作为酒店服务员，小周不能直接指出客人的过错，即使是客人错了，客人也很难接受服务员的批评。这就违背了“客人永远是对的”这一酒店服务理念。

第二种：小周向值班经理或大堂副理汇报，将事情交给领导处理。

评析：服务员遇到自己不能解决的事情向上级汇报是基层员工解决问题的通常思路，但是就这个例子而言，领导会觉得小周是一个能力欠佳的服务员，遇到问题和麻烦自己并没有尽力分析问题、厘清思路、着手解决，小周给领导的印象会大打折扣。从理论上来说，员工不仅应主动为领导分担工作，更应站在客人的立场上，尽量缩短解决问题的时间，提高解决问题的效率，自己先想办法去解决，尽了力仍然不行，再向上级反映。

第三种：害怕事情闹大，给领导印象不好，干脆自己掏腰包赔偿损失。下次无论如何不要把酒店某一间客房的经济效益放在第一位来考虑，应把客人利益放在第一位。

评析：这种息事宁人的做法不可取，必须清楚的是，小周并没有错。这是一种逃避问题的做法。

第四种：一再向客人致歉，并立即打电话联系其他酒店，为潘总重新预订一间同档次的客房；如果无房，尽量在酒店内部协调解决；实在不行，则向客人表示无能为力，并立即向大堂副理汇报，建议日后写一封致歉信给潘总。

评析：此办法较好。气愤的客人看到小周忙个不停地打电话到别的酒店为他找房间，从心理上得到安慰。将事情立即告诉大堂副理，因为小周是为了保证酒店的利益，按规定程序将预订房卖出的，并无工作过失。此外，小周在客人投诉到大堂副理之前就应把此事向大堂副理汇报，能够起到保护自己的作用。

由此，我们可以总结如下：

（1）酒店的操作程序要严谨而没有漏洞，要有一定的预见性。在本例中，订房时就该预见到后来可能出现的麻烦，小周应事先再三向客人强调国庆当晚订房的困难和留房期限的难以拖延，以便酒店在随后处理问题时更加主动。

（2）员工不能什么事都交给上级处理，应在日常工作中主动锻炼自己的处事能力，这对自己是一个提高的机会，上级领导也会器重这样的下属。

3. 礼宾部（Concierge）

礼宾部主要为客人提供迎送服务、行李服务和各种委托代办服务，故在一些酒店又称为“委托代办处”“大厅服务处”“行李处”。礼宾部主要由礼宾部主管（“金钥匙”）、领班、迎宾员、行李员、委托代办员等组成。其主要职责是：在门厅或机场、车站迎送宾客；负责客人的行李运送、寄存及安全；雨伞的寄存和出租；公共部位找人；陪同散客进房和介绍服务、分送客用报纸、分送客人信件和留言；代客召唤出租车；协助管理和指挥门厅入口处的车辆停靠，确保畅通和安全；回答客人问询，为客人指引方向；传递有关通知单；负责客人其他委托代办事项。

4. **电话总机**（Switch Board）

主要职责是：转接电话；为客人提供请勿打扰电话服务；叫醒服务；回答电话问询；接受电话投诉；电话找人；接受电话留言；办理长途电话事项；传达或取消紧急通知或说明；播放背景音乐等。

5. **商务中心**（Business Center）

为客人提供打字、翻译、复印、装订、印名片、长话、传真、订票、因特网（Internet）以及小型会议室出租等商务服务。此外，还可根据需要为客人提供秘书服务。

6. **行政楼层**（Executive Floor）

行政楼层是高星级酒店（通常为四星级以上）为了接待高档商务客人等高消费客人，为他们提供特殊的优质服务而专门设立的楼层。

行政楼层被誉为“店中之店”，通常隶属于前厅部。住在行政楼层的客人，不必在总台办理住宿登记手续，客人的住宿登记、结账等手续直接在行政楼层由专人负责办理，以方便客人。

另外，在行政楼层通常还设有客人休息室、会客室、咖啡厅、报刊资料室、商务中心等，因此，行政楼层集酒店的前厅登记、结账、餐饮、商务中心于一身，为商务客人提供更为温馨的环境和各种便利，让客人享受更加优质的服务。

7. **大堂副理**（Assistant Manager）

大堂副理的主要职责是代表酒店总经理接待每一位在酒店遇到困难而需要帮助的客人，并在自己的职权范围内予以解决，包括回答客人问询、解决客人的疑难、处理客人投诉等。因此，大堂副理是沟通酒店和客人之间的桥梁，是客人的益友，是酒店建立良好宾客关系的重要环节。

知识链接

前厅部接待人员工作中的注意事项

前厅部是对客服务的集中地，是给客人留下第一印象的地方，直接影响酒店的形象，前厅接待人员在工作中应注意以下事项：

（1）礼貌待客。要求员工在酒店里与客人迎面相遇时要微笑问好、让客先行，必要时主动向客人提供帮助，对认识的客人要以姓氏或头衔称呼，对电话里的客人也同样对待。

（2）贯彻“首问制”。在客人眼里，每个员工都代表着酒店。因此，遇到客人寻求帮助时，如果不是自己职责范围的事，可以请客人稍候，帮助客人打电话联系相关的部门。

（3）规范行为举止。遵守员工手册的礼貌规范，并按礼仪标准培训员工的站立、手势、点头等动作。

（4）使用标准的服务用语。要求员工接电话时一律按先英文后中文问好并报部门，接待时规范使用服务用语，以简洁明了的表达方法与客人进行沟通。

（5）做好接班。要建立特殊事情记录本，把本班无法完成的事情交代给下个班继续完成，确保对客服务的延续性。

（四）岗位设置的标准化及原则

1. 标准化

前厅接待服务岗位的作业区可以划分为以下两大部分：

（1）店外区域设置机场、车站接待服务的饭店代表以及车队司机、行李员等。

（2）店内区域设置在前厅或大堂范围内的接待服务人员和专业岗位及相应的管理人员。

2. 原则

制定前厅岗位职责的原则是坚持“三化”，即责任明确化、任务具体化、操作程序化。

（五）前厅部发展趋势

目前饭店前厅部的发展趋势有以下几个方面。

1. 手续简单，服务快捷

入住手续、结账手续更为简单。大部分客人在OTA平台或通过电话预订提前完成了押金担保，或部分酒店实现了通过手机APP办理入住或退房，加快了客人登记和退房的速度，实现了快捷高效的服务。

2. 程序简化，强调规范

各项服务程序将简化，更强调在规范、标准、程序化服务基础上的超常、灵活、个性化服务。

3. 培训重点转移

前厅培训的重点将转向服务概念、意识、素质和能力的培训；专业培训更细、更有针对性，同时将更加注重前厅员工职业道德、思想品德方面的教育和引导。

4. 追求零缺陷服务

管理方式较灵活，要求较高，追求零缺陷服务。当然，对前厅服务员的素质要求也会越来越高，员工的待遇也会有所提高。

5. 人数少而精，工种趋于减少

前厅部员工人数少而精，工种趋于减少。以三星级饭店为例，客房100间以下的三星级饭店，前厅部员工数（含经理等所有人员）与客房数之比大致在1∶4~1∶9为宜；客房100~300间的以1∶6~1∶12为宜，同时，兼职人员和实习生的使用人数及使用率也会提高；不同饭店前厅部的组织机构和岗位设置区别越来越明显，越来越有利于饭店提供特色服务、超常服务及个性化服务。

知识链接

前厅待客服务的十条黄金准则

1. 整洁的仪容仪表（LOOK NEAT AND WELL GROOMED）

专业的服务从员工的仪表开始。整洁的服饰、仪表，表明我们重视宾客，能够提供专业化的服务。

2. 给宾客直接的关注（GIVE THE GUEST IMMEDIATE ATTENTION）

给宾客直接的关注。在某种情况下，你可能不能立即接待宾客，但绝对不要对客人不理不睬，因为这会令客人感觉其不受重视。在这种情况下，可以用打招呼、眼神或者其他方式让客人知道你暂时不能接待他。这样可以消除客人因为等待而产生的不愉快。

3. 良好的精神面貌（SHOW PRIDE）

不要展示缺乏信心的精神面貌。这会直接影响到其他员工的精神面貌，同样的，这也会令宾客感觉你并不尊敬他，而导致宾客认为酒店的服务水准并不专业。所以，良好的精神面貌在工作中对酒店员工和宾客都起着很大的作用。

4. 给客人真挚和微笑的问候（GREET THE GUEST WARMLY AND WITH A SMILE）

给客人真挚和微笑的问候，这正取决于你的面部表情和眼睛。向宾客问候时，有动作但却一言不发，会令宾客感到不自在或者认为你根本不重视他；若面无表情，则更可能会令宾客感到自己不受欢迎。相反的，若能做到给宾客一个真挚和微笑的问候，可以让宾客感觉到温馨和周到。

5. 仔细聆听（LISTEN ACTIVELY）

在和宾客交谈的过程中，仔细地聆听。这不但可以使你准确地明白客人的意思，更能够了解客人的心情，从而提供更加优质的服务。

6. 保持眼神接触（MAINTAIN EYE CONTACT）

在和宾客交谈的过程中，保持和宾客的眼神接触，这不但有助于沟通，更能够使客人感觉到你是诚心地想帮助他，这样即使最后无法满足宾客要求，他也不会太在意。

7. 使用宾客姓氏（USE THE GUEST'S NAME）

通过各种方式知道客人的姓名后，不要再称呼先生或女士，可加上客人的姓氏。因为宾客总是乐意接受你使用其姓氏称呼，这样可以使宾客感觉自己受到关注。

8. 保护宾客隐私（PROTECT THE GUEST'S PRIVACY）

总是谨慎地谈及宾客各种信息，在未得到客人允许的情况下，是绝对不允许透露的。因为这可能给客人带来各种各样的麻烦，甚至可能会间接或直接导致客人的损失。

9. 总是提供额外帮助（ALWAYS OFFER ADDITIONAL ASSISTANCE）

在满足宾客的需求后，总是询问其是否还需要其他帮助。这能够使客人感觉你很乐意为其服务。

10. 总是设法满足宾客要求（ALWAYS TRY TO SATISFY THE GUEST'S REQUESTS）

当宾客提出酒店无法满足的要求（不触犯法律或涉及各种道德问题并存在满足可能性的要求）时，不要直接拒绝宾客，应先尽可能地帮助客人。即使最终（因为任何原因）无法满足客人，也可让宾客感受到酒店已在尽力地帮助他了。

第二节　餐饮部概述

一、餐饮部的地位

（一）餐饮部是满足客人需求的主要服务部门

俗话说：“民以食为天”，在旅游六大素“食、住、行、游、购、娱”中，食占第一位。可以说，离开餐饮部门的酒店就不是健全的酒店。好的餐饮及其服务不仅是酒店的产品，而且是一种旅游产品。

（二）餐饮收入是酒店营业收入的主要来源

一般来说，餐饮收入约占酒店营业收入的1/3，经营得好的酒店其餐饮收入可与客房收入相当，甚至超过客房收入。虽然餐饮部原材料成本开支较大，毛利率不如客房高，但餐饮部相当于客房部来说，其初期投资和固定资产占用却要比客房部低得多。

（三）餐饮部是酒店竞争中的“先锋兵”

现代酒店的客房标准相对接近，竞争余地小；而其餐饮则具灵活、多变的能力。两家条件等级相似的酒店，靠餐饮水平一决胜负的情形屡见不鲜。餐饮部门在竞争中的地位和作用有时会决定整个酒店的兴衰。

二、餐饮部的主要任务

（一）餐厅的主要任务

餐厅是酒店销售饮食产品、为宾客提供相应服务和顾客用餐的场所。餐厅服务的主要任务是，按照规范化的服务程序和服务标准，采用一定水平的服务技巧及时为顾客供餐，满足不同客人对餐饮的各种需要，努力扩大销售，并正确计算和收取餐饮费，实现企业的经营收入。

（二）餐厅应具备的基本条件

1. 卫生、舒适的环境

从心理学的角度讲，谁也不愿意在环境卫生差的条件下进餐。物质条件提高后，宾客对吃、住条件都比较讲究，餐厅卫生舒适、环境幽雅是客人就餐的首选条件，给客人留下的印象也是很深刻的。因此，聪明的经营者，把餐厅环境的整洁、舒适作为餐厅经营的必备条件之一。

2. 方便顾客的营业时间

旅游涉外酒店星级评定标准规定：一、二星级酒店的餐厅晚餐营业时间最后叫菜时间不早于20:00，三星级酒店晚餐营业时间最后叫菜时间不早于20:30，四星级酒店晚餐营业时间最后叫菜时间不早于21:00，五星级酒店晚餐营业时间最后叫菜时间不早于22:00。正餐品种不少于8个，并有甜食和饮料供应。其他一般餐厅主要根据自己的经营特点，以方便顾客就餐为主而自定营业时间。

3. 良好的服务态度和系列的服务程序

经营餐厅是为顾客提供优质的食品和服务，达到盈利的目的，所以，必须为光顾的客人提供热情周到的服务。只有服务态度良好和服务程序规范才能满足顾客就餐的心理要求，使其成为“回头客”。

案例分享

晚上10：30左右，餐厅走进一位客人，说：“还能在这儿吃点夜宵吗？累了不想再往外跑了。”“可以，您想吃点儿什么？我去给您准备。”服务员对客人说。客人一听开心地说：“太好了，谢谢你小姑娘，我们一起三个人，随意上点儿就行。”

已经这么晚了，复杂点儿的饭菜餐厅也没法做了，晚上吃多了也不利于消化。想到这儿服务员对客人说：“10点多了，过会儿就该休息了，给您上点儿易消化的可以吗？每人吃上一碗面，外加几个可口的小菜您看行吗？”“可以，太好了，热乎乎的面，想想真是又馋又饿。”客人很满意，接着又说，“还以为这么晚了不会让我们吃了，本来想碰碰运气呢。”“怎么可能不让您吃，您来了我们就得尽力做到满意。”服务员回应着客人。

十分钟过后，饭菜上齐。服务员从客人的交谈中得知，这三位客人是来济南看病人的，不知道去医院怎么走，他们是开车过来的。于是服务员详细地给客人讲了去医院的路线，还简单地画了张小图给客人，并且画上了回酒店的路线。

服务员耐心细致的服务得到了客人的好评，客人临走时直夸宾馆服务热情、周到，服务员的素质高，还说：“下次来啊，我还住你们酒店。”

【点评】晚上10点半之后，很多酒店没有特殊情况一般都不给客人开餐了，而案例中的酒店餐厅，却安排了一位有丰富经验的员工留守岗位，以备开餐后的客人急需。

在这个案例中，服务员用自己对宾客心理的分析，巧妙地解决了酒店正常供餐时间之外的临时就餐，既避免了客人因不开餐而扫兴而去，还让客人吃上了经济可口的夜宵，同时也缓解了后厨的工作压力。

另外，在此案例中，通过为客人引路一环节，可见服务员的用心，为宾客着想，解宾客之需，这也是我们在服务工作中所倡导的一种工作境界。最终的结果是得到了宾客的肯定和表扬，并为酒店招徕了回头客。

（资料来源：职业餐饮网，http://www.canyin168.com/glyy/cygl/cyal/201204/40949.html.）

4.提供美味可口、质价相符的饭菜和酒水

餐厅为顾客提供饭菜时，必须味美可口，适合各种不同客人的需求，否则饭菜质量差，就没有客人光顾，达不到经营的目的。随着饭店业餐厅的竞争需要，烹调质量是吸引顾客的主要条件，不但要美味可口，而且要质价相当，薄利多销，争取更多的客人光顾。

三、餐饮生产的特点

餐饮企业既生产有形的实物产品（如各种美味佳肴），又生产无形的服务产品（如优良的就餐环境和热情周到的接待服务）。与其他部门产品的生产相比，餐饮产品具有不同的特点。

（一）餐饮产品规格多，每次生产批量小

只有客人进入餐厅点菜后，酒店才能组织菜肴的生产与销售。这就意味着餐饮产品的生产与销售基本同步，而不能先生产后销售。因此，菜肴生产与其他工业产品大批量、统一规格的生产是明显不同的，这给餐饮产品的统一标准与质量管理带来了许多困难。

（二）餐饮生产过程时间短

餐饮产品的生产、销售与客人的消费几乎同时进行，因此，客人从点菜到消费的时间相当短暂。这对厨师的经验与技术是一个很大的考验，对服务员的直接推销和对客服务也是一大挑战。

（三）生产量难以预测

就餐客人何时来、来多少、消费什么餐饮产品等一直是困扰餐饮管理者的问题。大多数客人不通过预订而是直接上门来消费，因此，客人的消费需求很难准确预估，产量的随机性强，且难以预测。

（四）餐饮原料及产品容易变质

相当一部分餐饮产品是用鲜活的餐饮原料制作的，具有很强的时间性和季节性，若处理不当极易腐烂变质，因此，必须加强原料管理才能保证产品质量并控制餐饮成本。

（五）餐饮产品生产过程环节多、管理难度大

餐饮产品的生产从餐饮原料的采购、验收、储存、加工、烹制、餐厅服务到收款，整个生产过程的业务环节较多，任何一个环节的差错都会影响餐饮产品的质量及企业的效益，因此，餐饮产品生产过程的管理难度较大。

四、餐饮产品销售特点

餐饮产品不同于其他工业产品，有其自身的销售特点。

（一）销售量受活动场所的限制

在就餐场所空间有限的情况下，可采取积极措施，提高座位利用率、周转率及人均消费，提高餐饮部的经济效益。

（二）销售量受进餐时间的限制

可通过增加服务项目、延长营业时间等方法提高餐饮部的销售量，增加收入。

（三）餐饮固定成本及变动费用较高

餐饮营业所必需的固定资金较高，劳动力成本及水、电、气等消耗较多，所以各项费用支出也较多。

（四）毛利率较高，资金周转较快

星级酒店的毛利率一般在 50%~60%，营业利润高。相当部分收入是现金收入，且相当一部分原料都是当天采购、当天生产并销售的，因此资金周转也较快。

五、餐饮服务特点

餐饮服务是餐饮企业的员工为就餐客人提供餐饮产品的全过程。餐饮服务可分为直接对客的前台服务和间接对客的后台服务。前台服务是指餐厅、酒吧等餐饮营业点面对面为客人提供的服务；而后台服务则是指仓库、厨房等客人视线不能触及的部门为餐饮产品的

生产、服务所做的一系列工作。前台服务与后台服务相辅相成，后台服务是前台服务的基础，前台服务是后台服务的继续与完善。餐饮服务的特点如下：

（一）无形性

餐饮服务是餐饮产品的重要组成部分，但却是特殊的部分。即它在服务效用上的无形性，使它不同于水果、蔬菜等有形产品，仅从色泽、大小、形状等就能判别其质量好坏。餐饮服务只能通过就餐客人购买、消费、享受服务之后所得到的亲身感受来评价其好坏。因此，餐饮服务效用上的无形性加大了餐饮产品的销售困难。餐饮部门要增加销售额，就要不断追求标准的服务质量，特别是提高厨师和餐厅服务人员的制作水平和服务水平，使就餐者愿意购买有形产品，享受无形服务。

（二）一次性

餐饮服务只能一次使用，当场享受，这就是说只有当客人进入餐厅后服务才能进行，当客人离店时，服务也就终止了。所以，餐厅若是没有客源，就是经济损失。餐饮服务的"一次性"特点要求餐饮部门要接待好每一位客人，当客人在精神和物质方面的需求得到满足后，他们就会去而复返，多次光临，并能起到宣传作用。

（三）直接性

一般的工农业产品生产出来后，大都要经过多个流通环节，才能到达消费者手中。而餐饮产品的生产、销售、消费几乎是同步进行的，因而生产者与消费者之间是当面服务、当面消费。服务的好坏，会立即受到客人的当面检验。这种面对面的直接服务和消费特点，对餐饮部门的物质条件、设备、工艺技术、人员的素质及服务质量等提出了更高、更直接的要求。

（四）差异性

餐饮服务的差异性一方面是指餐饮服务是由餐饮部门工作人员通过手工劳动来完成，而每位工作人员由于年龄、性别、性格、素质和文化程度等方面的不同，他们为客人提供的餐饮服务也不尽相同；另一方面，同一服务员在不同的场合，不同的时间，或面对不同的客人，其服务态度和服务方式也会有一定的差异。为了缩小这种差异，餐饮部门一定要制定餐饮服务质量标准。经常对员工进行职业道德教育和业务培训，使他们基本上做到服务方式的规范化，服务质量的标准化，服务过程的程序化。

案例分享

"让顾客感动到痛哭流涕"

——专访北京"王品台塑牛扒"西单店店长徐琳

1.从选址开始，服务就开始了

最早知道"王品台塑牛扒"店，就是源于其经典的服务标准和周到的服务意识，台北、上海、北京、洛杉矶比弗利山庄店……"王品"一直在选择店址上有这样的讲究，通常会选择那些闹中取静的环境。"比如在北京的西单店，它紧邻着西单北大街，外面是非常繁华的街道，但拐到里面来就会发现这里是一个非常清静的地方。像上海的两家店也是这样，浦东那里比较繁华，但我们选择了在时代广场的7楼，这样就有了一个相对安静的就餐环境”。当然这样的环境可以让每个到“王品”的顾客感到更加轻松惬意，更好的用餐环境也可以让人感到更好的服务。但是这样也会带来一个问题，比较隐蔽的选址可能会让第一次来这里的客人不容易找到餐厅，所以“王品”在服务上又有了这样一个规定：对于那些第一次打电话预订餐位的客人，餐厅都主动询问客人他们是否熟悉餐厅的位置，然后为他们预留停车位。其实关于服务的较量，“王品”已经在这个环节就开始显示出自己的实力了。

2. 服务里的“绝对准确”

吃过“王品”的客人都知道，在“王品”基本只有一个用餐价格——198 元，这个价格包括了 6 道主菜和一款甜品饮料，另外会外加 10% 的服务费。对于餐厅当然零点也可以，并且这样获利更大，“但我们一般不会建议客人零点，因为一份色拉汤就要 55 元，会比较不划算”。在“王品”，菜肴的分量和味道可以说是十分的精准，如果你在上海的餐厅享受过这种美味的话，在北京的店里你会惊奇地发现，这里的菜肴和上海的那么相像，不但口味，连形状和摆盘都那么一样。“王品”的店长这样解释他们的“台塑牛扒”：“‘王品’的牛扒是精选牛的第六到第八根的肋骨，它是一块带骨的牛扒，全熟，骨长 17 厘米，我们的每块牛扒可以说都符合这个标准。如果它的重量没有达到我们的重量范围，我们就会选择丢弃，所以我们可以骄傲地说，你在每家‘王品’吃到的牛扒都是一样的长度和重量的。”

做餐饮服务的准确性是非常重要的，但也是非常难以把握的一个环节。“准确”，就是不多不少正好的意思，如果想让自己的人性化服务也能做到非常准确，这着实是要花上一番工夫的。比如，“按照‘王品’的要求，我们给客人加水要加八分满。我们就会在服务员培训的这个过程中，让培训师检查他，反复地训练这个技巧，直到他在加水的时候一下子可以加到八分满为止。‘王品’对于牙签的摆放也有自己的规定，我们要求所有牙签摆放一定要看出是一个五边形，‘王品’的字样朝上，其中的一组牙签要稍稍高于其他牙签，方便客人的使用。这些每天服务组长都会抽查，这是非常细节和标准化的东西，既然‘王品’是做连锁的，就必须要求有这些标准化的东西在。这也是‘王品’生存的法宝。”

3. 记住每个“特殊”客人

对于在“王品”就餐但就餐习惯比较特殊的客人，“王品”都会有一个登记和记录。“我们会把客人当作自己的朋友，而不是通常意义上说的‘顾客就是上帝’，在与客人的沟通和观察中，‘王品’的服务员会获得很多关于客人的信息。在‘王品’就发生过这样的事情，在美国的一位顾客，是洛杉矶‘王品’店就餐的老顾客，他不喜欢吃蒜这类食物，后来他出差到上海，竟然惊奇地发现在那里的‘王品’服务员也非常了解他的习惯，并且他在那里享受了和美国一样口味的菜肴和服务。客人觉得这个非常神奇，可对于我们来说会有这样的服务也算是在意料之中的吧。因为来‘王品’就餐的每一位客人，我们都会给他登记一个卡，其中有他的外形特征、职业、爱好、口味特点。尤其是那些饮食习惯比较特别的客人，可能我们第一次看到他还不会有非常准确的反应，但是只要我们再次见到这位客人，服务员一定会反应出来关于这个客人的一些准确信息，并且这个服务员很快就会把这个客人的信息 PUSH 给我们店里的同人的。”

在北京的西单店有这样一位王先生，他很喜欢一个人来“王品”就餐，除非是同事们的聚会，否则他一般都会选择一个靠窗的位置，他的个人口味是非常喜欢喝“王品”的酸梅汤，而且一定是要冰的。“所以我们一看见他来了，就会为他准备他喜欢的位置，而且原本我们的酸梅汤在套餐里是一小杯的，但对于王先生我们每次都会提前给他准备一大杯端给他，对于王先生的这个习惯，我们餐厅的每位服务员都是知道和了解的。我们觉得能让客人‘感动’，记住他们的习惯应该是其中非常细小的一个环节。我们的服务员每个人都会记住相当多客人的习惯，我们就是要想到客人的前面，在这个方面用心思也是‘王品’一直提倡的。”

4. 培训有“价值”的服务员

“‘王品’最看重服务员的是‘为客人服务的那颗心’，我们选取的人可能在其他方面不是非常优秀，但只要他有全心全意为客人服务的那颗心，就是非常难能可贵的。客人其实就像是你的朋友，哪怕说你今天犯了一些错误和过失，只要你真诚地对待他们，他们都是可以原谅你的。”“对于应聘服务员的人，我们在招聘阶段就会对他们进行一个选择了，除了对于他们外形的要求外，我们更看中他们对客人的服务态度，比如说微笑。我们要看他是否真的有打心眼里为客人着想的特质。进入‘王品’之后，我们会有一个比较特别的‘新人庆’，也就是一个 7 天的培训期。我们会教授他们公司的经营文化和基本的服务流程，这 7 天虽然是带薪的培训，但如果在这个过程中有不符合要求的地方，我们还是会把他淘汰的。7 天之后他就会到现场去服务客人了，从这天开始我们又开始了一个叫‘黄金 14 天’的学习。会有专职的培训师进行带领，手把手一对一地进行个别培训，我们会在这 14 天中了解这个学员的一些特点和喜好，知道他适合什么样的职位，按照他们的特性去发挥他们的特长，这样就会让我们的新同事有一个更快的进步。我们在这个培训期中也会教授一些特别实用的东西。”

5. 真心“服务”的不同理解

“王品”对于服务不能用占比多少来衡量，不能说是服务更多一点还是菜品的口味更多一点。来“王品”的客人，有的是为了满足生理上的需要，喜欢吃这种口味的牛扒；有的是喜欢“王品”这种让人感觉很安全的就餐环境；有的则是喜欢能在“王品”享受到那种被尊崇的感觉，所以应该这样说，“王品”可以给不同客人以不同方面的满足。“应该区分着来对待我们的客人，因为他们对服务的要求和标准都是不尽相同的。比如像商务客人，‘王品’就会在他们用餐中比较少地打搅他，‘王品’会从客人的肢体语言上去分析客人希望得到的服务，像家庭聚餐就是另外的一种样子，家庭肯定有老人和小孩，我们的服务员就会针对这样的客人进行服务，小孩子可能比较吵闹调皮，我们就会主动帮这样的家庭适当地照顾小朋友，这样家庭的其他成员就会比较好地享受‘王品’带来的菜肴，让他们更加安心地用餐。”

6. 特色服务“细节中见精神”

“‘王品’的服务原则是‘让顾客感动！’（move to tear），店里有这样的口号——‘让顾客感动到痛哭流涕’。‘王品’最有特色也是非常有意思的一个服务项目叫‘珍藏时光’，像客人的结婚纪念日、生日都会准备一些活动。在顾客的结婚纪念日时，我们会让客人互许心愿、互换戒指，让我们的同事一起给他们唱歌，为他们送去祝福，让他们有一种朋友般祝福的感受。这个服务项目其实从最早的王品店就有了，但是会根据每家店的不同进行一部分的调整，比如我们可能选择不同的歌、不同的礼物和祝福。”这些服务项目确实为

"王品"带来了人气，但更叫人记住"王品"的是，"在情人节或者圣诞节这样比较重大的节日，我们的183个餐位可能有时候就不能完全满足客人的需要了，我们当然会为客人做一个科学的安排，但是还是会有客人在等位。我们翻台的时候，那肯定也会让客人等2~3分钟，我们就会及时让服务员为这些等候的客人进行点餐，这样就会照顾到客人急切的心情，会让他们觉得很快就会吃上了。如果我们估计可能客人要等10分钟左右，我们就会为他们准备红茶、红酒或者他们喜欢的饮料。"

7."金牌服务"的目的就是要建立"顾客的忠诚"

在经济不景气的时候，"忠诚"总是一个热门话题。"我们知道在低迷时期开展新的生意是多么困难，而且在任何时候争取一个新的客户通常需要很高的花费。同时，因为企业内部持续不断地流失和新进员工的现状，也在持续制造着更低的效率和高昂的费用。毋庸置疑的是，当你的所有客人、员工以及合作伙伴都紧紧跟随着你的时候，你的生意和利润将得到更快的增长。"

（资料来源：职业餐饮网，http://www.canyin168.com/glyy/cygl/cyal/201110/35620.html.）

六、餐饮部组织结构

中型酒店餐饮部组织结构如图8-3所示。

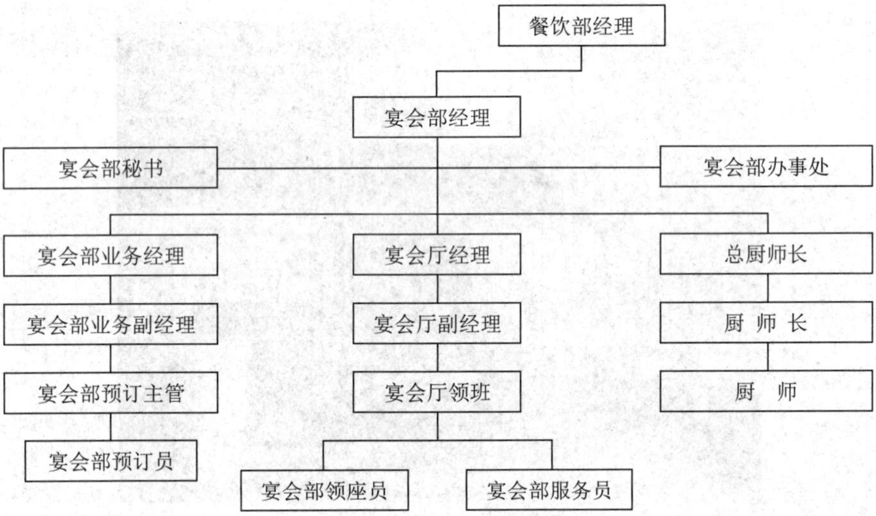

图8-3 餐饮部组织结构

七、饭店常见的餐饮设施及服务项目的种类

（一）中餐厅（Chinese Restaurant）

我国饭店大多设一个至数个中餐零点厅提供中式菜肴，主要经营川菜、粤菜、鲁菜、淮扬菜等，装饰主题突出中式风格，使用中式家具，演奏中国民乐，服务人员穿中国民族服装，一般提供午、晚两餐服务（如图8-4所示）。

图 8-4　广州白云宾馆中餐包间

（二）咖啡厅（Coffee Shop）

为了方便客人用餐、会客和非用餐时间段的餐饮消费，三星级以上饭店都在一楼大堂附近设有提供简单西餐、当地风味快餐或自助餐服务的咖啡厅。咖啡厅的装饰主题以西式风格为主，并采用西式服务，如美式服务或自动式服务等（见图 8-5）。

图 8-5　大堂咖啡吧

（三）大型多功能厅（Function Hall）

大型多功能厅是宴会部面积最大的活动场所，功能齐全，既可以举办大型中餐宴会、西餐宴会、冷餐酒会、鸡尾酒会，还可以根据需要举办记者招待会、新闻发布会、时装展示会、学术会议，等等（见图 8-6）。

图 8-6 大型多功能厅

（四）小宴会厅（Private Room）

小宴会厅通常又称为包间，一般可以满足 1~3 桌小型中餐、西餐宴会和其他餐饮活动的需求，不受外界打扰，很受客人欢迎。每个小宴会厅都有自己的名称，装饰风格可以根据厅名而异。

（五）特式餐厅（Special Restaurant）

特式餐厅是高星级饭店为了让客人就餐有较大的选择余地，满足人们追求个性化生活、品味异域文化和满足好奇心等的需求，开设的主题鲜明、各具特色的餐厅。

（六）各种酒吧（Bars）

酒吧是公众休息、聚会、品味酒水的场所（见图 8-7）。一般配备种类齐全和数量充足的酒水、各种用途不同的载杯和供应酒品必需的设备及调酒工具。饭店内常见的酒吧种类有以下几种：①主酒吧（Main Bar）；②酒廊（Lounge）；③服务酒廊（Service Bar）；④宴会酒吧（Banquet Bar）；⑤其他类型（Others）。

图 8-7 酒吧

（七）客房送餐（Room Service）

客房送餐是星级饭店为了方便客人、增加饭店收入、减轻餐厅压力而提供的服务项目。

（八）外卖服务（Outside Catering）

外卖服务，是指饭店根据客人的要求派员工到酒店外客人的驻地或指定的地点提供餐饮服务。

（九）其他

（1）卖品部；

（2）点菜外带；

（3）点单外送。

第三节　客房部概述

一、客房部的地位

客房是酒店的主体，是酒店的主要组成部分，是酒店存在的基础，在酒店中占有重要地位。

（一）客房是酒店存在的基础

酒店是向旅客提供生活所需的综合服务设施，它必须能向旅客提供住宿服务，而要住宿必须有客房。从这个意义上来说，有客房便能成为酒店，所以说客房是酒店存在的基础。

（二）客房是酒店组成的主体

按客房和餐位的一般比例，在酒店建筑面积中，客房占 70%~80%；酒店的固定资产，也绝大部分在客房，酒店经营活动所必需的各种物资设备和物料用品，亦大部分在客房，所以说客房是酒店的主要组成部分。

（三）客房是酒店经济收入和利润的重要来源

酒店的经济收入主要来源于三部分——客房收入、餐饮收入和综合服务设施收入。其中，客房收入是酒店收入的主要来源，而且客房收入较其他部门收入稳定。客房收入一般占酒店总收入的 50% 左右。从利润来分析，因客房经营成本比餐饮部、商场部等都小，所以其利润是酒店利润的主要来源。

（四）对酒店服务质量的影响

客房是客人在饭店中逗留时间最长的地方，客人对客房更有“家”的感觉。因此，客房的卫生是否清洁，服务人员的服务态度是否热情、周到，服务项目是否周全丰富等，对客人有着直接影响，是客人衡量“价”与“值”是否相符的主要依据，所以客房服务质量会影响客人对整个饭店服务质量的评价，以及饭店的声誉。

二、客房部的主要任务

作为饭店的基本职能部门，客房部肩负着如下工作重任。

（1）负责客房及有关公共区域的清洁保养，保持干净、整洁、舒适；
（2）提供热情、周到而有礼貌的服务，使客人在逗留期间更觉方便和满意；
（3）确保客房设施设备时刻处于良好的工作状态；
（4）保障酒店及客人生命财产的安全；
（5）负责酒店所有布草及员工制服的保管和洗涤工作；
（6）为其他部门提供一系列的服务，保证饭店整体工作的正常进行。

三、客房的分类

（一）按结构和床划分

可以划分为单人床间、双人床间、双床间、三人床间、套房。

1. **单人床间**（Single Room）

配备一张单人床。适合商务旅行的单身客人居住（见图 8-8）。

图 8-8 单人床间

2. **双人床间**（Double Room）

配备一张双人床。这种客房较适合夫妇旅行者居住，也适合商务旅行者单人居住（见图 8-9）。

图 8-9 双人床间

3. 双床间（Twin Room）

配备两张单人床。这类客房在饭店中占极大部分，也称为饭店的“标准间”，较受团体、会议客人的欢迎。也有在双床间配置两张双人床的，以显示较高的客房规格和独特的经营方式。

4. 三人床间（Triple Room）

配备三张单人床。一般在经济型等饭店里配备这样的房间，此类客房较适合追求经济实惠的客人使用。

5. 套房（Suite）

由两间或两间以上的客房构成的“客房出租单元”，称为套房。根据其使用功能和室内装饰标准又可细分为下列几种。

（1）普通套房（Junior Suite）

普通套房一般为两套间。一间为卧室，配有一张大床，并与卫生间相连。另一间为起居室，设有盥洗室，内有坐便器与洗面盆。

（2）商务套房（Business Suite）

此类套房是专为从事商务活动的客人而设计布置的。一间为起居与办公室，另一间为卧室。

（3）双层套房（Duplex Suite）

也称立体套间，其布置为起居室在下，卧室在上，两者用室内楼梯连接。

（4）连接套房（Connecting Suite）

也称组合套间，是一种根据经营需要专门设计的房间形式，为两间相连的客房，用隔音性能好、均安装门锁的两扇门连接，并都配有卫生间。需要时，既可以作为两间独立的单间客房出租，也可作为套间出租，灵活性较大。

（5）豪华套房（Deluxe Suite）

豪华套房的特点在于重视客房的装饰布置、房间氛围及用品配备，以呈现豪华气派。该套间可以为两套间布置，也可以为三套间布置。三套间中除起居室、卧室外，还有一间餐室或会议室兼书房，卧室中配备大号双人床。

（6）总统套房（Presidential Suite）

也称特大套间，一般由五间以上的房间组成，包括男主人房、女主人房、会议室、书房、餐室、起居室、随从房等。装饰布置极为讲究，造价昂贵，通常在豪华饭店才设置此类套间。

（二）按客房位置划分

可分为外景房、内景房和角房。

1. 外景房（Outside Room）

即窗户朝向大海、湖泊、公园或景区景点的客房。

2. 内景房（Inside Room）

窗户朝向饭店内的房间。

3. 角房（Corner Room）

位于走廊过道尽头的客房。角房因形状比较特殊，装饰无法循规蹈矩而比较不受喜欢。但因其打破了标准间的呆板，反而受到某些客人的青睐。

（三）特殊客房楼层的配置

旅游饭店客人的多元化需求使饭店除拥有各种基本房间类型以外，还必须配置各种特殊房间或楼层。而现代饭店各种特殊房型的出现，正是满足了客人的特殊要求，是饭店客房产品适应市场需求的体现。

1. 行政楼层

行政楼层又可称为商务楼层（Executive Floor，EFL），其特点是：以最优良的商务设施和最优质的服务为商务客人高效率地投入紧张的工作提供一切方便。

2. 女士客房

女士客房是根据女士的心理和生理、审美观等专门为女士设计的客房，其与传统客房的区别主要体现在使用者的性别限制上。在建设时，需充分考虑女士的审美观、爱好等多方面因素。

3. 无烟楼层

专供非吸烟宾客入住，并为宾客提供严格的无烟环境的客房。在无烟楼层的客房不仅是指房间里没有烟灰缸，楼层有明显的无烟标志，而且还包括进入该楼层的工作人员和其他宾客均是非吸烟者，又或者如果是吸烟的房客，其在进入该楼层或房间时要被礼貌地劝阻吸烟，因为非吸烟人士对烟味的敏感程度是非常高的。

4. 残疾人客房

残疾人旅游住宿问题已经不仅是一个饭店的待客问题，在我国的《旅游涉外饭店星级评定及划分》规则中，对残疾人的设施要求也作了基本的规定。

（1）电梯。电梯的设置与安装应该考虑到更多残疾人的方便使用。如宜安装横排按钮，高度不宜超过 1.5 米；在电梯门对侧的电梯壁上安装大大的镜子；使用报声器等。

（2）客房。出入无障碍，门的宽度不宜小于 0.9 米；在门上的不同高度分别安装窥视器；床的两侧应该有扶手，但不宜过长；窗帘安有电动装置或遥控装置；房内各电器按钮或插座不得高于 1.2 米；如果是没有特殊残疾人楼层的饭店，对于残疾人客房位置的选择不宜离电梯出口太远。

（3）卫生间。卫生间门的要求和客房一样，出入一样无障碍；门与厕位间的距离不小于 1.05 米，云石台高度在 0.7 米左右且下面不宜有任何障碍物；坐便器和浴缸两侧装有扶手，且扶手能承受 100 公斤左右的拉力或压力，等等。

在饭店的发展过程中，饭店管理者越来越重视客人的需要，应该说市场上有多少客房类型的需求，饭店就有多少类型的特殊客房。这是现代饭店在经营过程中走个性化服务的一个重要手段，也是市场发展的必然规律。

四、客房功能布局与布置

（一）客房功能布局的原则

1. 安全性

安全性是健康、舒适、效率的前提。饭店客房的安全主要表现在防火、治安和保持客房的私密性等方面。

2. 健康性

健康越来越被现代顾客所追求，目前流行的绿色饭店的创建，在很大程度上也是以考虑顾客的健康为前提。在饭店里可能影响人体健康的因素有很多，如噪声、照明、空气质量等。所以，建造新型饭店首先要选择在环境良好的地区，并有合理的总体布局，通过选用合适的材料达到保护人类健康的目的。

3. 效率性

效率问题实质上是设计和经营的经济效益问题。客房设计效率包括空间使用效率、实物使用效率两个方面。在客房设计时，可以通过对于公共面积和客房空间的有效分割及对客房设备用品的合理选用来达到较高的效率。

（二）客房的功能布局与主要设备

从功能上看，客房一般具备睡眠、盥洗、储存、办公、起居五个功能，因此，在空间布局上，也就相应地划分为五个基本区域，即：睡眠区、盥洗区、储存区、办公区、起居区。

1. 睡眠区

睡眠区是客房的最基础组成部分，从高档次房间到经济型客房都必须有这个区域的存在。这个区域的主要设备是床和床头柜。

2. 盥洗区（见图 8–10）

盥洗空间是指客房的卫生间，主要设备有浴缸、马桶与洗脸台等卫生设备。由于客人的要求不同，酒店的档次不同，因此浴缸的配备要视具体情况来定。一般经济型饭店也有不设浴缸而采用淋浴的。但对于高档次饭店，浴缸的选择应该依据所面向的主要客源市场的要求来定。

图 8–10　普通套房的盥洗室

3. 储存区

储存区的主要设备是柜子，包括衣柜（附小酒吧台）和行李柜。衣柜一般设在客房小走道侧面，柜内可挂放衣服，也有小抽屉或小隔层可以叠放衣物。柜底放有鞋盒，客人可将要擦的鞋放在鞋盒里面。在衣柜靠近行李柜的方向，设有小酒吧台，吧台上有免费赠送的速溶咖啡或茶叶包。吧台下有迷你冰箱，冰箱内放有饮料和小食品。按国家行业标准，三星级以上饭店客房必须配备小型冰箱，以满足客人对酒水饮料的需求。行李柜是搁放客人行李的地方，所以一般比较矮小，在柜面上固定有金属条，以防行李滑落。

4. 办公区

标准客房的办公区在床的对面，以写字台为主。写字台面比较长，一侧可放置电视机。写字台也可兼作化妆台，所以在写字台上方的墙面上安装有大镜子。写字台面上有文件夹，里面有一些简单的办公用品，如纸、笔、信封等，也有饭店服务设施的一些介绍。

5. 起居区

饭店等级不同，客房等级不同，其最大的差别存在于起居休息空间的不同。标准客房的起居区一般在窗前，由沙发（或扶手椅）、小餐桌（或茶几）组成。套房一般设有独立的起居空间，沙发的数量增加，方便客人会客之用。

五、客房房态与设备

（一）房态

房态即客房状态，一般有住房、退房、空房、维修房（即房间尚待维修，暂不能使用）四种。

（二）房间设备与用品

（1）床（席梦思床垫，中式床有一张床单，一床棉被，两个枕头。西式床有两张床单，一床毛毯，一床套，两个枕头）

（2）床头柜（抽屉内有针线包，笔和留言条）

（3）灯、床头灯、夜灯、落地灯、台灯

（4）圆桌茶几或方形茶几

（5）扶手椅或沙发

（6）化妆台或写字台（桌子台面摆有服务指南、服务指南夹、客房送餐卡）

（7）琴凳

（8）行李架

（9）电视柜（有电视机、冰箱及 VCD 点播系统）

（10）电话机（VOD 点播单，电视频道介绍）

（11）衣柜（内放 2 个衣架，洗衣袋，礼品及擦鞋栏，备用棉被两床）

（12）凉水瓶、电水煲

（13）垃圾桶

（14）房间装饰品（有绿色植物）

（15）中央空调

（16）国际标准型三线插座器

（17）消防装置——天花板上设烟感报警器

（三）卫生间设备与用品

（1）浴盆（淋浴箱），有冷、热水开关装置、淋浴喷头。

（2）面盆

（3）坐便器（马桶）

（4）毛巾架

（5）晾衣绳

（6）按床应计：方巾、面巾、浴巾各一条，地巾按房间数计一条（大床按两条）

（7）按床位计：洗发液、淋浴液各一瓶；洗浴香皂、洗面香皂各一块；牙具、梳子，浴帽各一个

（8）生纸卷，盒装纸一盒，女宾清洁袋一个。

六、客房部组织结构

大型酒店客房部组织结构，如图 8-11 所示；小型酒店客房部组织结构，如图 8-12 所示。

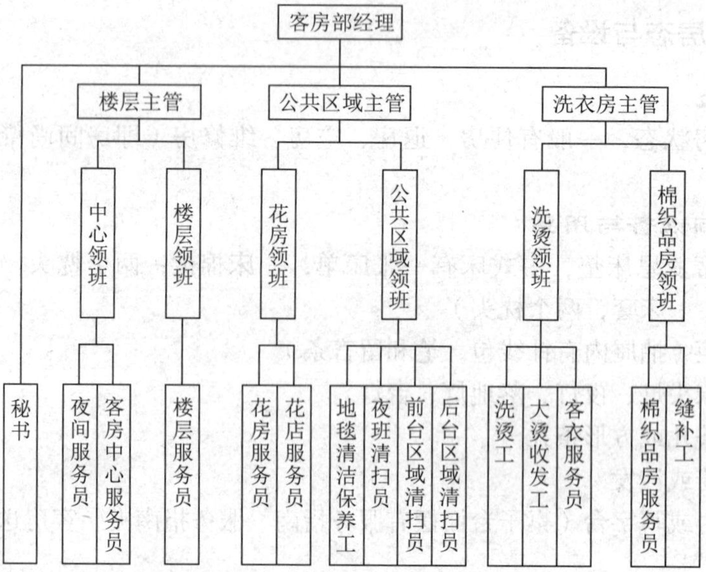

图 8-11　大型酒店客房部组织结构

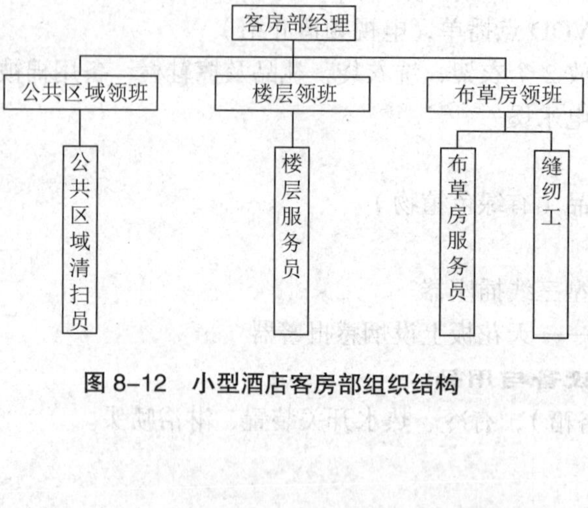

图 8-12　小型酒店客房部组织结构

七、客房部的岗位设置

客房部分工复杂，人员众多，因此合理的岗位设置是客房部进行有效管理的前提条件。下面以大中型饭店客房部组织机构设置为例进行说明。

（一）经理办公室

客房部设经理、经理助理各一名，另有秘书一名，早晚两班工作人员若干名。主要负责客房部的日常性事务及与其他部门联络、协调等事宜。

（二）客房楼层服务组

设主管一名，早、中、晚班领班若干名，负责所有住客楼层的客房、楼道、电梯口的清洁卫生和接待服务工作。大型饭店往往分设卫生班、台班和服务班。

（三）公共区域服务组

设主管一名，早、中、晚领班各一名，负责饭店除厨房外的所有公共区域的清洁卫生。

（四）布草房

布草房与客房办公室毗邻，设主管、领班各一名，另有缝补工、布件及制服服务员若干名。主要负责饭店的布件和员工制服的收发、送洗、缝补和保管。

（五）客房服务中心

设主管一名，值班员若干。下设早、中、晚三个班次。其主要负责处理客房部信息，包括向客人提供服务信息和内部工作信息的传递调度；调度调节对客服务；控制员工出勤；管理工作钥匙；处理客人失物和遗留物品。

（六）洗衣房

通常设主管一名，早、中领班若干名，下设客衣组、湿洗组、干洗组、熨衣组。洗衣房主要负责洗涤客衣和饭店所有布件与员工制服。

☞ 案例分享

客人与岗位孰重要

一天，酒店管理专业教师到某五星级酒店看望正在进行顶岗实习的学生。这位实习生将他的困惑告诉了指导教师。

一天，他正在酒店门口做迎宾，忽然看见三位喝得东倒西歪的客人摇摇晃晃地走过来，其中一位客人非常不客气地对他说："小子，过来扶我一把！"听到客人这么不礼貌的话，实习生非常不情愿地过来搀扶客人。这位客人一把抓住实习生，身体的大部分重量压在实习生身上。他身体的重压、浑身的酒气、用力地抓握和不礼貌的言辞让实习生很不高兴，但他依然礼貌地用尽力气支撑着客人到了电梯门口。帮客人按下电梯后，就要离开。谁知客人牢牢地抓住他不让他离开，并骂道："你不把我送到房间，我就告诉你们总经理让你滚蛋！"实习生努力挣脱客人后，礼貌地说："对不起，我马上要去站岗，岗位不能缺人。"实习生转身就返回自己的岗位。客人大怒，继续骂骂咧咧，好在这时电梯门打开，客人不得不和同伴进入电梯。一场纷争就这样结束了。事情讲完后，实习生说了两点感受:“一是现在客人越来越难伺候,太不尊重人;二是自己有值岗任务,不能离开岗位,所以,自己是正确的,错就错在客人的无礼。”

(资料来源:https://www.docin.com/p-754789412.html)

分析:

1. 弄清职业角色

在酒店业高度竞争的今天,客源就是酒店员工的衣食父母,没有了客人,酒店就失去了存在的意义。尽管许多时候,客人并不是我们想象中的绅士淑女,他们也会在酒店里肆意放纵自己的行为。在这个时候,我们的服务人员一定要弄清职业角色和生活角色的区别。在实际工作中,就要有角色区别。作为酒店服务人员,就是客人在酒店停留期间的服务者,是为客人提供服务的,应该具备处理各种突发情况的能力。一般而言,把面子让给客人,客人一般也会适可而止的。

2. 岗位为谁而设

制度化、规范化、程序化管理始终是酒店管理的有效工具。一直以来,酒店管理强调有岗、有人、有服务、有规范这四大工作标准。所以,规范化服务一直是酒店业经营制胜的法宝之一。但随着酒店业的发展,规范化服务暴露出不少弊端。其过于僵化的反应机制,往往造成客人对酒店服务的不理解,与客人期待的优质服务不同步。因此,不少酒店开始采取一站式服务模式,授权一线人员有权根据客人要求,简化操作流程,一人受理,内部协调,方便办事,提高效率。一站式服务的提供者可以是礼宾、前台接待、AM、商务中心人员等,以最先接到客人服务命令为准。即在酒店谁先受理客人服务需求,谁就将整个服务流程引导下去直至将客人问题解决。这样,就会让客人以最少的麻烦,享受最便捷的服务。因此,我们可以得出结论,酒店工作岗位的设立是为了提供给客人便捷的服务,正是因为有客人需要才设立的岗位。一般情况下,首先保证岗位工作质量。但当客人有要求时,就应该灵活地进行变通,以满足客人需要。本案例中,客人的行为确有失礼之处,但如果服务人员能摆正心态,并为客人提供进一步关心,客人酒醒后会感激服务员所做的一切。

3. 灵活的应变能力

酒店是为人服务的,而人的性格特征又是最难以把握的。因此,对新进入酒店的服务员既要加强规范化服务培训,又要加强“一站式”服务知识、应变能力培训。应变能力培训可以采取角色扮演、案例讨论等方式。新员工在服务方面往往囿于规范而不敢打破常规,所以,面对客人,往往把握不准值岗和服务客人哪个重要。而且,对于现在的90后、00后员工,要加强职业认同感培训,强化职业道德培训。因为这一代的独生子女,往往吃不得苦、受不得气。其实,只要换位思考,就可以明白为什么酒店服务员的职业角色要更加宽容和包容客人,因为提供优质服务就是酒店服务人员的职业使命。

思考与练习

1. 前厅部的作用体现在哪些方面?
2. 如何做好餐饮部的服务?
3. 简要介绍客房的分类。

4. 请结合本章内容回答：酒店员工在工作中应如何体现优质服务？

5. 案例分析：

一天早上刚刚上班，某饭店餐饮部的预订员孟小姐接到了某大公司总经理秘书赵先生打来的预订电话。对方在详细询问了餐厅面积、餐位、菜肴风味、设备设施、服务项目等情况后，提出预订一个三天后200人规模的高档庆典宴会。孟小姐热情地向客人介绍了餐厅的具体情况后，双方开始约定会面的时间。

赵先生提议道："孟小姐，请你下午3点到我们公司来签一下宴会合同，并收取订金。"

"真对不起，今天我值班，不能离岗，还是请您抽空到我们饭店来一趟吧，我还可以带您看看场地，行吗？"孟小姐答道。

最后，赵先生同意下午来查看场地，并签订合同。

放下电话，孟小姐感到十分高兴，暗自寻思：没想到今天预订的生意这么好，这已经是第十个预订电话了，看来完成这个星期的预订任务是没有问题了。

此后，孟小姐又接了几个预订电话，都是小宴会厅的中、低档预订。孟小姐对待他们的态度显然没有那么热情了，接电话也不那么及时了。这些电话中有一位山西口音的李先生，要求预订当地淮扬风味的8人家庭宴会，每人标准100元。孟小姐很不耐烦地告诉他，预订已满，请他到其他饭店预订。

下午，孟小姐一心在等赵先生的到来，没想到却只等到一个回复电话。

"对不起，孟小姐，我要取消上午的预订，我们李总不希望在你们饭店举办宴会了。"赵先生说。

"为什么？是不是需要我亲自到你们公司去一趟？"孟小姐急忙问。

"不必了。我们李总今天在你们饭店打电话预订了8人宴会没有成功，他对贵饭店没有信心。他说连8个人的家庭宴会都接待不了，还谈什么200人的大型宴会呢？所以他指示我把宴会订到其他饭店。"赵先生含着歉意地解释着。

"这……"孟小姐顿时感到一阵茫然。

结合此案例，谈谈自己的看法和观点。

第九章 酒店质量管理

引　言

酒店作为一个服务性场所，为客人提供的主要产品就是服务。因此，酒店质量管理的实质就是服务质量管理。由于酒店产品具有生产和消费的同时性，一旦产品售出，就无法收回，如果发生质量问题，也就很难像普通产品一样进行弥补。因此，酒店的质量管理就显得特别重要。本章主要介绍酒店质量管理概念、酒店服务质量控制和全面质量管理等内容。

学习目标

- 了解酒店质量管理的概念。
- 熟悉质量管理的常用工具。
- 掌握酒店服务质量控制的常用方法。

关键词

酒店质量　酒店服务质量控制　全面质量管理　顾客满意　客人投诉

导入案例

随着旅游电商行业的发展，相关新的工作岗位不断出现。其中关注度高，也让外界颇觉神秘的工作就属“酒店试睡员”了。月薪可达上万，免费入住各类酒店，一度被称为“史上最爽的工作”，满足了很多上班族“睡觉睡到自然醒，数钱数到手抽筋”的愿望。那“酒店试睡员”到底是不是像网友们传说的那样呢？

顾名思义，“酒店试睡员”就是试睡酒店，同时体验酒店的服务、环境、卫生、价格、餐饮等多个方面，比如床垫软硬、空调冷暖、网速快慢、下水道是否畅通、淋浴水流是否过大等，调查后根据自己的感受写成报告，交给公司后在网上发布，为众多网友提供借鉴。此外还需要收发、回复用户信件或问题，不定期接受媒体采访；维护个人博客，分享第一手酒店图片与影片等。

2009年开始，去哪儿、携程等国内在线旅游网站相继推出“酒店试睡员”等形式的工作。不限职业、学历、年龄，只要对酒店体验有准确、专业的点评，就能成为其中一员。不过想要成为一名酒店试睡员可不是那么容易的，这份工作也远远不是一般人想象的那样轻松和惬意。30多岁的刘明莹，是中国第一代“酒店试睡员”。几年下来，国内主要的酒店都被她睡遍了。但她坦言，这份工作只是看上去很美，这样那样的考核指标让人一刻也不能放松。

“大家可能以为，我到了酒店，躺在床上就完事了，但对酒店试睡员来说，这只是工作的开始，除了酒店本来硬件上的配备，我们也会考察酒店的方方面面，设计一些环节，考验酒店的服务到不到位”。每次试睡后，她都要把详细的报告分享到网上，才算完成任务。不过，他们却常遭到“写软文”的质疑。事实上，她们受雇于第三方企业，和试睡酒店之间没有直接的联系。试睡员的身份对酒店是保密的，酒店方从始至终都不会知道她的真实身份。试睡员的身份一旦被知晓，就意味着她的这份工作也做到头了。尽管常被质疑，这个职业还是很有吸引力。刘明莹说，目前全国有超过三千名兼职的试睡员，来自各行各业，甚至还有上市公司的高管。“全职的试睡员已经没有了，现在规模超过3000人，包括学生、白领，甚至一些上市公司董事，每周出差都写点评报告，而且写得很棒。”

思考：为什么会产生试睡员这个岗位？这和“神秘顾客”有什么异同之处？

第一节　酒店质量管理概述

一、酒店质量管理的相关概念

（一）酒店质量

酒店产品主要是服务产品，因此，酒店质量的主要体现就是服务质量。酒店服务质量是指酒店提供的服务产品满足顾客需求的能力与程度，是有形产品质量和无形产品质量之和。有形产品主要包括设施设备、实物产品、服务环境等；无形产品通常是指服务态度、服务技能、职业道德等方面。服务质量的最终体现是顾客满意度。因此，酒店产品能否满足顾客需求以及满足程度，就成为衡量一家酒店优劣的主要标志。

（二）酒店服务质量的构成

1. 服务设施设备的质量

酒店的设施设备是酒店提供酒店服务的基础，是酒店服务的有形依托和表现形式，如图9-1所示。

2. 实物产品的质量

其主要包括两个方面的内容，即饮食产品质量和购物商品质量。前者最终体现在食品产品的色、香、味等要素上，饮食产品要精致可口、营养卫生、独具特色、迎合消费者需要，见图9-3、图9-3；后者最终以商品本身的内在质量为主。

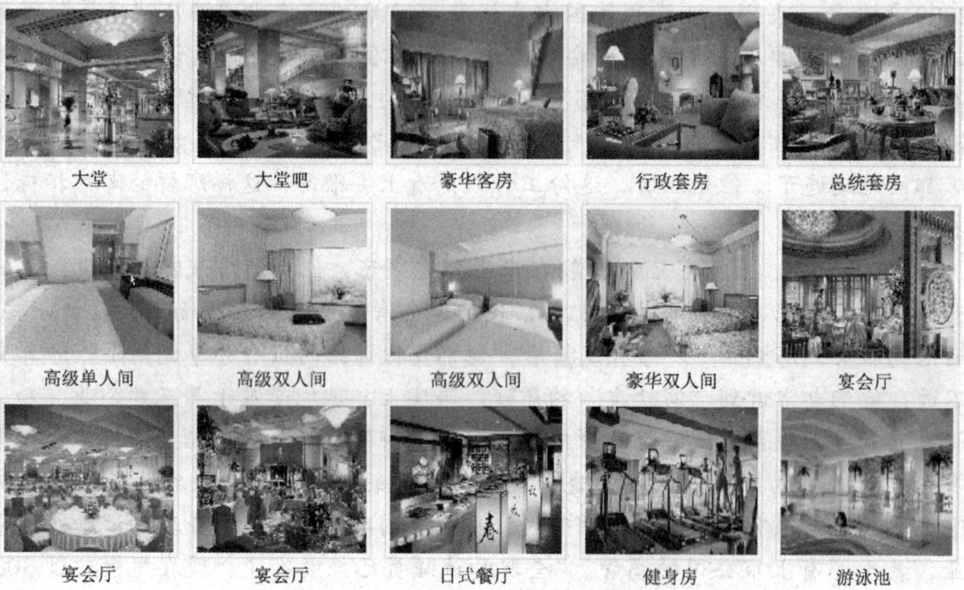

图 9-1　武汉香格里拉酒店设备设施

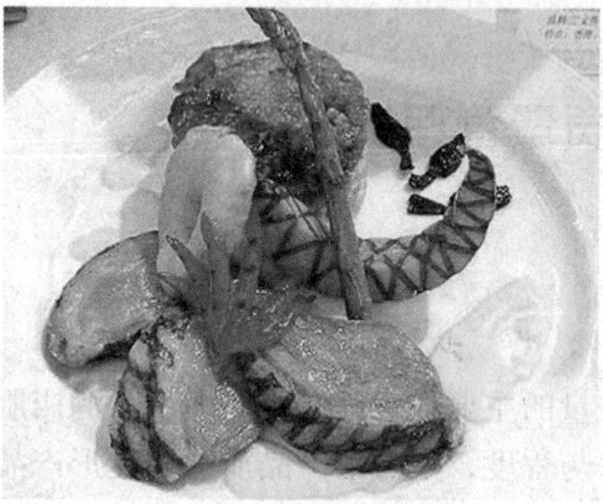

图 9-2　鹅肝拼鸡胸

图 9-3　地中海沙拉

3. 服务用品质量

包括服务人员使用的各种用品和直接给客人消费的各种生活用品的质量（见图 9-4、图 9-5）。前者是提供优质服务、保证客人需要的重要条件，后者是满足客人物质需要的直接体现。

4. 劳务活动质量

即以劳动为直接形式创造的使用价值的质量。劳务活动质量是酒店服务质量的主要表现形式，其内容包括服务态度、服务技能、礼貌礼节、职业道德等方面。

5. 服务环境质量

服务环境的良好是满足客人精神享受的重要体现，良好的服务环境能够给客人提供舒适、方便、安全、卫生的服务，是酒店服务质量的重要组成部分。服务环境的质量涉及服务设施、服务场所的装饰布置、环境布局、空间构图、灯光气氛、清洁卫生、空间形象等方面，也涉及酒店与客人的人际环境、文化吸引性与相融性、酒店内部人际关系等因素（见图 9–6）。

图 9–4　武汉光谷金盾大酒店自助餐餐具

图 9–5　武汉光谷金盾大酒店中餐摆台

图 9–6　武汉香格里拉日式餐厅

（三）影响服务质量的因素

质量是一个综合性指标，其影响因素也是多方面的。

1. 科技水平

服务效率低是很多酒店存在的问题。漫长的等待常常引起很多顾客的不满甚至投诉。服务效率的高低除了和服务员的能力有关外，还取决于信息的传递、流程是否顺畅等。今天，高质量的服务越来越离不开高科技设备的支持。例如，前台人员可以通过酒店的内部数据库对客史资料进行充分的了解，这在传统的酒店服务中是很难办到的。随着信息化技术的普及，大数据、物联网概念的发展，先进科技的力量将在酒店行业有着更深刻的体现。

2. 服务的标准化

不同星级的酒店，会有不同的服务水平和标准。虽然酒店都有相关操作规程，但是真正严格执行的并不多。其中一个很重要的原因就是规程缺乏可操作性，有些规程甚至直接抄袭其他酒店，不符合本酒店实际。还有一些操作规程缺少量化标准，导致服务中存在较大的偏差。进入 21 世纪，标准化再次显示了在酒店行业强大的影响力。世界排名前十名的酒店集团例如万豪、希尔顿等都有一整套的极为精确的标准化的服务制度。位列世界品牌价值前十位的可口可乐、麦当劳等更是把标准化服务奉为制胜法宝。麦当劳提出的“三流的人才，二流的管理，一流的流程”也体现了公司对于标准化的信奉。麦当劳把汉堡制作细化成几十道工序，并开发了相应的服务设备。通过这些流程，麦当劳可以保证全世界任何一个地方的汉堡用料和口味完全一致。而对比来看，中式快餐却还有很长的路要走。即便是一个相对容易标准化的扬州包子，其标准化的道路也是一波三折。2013 年火爆的“习大大套餐”带动了庆丰包子标准化服务的步伐，短短半年内发展了数百家加盟店，但是标准化服务细节还是有待提高。

3. 管理水平

从 20 世纪 80 年代开始，国内酒店业就在进行大规模的管理改革，比较有名的管理酒店有建国饭店、白天鹅宾馆等。一批批先进的管理理念被引进到行业中来，许多酒店在改革中受益匪浅。然而，仍然有很多酒店的管理水平亟待提高。其中一个重要原因就是，什么先进大家学什么，到最后每一种管理都只知皮毛，反倒把企业原本比较优秀的管理方法和理念搞丢了，很少有酒店把学到了的理念长期贯彻下去。目前国内有影响力的酒店管理集团还比较少，优秀的管理人才流失现象也很严重。国内排名第一的锦江集团在世界上的排名只在几十位，其国际影响力还有很大的进步空间。

4. 员工素质

员工素质包括服务技能、工作态度等多个方面。酒店业是劳动密集型产业，服务员要掌握许多不同的工作知识。不同素质的员工在工作中的表现会有很大差别。对顾客而言，酒店服务质量最直接的表现也是员工素质。提高员工素质的主要方法就是做好培训。但是鉴于酒店行业较高的人才流失率，不少酒店甚至酒店集团对于员工培训也是顾虑重重。一旦辛辛苦苦培训起来的员工另攀高枝，酒店方的损失着实不菲。对比来看，日本企业的人才培养理念倾向于终身制，一旦员工进入企业，企业就把员工当作终身员工对待，事实上员工跳槽的比例也确实较小。日本在这一方面的管理理念值得国内的某些酒店企业学习。

知识拓展

世界技能大赛餐厅服务项目（第45届）

一、技术描述

1. 项目概要

餐厅服务项目是指在餐桌上或吧台提供个性化菜肴和饮料服务的竞赛项目。比赛中对选手的技能要求主要包括：具备广泛的国际餐饮知识；掌握一套完整的服务总规则；沉着、机智、良好的行为举止，能与客人进行良好互动；灵活服务，根据不同场合提供令客人满意的服务；遵循职业健康与安全规范，最低浪费及环保操作的有关规范。

序号	项目名称	比赛内容	分值	备注
1	宴会服务	餐巾折花（10种不同造型）、包边台 准备工作及铺设6人餐台 正餐服务（开胃菜制作装盘）、汤、主菜（切牛排、派菜服务）、甜品（分割装盘） 香槟小食服务		
2	酒吧服务	抽签鸡尾酒制作（2种各2杯）、酒吧服务 水果拼盘制作（6种选5种，做2份）	25	1. 水果拼盘2盘二人份，水果6选5 2. 创意有酒精鸡尾酒制作2款各3杯（4杯客人，2杯评委） 3. 鸡尾酒服务 提供鸡尾酒和小食服务，说明原料、创意
3	制作咖啡、酒水盲评	制作2款咖啡（半自动咖啡机，4选2）、咖啡服务 烈性酒识别（6选5） 葡萄酒识别（5红、5白，写出名称、酿制葡萄、菜肴搭配等）	40	1. 铺设零点餐厅4人餐台包括包边台、摆台 2. 零点服务迎宾、斟酒、上菜、餐间服务、送客 开胃菜、汤、主菜、甜品的制作、装盘、服务——美式服务 红葡（醒酒）、白葡、矿泉水、茶及咖啡
4	休闲餐厅服务	铺设休闲餐厅餐台 休闲餐厅服务（开胃菜服务—需要切割装盘、主菜服务—美式服务、甜品服务（制作装盘）—美式服务。	35	1. 铺设休闲餐厅餐台（3桌，每桌2人）包括铺台布、摆餐具、准备边台等 2. 休闲餐厅服务两批客人，每批6人，3桌，每桌2人，间隔5分钟进餐厅；每批客人70分钟，间隔30分钟翻台 3. 服务包括从迎宾到送客为止。每位客人点两道菜，每道菜只有两份

2. 基本知识与能力要求

本竞赛是对餐厅服务技能的展示和评估。仅测试技能操作方面的能力。参赛选手需要按照餐厅服务标准（或要求）展示餐厅服务技能。

服务准备	个人需要知道和理解： 针对不同的服务场所提供不同的服务 根据所提供的材料、设备，包括餐具、瓷器和玻璃制品，家具和布料物品等进行操作服务	理论
	个人应能够： 展示自己为客人服务的专业素养 根据不同餐饮场所准备不同的服务用品，包括零点餐厅服务，宴会服务和酒吧服务等	实操
沟通能力	个人需要知道和理解： 了解西餐文化，具备良好的英文听说能力，理解在服务过程中，与不同文化背景的客人进行有效沟通的必要性	理论
	个人应能够： 提供问候和引座服务 为客人点单 推荐适合客人的食品、酒水和饮料并做相应介绍 告别客人	实操
食品和饮料服务	个人需要知道和理解： 了解食品、酒水和饮料的出产标准 理解不同餐饮服务环境，并采用相对应的服务技巧 理解优质服务的含义	理论
	个人应能够： 针对不同风格的食品，采用相对应的服务 能进行简单的食品加工 能制作常用咖啡并提供服务 能辨析酒精饮料 能制作鸡尾酒并提供服务 能够推荐和介绍葡萄酒和其他常见酒水，并提供服务	实操

二、竞赛项目

模块编号	模块名称	竞赛时间	分数		
			评价分	测量分	合计
A	酒吧服务	65 分钟	13	12	25
B	零点服务	160 分钟	23	17	40
C	休闲餐厅服务	200 分钟	24	11	35
合计			60	40	100

三、世赛评判内容与方式解读

1. 命题与命题方式

本次全国选拔赛命题是参照世界技能大赛模式，为全公开命题。

2. 评分标准

本项目评分标准分为测量和评价两类。凡可采用客观数据表述的评判称为测量；凡需要采用主观描述进行的评判称为评价。

评价分列表：社交能力

权重	要求描述
0	没有社交技巧或不与客人互动
1	表现出与客人的积极互动，有信心完成任务
2	表现出高度的自信，良好的客户互动，给人整体的良好印象
3	表现出出色的人际交往能力，很强的服务能力以及对细节的关注

测量分列表：仪表仪容

示例	最高分值	正确分值	不正确分值
制服干净、熨烫，符合行业标准	0.5	0.5	0
黑色皮鞋，干净，符合行业标准	0.5	0.5	0
没有过多的香水、须后水；不能浓妆，没有文身、不佩戴珠宝、不留长指甲和涂抹指甲油	0.5	0.5	0
合适的发型，不过分使用护发用品	0.5	0.5	0
良好的姿态	0.5	0.5	0

专家提示：需要仔细研究比赛规程和评分标准。

［资料来源：首旅集团 2021 年全国 1+X 餐饮服务管理技能等级证书师资培训（中级）班　匡家庆　专家讲座部分内容 2021 年 5 月 17—24 日］

二、质量管理概念

（一）质量管理

质量管理是指导和控制某组织与质量有关的彼此协调的活动。与质量有关的活动包括质量方针和质量目标的建立、质量策划、质量控制、质量保证、质量改进。

酒店质量管理是确定和建立质量方针、质量目标，建立质量体系并在质量体系中通过质量策划、质量控制、质量保证和质量改进等手段来实施酒店全部管理职能的所有活动的总称。

20 世纪 90 年代末，全面质量管理（TQM）成为许多“世界级”企业的成功经验，证明了其是一种使企业获得核心竞争力的管理战略。质量的概念也从狭义的符合规范发展到以“顾客满意”为目标。全面质量管理提高了产品与服务的质量，而且在企业文化改造与重组的层面上，对企业产生深刻的影响，使企业获得持久的竞争能力。

质量管理发展到全面质量管理，是质量管理工作的又一个大的进步。然而，产品质量的形成过程不仅与生产过程有关，还与其他许多过程、许多环节和因素相关联，这不是单纯依靠统计质量管理所能解决的。相对来说，全面质量管理更加适应现代化大生产对质量管理整体性、综合性的客观要求，是从过去限于局部性的管理进一步走向全面性、系统性的管理。

（二）质量管理相关工具

质量管理的工具有很多，主要的工具有以下几种：

控制图又叫管制图，是对过程质量特性进行测定、记录、评估，从而检查过程是否处于控制状态的一种用统计方法设计的图。

世界上第一张控制图于 1924 年诞生于著名的美国贝尔电话实验室。随着控制图的诞生，控制图就一直成为科学管理的一个重要工具，一个不可或缺的管理工具。它是一种有控制界限的图，用来区分引起的原因是偶然的还是系统的，可以提供系统原因存在的资讯，从而判断生产过于受控状态。控制图按其用途可分为两类：一类是供分析用的控制图，用来控制生产过程中有关质量特性值的变化情况，看工序是否处于稳定受控状态；另一类控制图，主要用于发现生产过程是否出现了异常情况，以预防产生不合格品。

帕累托图是一种简单的图表工具，用于统计和显示一定时间内各种类型缺陷或问题的数目（见图 9–7）。其结果在图上用不同长度的条形表示。所根据的原理是 19 世纪意大利经济学家维尔弗雷德 · 帕累托（Vilfred Pareto）的研究，即各种可能原因中的 20% 造成 80% 左右的问题，其余 80% 的原因只造成 20% 的问题和缺陷。

为了使改进措施最有效，必须首先抓住造成大部分质量问题的少数关键原因。帕累托图有助于确定造成大多数问题的少数关键原因。

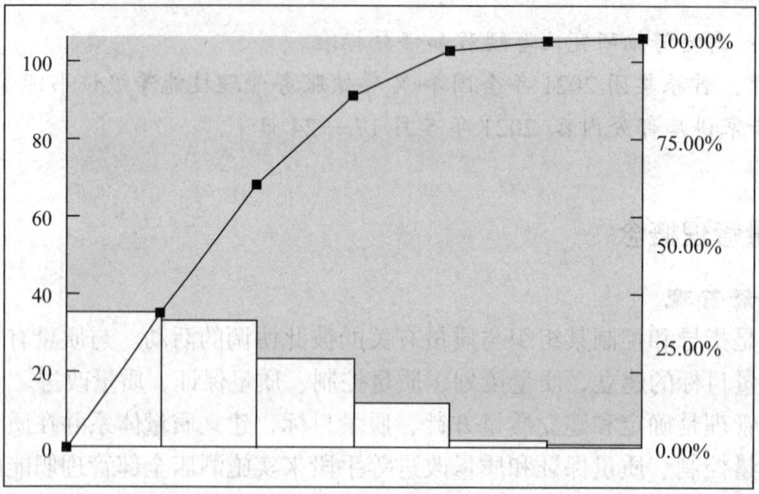

图 9–7　标准帕累托图

鱼骨图（见图 9–8）也称为因果分析图、石川图，它是 1953 年在日本川崎制铁公司，由质量管理专家石川馨最早使用的，是为了寻找产生某种质量问题的原因，发动大家谈看法，做分析，将群众的意见反映在一张图上，就是因果图。用此图分析产生问题的原因，便于集思广益。它看上去有些像鱼骨，问题或缺陷（即后果）标在“鱼头”外。在鱼骨上长出鱼刺，上面按出现机会多寡列出产生生产问题的可能原因。鱼骨图有助于说明各个原因之间如何相互影响。它也能表现出各个可能的原因是如何随时间而依次出现的。这有助于着手解决问题。

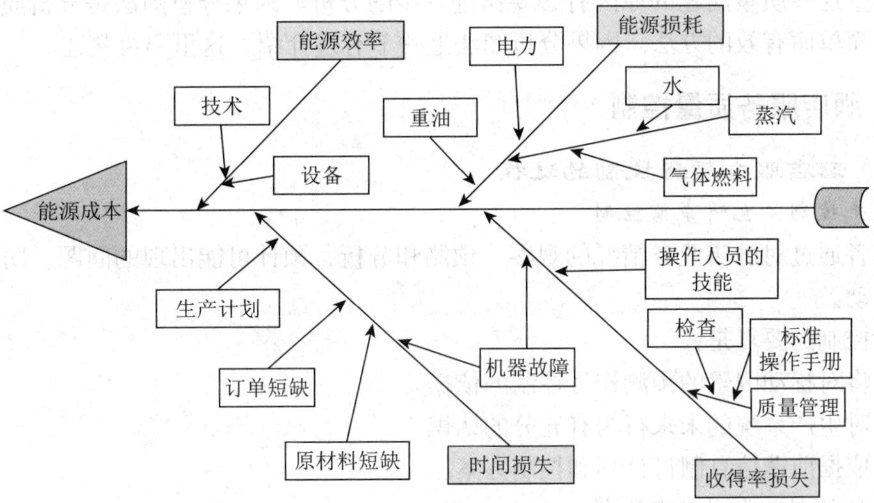

图 9-8　某能源公司关于能源成本的鱼骨图

走向图有时也叫趋势图。它用来显示一定时间间隔（例如一天、一周或一个月）内所得到的测量结果，以测得的数量为纵轴，以时间为横轴绘成图形。趋势图同时也应用于金融、证券分析等领域，比较有名的例如股市的 K 线图。

此外，比较常用的质量管理分析工具还有直方图、分布图、流程图等。不同的分析工具有各自的优点和不足，事实上在企业质量管理中会同时应用几种质量分析工具，以期达到完美无缺的控制效果。不过，太多分析工具的使用也会增加质量管理的成本。

第二节　酒店服务质量控制

一、质量分析方法

质量分析是酒店质量控制与管理的基础工作。通过质量分析，找出酒店所存在的主要质量问题和引起这些质量问题的原因，使管理人员有针对性地对于对酒店影响最大的质量问题采取有效的方法进行控制和管理。质量分析的方法很多，这里主要介绍两种在酒店质量分析中比较适用的方法——ABC 分析法和因果分析图法。

（一）ABC 分析法

ABC 分析法即帕累托法。使用 ABC 分析法分析酒店质量问题有四个步骤。

（1）确定关于酒店质量问题的信息的收集方式。

（2）将收集到的有关质量问题的信息进行分类，类别不宜太多。

（3）作帕累托曲线图。

（4）分析并找出主要质量问题。

（二）因果分析图法

用 ABC 分析法找出了酒店的主要质量问题，可是这些主要的质量问题是怎样产生的呢？对产生这些质量问题的原因有必要作进一步的分析。因果分析图法是分析质量问题产生原因的简单而有效的方法。因果分析图法上一节有过介绍，这里不再赘述。

二、酒店服务质量控制

（一）酒店服务质量控制的过程

1. 预先控制，也叫事前控制

管理者通过对酒店业务情况的观察、预测和分析，预计可能出现的问题，防止其发生的管理活动。

事前控制的要点是：

（1）将对扰动因素的预测作为控制的依据。

（2）对生产系统的未来行为有充分的认识。

（3）依据前馈信息制订计划和控制方案。

2. 现场控制，也叫事中控制

现场控制是指管理者在酒店业务进行过程中的控制。

事中控制的要点是：

（1）以计划执行过程中获取的信息为依据。

（2）要有完整的、准确的统计资料和完备的现场活动信息。

（3）要有高效的信息处理系统。

（4）决策迅速，执行有力，保证及时控制。

3. 反馈控制，也叫事后控制

反馈控制是指管理者在酒店经营业务活动结束后，把实际工作结果与预定目标相比较，找出偏差，分析产生差异的原因，提出整改措施，以便在今后的工作中改进提高的管理方法。

事后控制的要点是：

（1）以计划执行后的信息为主要依据。

（2）要有完整的统计资料。

（3）要分析内外部环境的干扰情况。

（4）对计划执行情况的分析要客观，控制措施要可行，确保下一轮计划执行的质量。

拓展知识

魏文王问名医扁鹊说：“你们家兄弟三人，都精于医术，到底哪一位最好呢？”扁鹊答：“长兄最好，中兄次之，我最差。”文王再问：“那么为什么你最出名呢？”扁鹊答：“我长兄治病，是治病于病情发作之前。由于一般人不知道他事先能铲除病因，因此他的名气无法传出去，只有我们家的人才知道。我中兄治病，是治病于病情初起之时。一般人以为他只能治轻微的小病，所以他的名气只及于本乡里。而我扁鹊治病，是治病于病情严重之时。一般人都看到我在经脉上穿针管来放血、在皮肤上敷药等大手术，所以以为我的医术高明，名气因此响遍全国。”文王说：“你说得好极了。”

这个小故事告诉了我们关于事前控制、事中控制和事后控制三者之间的辩证关系。

酒店的实际操作中，三种控制方式（事后控制、事中控制与事前控制）一般是结合起来使用的。事后控制是最基本、最普遍的一种方式，但效果不如事中和事前控制好。在可能的场合应该更多地采用事中控制和事前控制。曾有专家做过分析，中国企业以事后控制为主，经营效果最差；美国企业以事中控制为多见，经营效果较好；日本企业以事前控制见长，效果最好。我国古代有个曲突徙薪的典故就很好地表达了事前控制的重要性。即便是在当代，很多人也是仅瞩目勇敢无畏的救火英雄，却很少注意到默默无闻的安全检查员。很多人在生病以后才开始注意身体，平常却丝毫不在意基础的养生和保健。此外，一些比较棘手的社会问题如交通、住房、空气污染、食品安全等，都和相关事前控制没有做好有着直接或间接的关系。

（二）酒店服务质量控制方法

提高酒店的服务质量和工作质量需要一套完善的质量管理方法。在现代酒店的质量管理中，通常采用以下几种方法对酒店的质量进行控制和管理。

1. PDCA 循环法

PDCA 是 Plan（计划）、Do（执行）、Check（检查）和 Action（行动）这四个英文单词的第一个字母的缩写，是一种企业经常用到的管理模式。当 PDCA 四个环节都循环过以后即称为经过一个管理控制过程，在实施 PDCA 循环时可按下列步骤进行。

（1）计划（Plan）。

步骤一：分析现状，找出问题。

步骤二：设定目标。

步骤三：找出主要影响因素。

步骤四：制订措施计划。

（2）实施（Do）。

步骤一：对该项管理活动的相关人员实施培训，尤其是与生产一线有关的人员及班、组长。

步骤二：按计划中的组织将管理活动分摊，有时按制定的管理项目分摊，有时按管理执行区域分摊。

步骤三：全员参与改善提案。广泛征集企业员工对提案的看法、意见及改善措施；如果改善意见确实正确可行，则应该及时修改提案。

步骤四：经改进的提案提出后，由有经验的企业管理者讨论、认可后付诸实施。

（3）检查（Check）。

步骤一：检查是否按计划日程实施，如果没有按时实施，应查找原因。

步骤二：检查是否能按计划达成预定目标。

步骤三：分析实施阶段中的失败事例，实施计划的各级管理人员在自己的职责范围内进行诊断，查找失败原因，并及时纠正错误。

（4）行动（Action）。

步骤一：执行活动基本结束时，开始着手总结及反省。

步骤二：回顾改善前的管理状况和实施的主要措施。

步骤三：将管理活动结果同改善前状况相比较，并列举出管理实施过程中的优秀典型事例及活动方法。

步骤四：总结成功经验，制定或修改工作规程、检查规程及其他有关规章制度。

步骤五：把未解决的问题或新出现的问题带入下一个 PDCA 循环。

在最后的评价中，既要找出存在的、有待改进的问题，同时也要对所有参加人员的努力和成绩给予充分肯定，以增加其积极性，再投入到下一个 PDCA 循环中去。

总之，企业在实施 PDCA 循环时，还要在各个部门和小组内实施 PDCA 循环，大环带动小环，一级带一级，有机地构成一个运转的体系，争取每循环一次，就解决一部分问题，取得一部分成果，水平就提高一步。到了下一次循环，又有了新的目标和内容，这样循环上升，使企业的 5S 管理水平不断提高。

2. ZD 质量管理法（Zero-defects）

ZD 含义是无缺点计划管理，即零缺陷管理。它是美国人克劳士比于 20 世纪 60 年代提出的一种管理观念。后来，零缺陷的思想传至日本，在日本制造业中得到了全面推广，使日本制造业的产品质量得到迅速提高，并且领先于世界水平，继而进一步扩大到工商业所有领域。其实质是以“无缺陷”为管理目标，以每个员工都是主角为宗旨，以充分挖掘人的内在潜力、确保质量为目的。长久以来，不论东方还是西方都把人的工作失误或缺陷当成是理所当然的，大多数企业家也习惯于默认这种情况的存在，很多公司 25% 的失误都属于工作失误，这种情况在中国企业中尤其常见。一位资深的外企经理坦言，在中国搞管理很不容易。很多员工日常生活中就是有章不循，自由散漫，进入工作中也难免马马虎虎、丢三落四。百年前胡适的文章《差不多先生》中描写的情形今天依然很常见。

零缺陷管理思想的精髓就是第一次就把事情做好。它是预防为主、防患于未然的管理方式；严格执行服务质量标准的管理制度。零缺陷管理更多的是一种企业管理文化，一种行动指南，通过严格的管理制度，最终实现企业全员高绩效的工作状态。

具体方法包括：

（1）建立服务质量检查制度。

（2）DIRFT，即每个人第一次就把事情做对（Do It Right the First Time）。

（3）开展零缺点工作日竞赛。

拓展知识

我们经常作为顾客去购买产品和服务，当然希望得到完美的产品和服务。但对于许多产品和服务来说，即使是 99.9% 的完善程度也不够好。以美国为例，如果所有的美国人都以 99.9% 的完善程度来工作，那么，一小时内在银行账户中会出现 22 000 个错误支票；一分钟内有 1314 个错误电话；一天中会有 12 个新生婴儿给错了父母；一年中有 250 万本书印错了封面；一小时内有 18 322 封信件被错误地处理；一年中所开的药方有 200 000 份是不正确的……

3. QC 小组法（Quality Control，QC）

QC 小组，即质量管理小组，是指在各个岗位上工作的员工，围绕企业的方针目标和现场存在的问题，以改进质量、降低消耗、提高经济效益为目的组织起来，运用质量管理的理论和方法开展活动的小组。QC 小组的任务主要是增强质量意识，加强全面质量管理理论和方法的学习，解决实际质量问题。

4. 专项质量管理（Project Management，PM）

专项质量管理又称项目管理。专项质量管理旨在强化质量体系要素中的某一环节的管理的控制，以便在局部上提高服务和产品的质量。由于专项管理相对实用，更加简单，容易实施，因而得到了酒店的青睐，被广泛运用。酒店经常开展的"微笑服务月""礼貌服务周""环境卫生日"，以及星级复查的准备活动、旅游专管部门倡导的优质服务评比、专门工种技能培训等活动，均属于专项质量管理的范畴。

（1）专项质量管理的特点：①授权某个人负全责；②由某一个组织完成；③在一个明确的时间内结束；④有相对简单实用的评价审核标准；⑤有一个清楚的目标；⑥项目完成以后应有完整的质量文件材料。

（2）专项质量管理的步骤：①确定项目概念，即项目的质量目标、管理者的期望；②进行项目的可行性分析，评估实施该项目的条件、优势和困难；③设计并确定项目实施的步骤、评价审核标准等；④执行、运行，与该项目有关的组织、人员按规定的步骤完成各自的任务；⑤总结记录，包括执行情况分析、项目最终结果、实施效果的评价和经验教训的总结。

（3）建立质量管理点。所谓质量管理点是指某阶段或某时期里，需要特别强化控制的关键问题、部门、岗位或人。那些问题、部门、岗位或人对于整个酒店或某部门的服务质量多半是至关重要的，可能是宾客投诉较为集中的，可能是酒店或部门最难以推动的，也可能是酒店自身最薄弱的环节。

5. "末日"管理（End Management，EM）

"末日"管理有两层含义：第一，对那些效益良好的单位或机构而言，是为了巩固市场占有率，维护良好的单位或机构形象，在单位或机构内部树立危机意识，在质量管理和控制上采取严厉的措施；第二，对濒临破产的单位或机构而言，如海南省的某一度假酒店，因质量低劣受到宾客、报刊、电视、政府部门的批评，管理者只能"置之死地而后生"，采取积极方式改变劣势，提高服务质量。

不论哪一类酒店，"末日"管理均以严厉的规章制度为核心。严格地说，制度管理是现代酒店管理的基本内容，因而，"末日"仅是一个形容词。

特别提示

服务质量控制的要点——“瞬间服务”的控制

在酒店的对客服务过程中，服务质量的控制受到很多因素的影响，比如：服务人员的素质、宾客的主观性、服务质量显现的短暂性，等等。作为一个管理者需要花很多精力去进行质量的控制，方法对而且效果又要好。

宾客对服务质量的判断、宾客对服务的满意程度源于宾客对服务的感知。服务感知（Perception of Service）的实质是顾客对服务的感觉、认知和评价。了解宾客对服务的感知至关重要，宾客对我们的产品和服务会从哪些角度考虑，他在接受我们的产品和服务时会有什么样的想法，这其实正是我们每天的工作重点，也是服务质量控制的要点。

一、影响服务感知的因素

主要有四点，即服务接触；服务人员、服务过程和有形展示；酒店的形象；服务定价。这四点影响了宾客对服务的感知并且与宾客对服务的期望相参考，最终影响了宾客对服务质量的评价和顾客对服务的满意程度。

1. 服务接触

服务接触是指服务机构或服务人员在服务过程中与宾客的接触。服务接触对宾客的服务感知的影响最直接和最重要。宾客正是在与酒店或其人员的接触中真实地感知服务的内容、特点及功能。因此，服务接触也称服务“真实瞬间”（Moment of Truth）。宾客对服务的真实感知是通过服务过程中的每一时刻，也即一个个真实的瞬间完成的。例如，宾客来到酒店，从大堂门童的招呼，总台的登记，客房服务人员的引领，房间内各种设施和用品的使用，到餐厅的环境、服务和食品等，都会影响顾客对酒店服务质量的真实感知。

服务接触有正效应和负效应。正效应接触是指给顾客带来良好感知的接触，而负效应接触是指给顾客带来不良感知的接触。著名的迪士尼乐园之所以长盛不衰，与不断改进服务质量有关。而迪士尼乐园的服务质量之所以能不断改进，一个重要原因是迪士尼乐园与每一位游客的服务接触环节很多，平均共74个左右。因此，其改进服务质量和改善对顾客服务感知的余地很大。这就是迪士尼乐园有吸引力的一个“秘密”。

服务接触按接触的媒介可区分为遥距接触、电话接触和当面接触3种方式。

2. 服务人员、服务过程和有形展示

服务人员、服务过程和有形展示等服务的组成元素影响顾客对服务的感知。例如，在酒店服务中，酒店所处繁华的地段以及酒店的装修会使顾客感知到酒店的服务档次不会低；整洁的环境使顾客感知到认真、仔细和严谨的服务态度；新鲜而芳香的店堂空气使顾客感知到所出售的商品更新程度较高；温暖宜人的气温、柔和的灯光和音乐使顾客感知到温情、细腻的服务；强烈的灯光和欢快的音乐使顾客感知到热情、豪爽的服务；赠送礼物使顾客感知到一种长久的服务关系；醒目的指示牌和方便的电子查询屏使顾客感知到过程设计中周密的服务；服务人员和顾客语言举止的文明使顾客感知到酒店格调的高雅，等等。

3. 酒店的形象

酒店的形象是指酒店的理念和行为在消费者心目中留下的印象或记忆。酒店的行为形象比较具体，如营业部门的开关门时间、服务项目的多少等。酒店的管理和服务理念形象比较抽象，如“坚持传统特色”“放心店”“具有传奇色彩”等。滑稽的“麦当劳大叔”代表麦当劳的形象。麦当劳的目标市场是孩子；麦当劳的服务是统一的和高效的；麦当劳代表一种生活方式，等等。

4. 服务定价

其对服务感知也有重要影响。因为服务定价会影响顾客对服务的期望，而服务期望影响服务感知。服务定价的提高，会引起服务期望的提高，特别是服务宽容区间的变窄，顾客的挑剔性变强。对同样质量的服务，挑剔性强的顾客的感知要比挑剔性不强的顾客要求高一些。

二、服务感知的内容

顾客对服务的感知，包括服务质量、服务满意和服务价值 3 个互相联系的内容。这 3 个内容正是酒店业竞争的焦点。酒店业的竞争就是服务质量的竞争、服务满意度的竞争和服务价值的竞争。然而服务质量、服务满意度和服务价值都必须被顾客感知。从这个意义上讲，服务也是一场如何确保顾客对酒店所提供的服务有正面感知的竞争。

1. 对服务质量的感知

根据 Parasuraman、Zeithaml、Berry 三位美国学者在 1988 年及 20 世纪 90 年代初的研究，顾客感知服务质量，一般包括 5 个层面：服务的可靠性（Reliability）、服务的反应性（Responsiveness）、服务的保证性（Assurance）、服务的关怀性（Empathy）、服务的有形性（Tangible）。

2. 对服务满意度的感知

顾客对服务质量的感知很大程度上决定着顾客对服务的满意度。绝大多数服务的内容包含很多有形及无形的元素，每一元素皆可影响服务的质量，从而影响顾客的满意度。服务中提供的产品（或用品）质量影响着顾客对服务的满意度。比如，宾客看到一家酒店客房提供的饮料不新鲜，提供的牙膏、香皂和沐浴露没有品牌，酒店商场提供的小商品质次价高，那么宾客对这家酒店的服务不会很满意。情景因素也影响顾客满意度。比如，商务酒店出现太多的旅游团队客人，长住或常住宾客满意度就会打折扣。

3. 对服务价值的感知

20 世纪 90 年代中后期，不少的服务市场营销学者的研究显示，除了服务质量以外，仍有其他因素可影响顾客对服务的满意度，例如服务人员付出的努力，服务人员的服务技巧和服务产品知识等。以服务人员在服务时付出的努力为例，若顾客认为服务的感知表现低于期望表现，但却感到服务人员已尽了很大努力，希望能好好地提供顾客所需的服务。这样，顾客对服务的不满意度将减少。

三、促进服务感知的策略——“瞬间服务”的控制

酒店可以针对服务营销的内容和影响服务感知的因素设计促进服务感知的策略，主要包括服务接触策略，服务人员、服务过程和有形展示策略，酒店形象策略和服务定价策略等。

服务接触的每个瞬间对顾客的感知都是非常关键的，因此酒店必须管理好服务接触的每一个环节，达到“零失误”或顾客 100% 满意的要求。

服务人员、服务过程和服务有形提示是服务营销组合新增的3个要素，对顾客的感知具有直接的影响，因此酒店可以通过服务人员、服务过程和服务有形提示来促进顾客的感知。把服务人员、服务过程和有形提示的管理同服务接触点（或环节）的管理整合起来。

增强酒店的形象也能促进顾客对服务的感知。增强酒店形象，就是要讲“真善美”，其中“真”是关键。酒店为树立形象而做广告、推销、公共宣传等沟通要讲真实。另外，酒店要尽量用顾客真实的体验来加强自己的形象。

服务定价是影响顾客价值感知的关键因素，又是同服务接触，服务人员、服务过程和有形展示以及服务沟通的成本紧密联系的因素。酒店怎样通过调节顾客的期望进而促进顾客的感知，同时又能收回成本，这是定价策略要解决的核心问题。

（资料来源：http://bbs.vsharing.com/management/crm/1006880-1.html）

第三节　酒店全面质量管理

一、全面质量管理的含义

全面质量管理又称TQM（Total Quality Management），是指在全面社会的推动下，企业中所有部门、所有组织、所有人员都以产品质量为核心，把专业技术、管理技术、数理统计技术集合在一起，建立起一套科学、严密、高效的质量保证体系，控制生产过程中影响质量的因素，以优质的工作、经济的办法提供满足用户需要的产品的全部活动。

全面质量管理这个名称，是20世纪60年代初最先由美国的著名专家菲根堡姆提出的。它是在传统的质量管理基础上，随着科学技术的发展和经营管理上的需要发展起来的现代化质量管理，现已成为一门系统性很强的科学。

现代酒店的全面质量管理，是从酒店系统的角度出发，把酒店作为一个整体，从酒店服务的全方位、全过程、全人员、全方法、全效益入手，以提供最优服务为目的，以质量为管理对象，以一整套质量管理体系、技术和方法而进行的系统的管理活动。

二、全面质量管理的内容

全面质量管理过程的全面性，决定了全面质量管理的内容应当包括设计过程、制造过程、辅助过程、使用过程四个过程。

（一）设计过程的质量管理内容

产品设计过程的质量管理是全面质量管理的首要环节。这里所指的设计过程，包括市场调查、产品设计、工艺准备、试制和鉴定等过程（即产品正式投产前的全部技术准备过程）。主要工作内容包括通过市场调查研究，根据用户要求、科技情报与企业的经营目标，制定产品质量目标；组织有销售、使用、科研、设计、工艺、制度和质管等多部门参加的审查和验证，确定适合的设计方案；保证技术文件的质量；做好标准化的审查工作；督促遵守设计试制的工作程序，等等。

（二）制造过程的质量管理内容

制造过程，是指对产品直接进行加工的过程。它是产品质量形成的基础，是企业质量管理的基本环节。它的基本任务是保证产品的制造质量，建立一个能够稳定生产合格品和优质品的生产系统。主要工作内容包括组织质量检验工作；组织和促进文明生产；组织质量分析，掌握质量动态；组织工序的质量控制，建立管理点，等等。

（三）辅助过程的质量管理内容

辅助过程，是指为保证制造过程正常进行而提供各种物资技术条件的过程。它包括物资采购供应、动力生产、设备维修、工具制造、仓库保管、运输服务等。它的主要工作内容有：做好物资采购供应（包括外协准备）的质量管理，保证采购质量，严格入库物资的检查验收，按质、按量、按期地提供生产所需要的各种物资（包括原材料、辅助材料、燃料等）；组织好设备维修工作，保持设备良好的技术状态；做好工具制造和供应的质量管理工作等。此外，企业物资采购的质量管理也将日益重要。

（四）使用过程的质量管理内容

使用过程是考验产品实际质量的过程，它是企业内部质量管理的继续，也是全面质量管理的出发点和落脚点。这一过程质量管理的基本任务是提高服务质量（包括售前服务和售后服务），保证产品的实际使用效果，不断促使企业研究和改进产品质量。它的主要工作内容有：开展技术服务工作，处理出厂产品质量问题；调查产品使用效果和用户要求。

三、酒店全面质量管理的内容

我国酒店业自 1978 年开始引进并推行全面质量管理，它运用科学的质量管理思想，改变了传统的事后检查的方法，把质量管理的重点放在预防为主上。将质量管理由传统的检查服务质量的结果转变为控制服务质量问题产生的因素；通过对质量的检查和管理，找出改进服务的方法和途径，从而提高酒店质量。其基本点是：宾客需求便是服务质量、宾客满意就是服务质量标准。以专业技术和各种灵活的科学方法为手段，以酒店全体员工参加为保证，以获得最大的社会效益和经济效益为目的，以实际效果为最终的评价点。特点是：以无形服务为中心；以顾客满意为目的；重视人的作用和强调环境因素的影响。由此可知：酒店全面质量管理是以提高服务质量为宗旨，组织全店员工共同参与，综合运用现代管理手段，建立完善的服务质量标准和体系，在全过程中控制影响服务质量的各种因素而开展的系统的质量管理活动。

（一）酒店全面质量管理的内容

酒店全面质量管理的关键和实质都在一个“全”字。其内容主要包括以下五方面。

1. 全方位管理

酒店全面服务质量的构成因素众多，涉及范围广泛。因而，其全面质量管理必然是全方位的质量管理。既包括有形产品质量管理，又包括无形服务的质量管理；既包括酒店前台的各种质量管理，又包括酒店后台的各种质量管理。

2. 全过程管理

酒店全面质量管理是为客人服务的。而影响对客服务质量水平的各种因素又十分庞杂。它们体现在酒店服务的各个方面，体现在酒店业务管理过程的始终。从客人消费的角度来看，从客人进店到客人离店，是一个完整的服务过程，酒店中的每项业务活动，从开始到结束，都会形成一系列的服务过程。为此，酒店全面服务质量管理，既要做好事前质量管理，又要做好事中和事后的质量管理，因而必然是全过程的管理。

3. **全员性管理**

酒店服务质量是由广大员工共同创造的。它贯穿于酒店各层次人员执行酒店质量计划、完成质量目标的过程之中。前台人员直接为客人提供各种服务，后台人员通过为一线人员的工作服务而间接为客人服务，管理人员则组织前台和后台人员共同为客人服务。所以，必须把酒店全体员工的积极性和创造性充分调动起来，不断提高员工的素质，人人关心服务质量，人人参与服务质量管理，共同把服务质量提高上来。

4. **全方法管理**

酒店全方法质量管理是多种多样管理方法的有机结合，是在有机统一的前提下，根据实际需要，采用灵活多样的各种方法和措施，提供优质服务。

5. **全效益管理**

酒店服务既要讲究经济效益，同时又要讲究社会效益和生态效益，它是三者的统一。酒店作为企业，它所进行的经营管理活动属于市场行为：只有在获得一定经济效益的基础上，酒店才能生存和发展。同时作为社会的重要一员，酒店又必须兼顾社会效益和生态效益。从本质上说，创造社会效益和生态效益，既有利于社会发展和生态环境保护，同时有利于提高酒店的知名度和美誉度，创造口碑，为酒店带来长远利益。

知识链接

教育部“1+X”证书餐饮服务管理职业技能标准及培养事项说明

专业类工作任务：餐饮服务业务基础性管理工作任务

- 餐饮服务人员个人形象管理工作任务（职业形象表现）
- 餐饮消费者信息及营销管理工作任务（客户关系管理）
- 餐饮服务场所的基本条件管理工作任务（安全管理）

操作类工作任务：餐饮服务业务操作技术管理工作任务

- 餐饮服务中涉及的操作行为管理工作任务（专项技术操作）
- 餐饮接待中对客面对面服务活动行为管理工作任务（对客接待）

管理类工作任务：餐饮服务业务管理职责工作任务

- 餐饮服务产品策划设计工作任务（服务设计）
- 餐饮服务人员劳动管理工作任务（人力资源）
- 餐饮服务技术文件设计工作任务（标准编制）
- 餐饮业务工作质量控制工作任务（质量管理）
- 餐饮业务经营绩效管理工作任务（预算及成本管理）

餐饮服务管理职业技能等级框架设计

高级15			宾客突发事件处置方案制定（5分）K			服务蓝图绘制（8分）P	人员工作质量评估（6分）P	餐饮服务科技创新创意（6分）A	食品质量与卫生鉴别（6分）P	月/季/年经营分析（6分）P
			公共场所安全管理预案制定（5分)K			服务流程设计（8分）P	职业健康心理管理（6分）P	制定服务标准（8分)A	服务质量督导（6分）P	餐厅营销方案制定（6分）P
			食品卫生安全管理预案制定（5分）K			菜单设计（8分)P	培训规划（6分）P	作业指导书编写（8分)A	服务质量分析与改进（6分）P	餐厅经营预算编制（6分）P
中级18		宾客意见表设计分析（4分）P		餐酒具的清洁、保养与储存（4分）D	咖啡服务（6分）D	服务规程设计（6分）P	会议主持（6分）P			低值易耗品申购（6分）P
		投诉处理（6分）P		餐厅装饰器皿的清洁、保养与储存（4分）D	茶艺服务（6分）D	就餐环境设计与布置（6分）P	班次安排（6分）P			酒水申购（6分）P
		消费心理分析（6分）A		餐台插花（4分）D	侍酒服务（6分）D	餐台设计与布置（6分）P	岗位技能培训（6分）P			专项设备用品申购（5分）P
初级12	餐厅服务语言使用（5分）P	客户资料建立（6分）P	宾客突发事件处置（5分)K	餐巾折花（5分）D	自助餐接待（6分）D					低值易耗品盘点（6分）P
	服务礼仪表现（5分）P	宾客意见征询（5分）D	公共场所安全管理（5分)K	摆台（5分）D	宴会接待（25分）D					酒水盘点（6分）P
	职业角色认知（5分）K	网络服务平台维护（5分）K	食品卫生安全管理（5分）K	托盘使用（5分）D	零点接待（6分）D					固定资产盘点（5分）P
职业技能领域	职业形象表现	客户关系管理	安全管理	专项技术操作	对客接待	服务设计	人力资源	标准编制	质量管理	预算及成本管理
	专业类任务			操作类任务		管理类任务				

［资料来源：首旅集团 2021 年全国 1+X 餐饮服务管理技能等级证书师资培训（中级）班 栗书河 专家讲座部分内容 2021 年 5 月 17—24 日.］

（二）酒店全面质量管理的原则

1. 要坚持“以人为本，员工第一”的原则

酒店各级、各部门、各环节、各岗位的服务及其服务质量，都是广大员工创造的。为此，在酒店服务质量管理的全过程中，必须始终坚持“以人为本，员工第一”的原则。要始终把人的因素放在第一位，关心爱护员工，运用行为科学理论和方法，运用各种激励手段充分调动广大员工，特别是一线员工的主动性、积极性和主人翁责任感，才能提供优质服务，做好全面质量管理工作。

案例分享

酒店客人不希望每次都登记证件，怎么办

姚先生是一位华侨，也是 A 酒店的一位常客，每次预订的房间都包含双早，在入住几个月后，姚先生突然找到在巡视酒店的大堂副理投诉，对入住过程表示不满。

他说：“我可以理解公安机关要求的入住登记，但是对于我这样的老住客来说，非常不方便，每次都需要提供证件办理入住，但我的间隔周期并不长，我希望拥有的是简单快捷的办事效率，能够拥有一个家一样的入住体验。此外，我的房间是包含双早的，有的时候我会请朋友在酒店餐厅用早餐，但是却被要求登记那位朋友的身份证件，这是不合理的一件事，因为他并没有入住，他也没有义务提供证件。”

针对这次投诉，大堂副理随即展开调研并发现大部分的酒店常住客人都遇到过类似的问题。于是，大堂副理在请示领导后，对姚先生表示酒店会为姚先生建立一个单独类别并

复印姚先生的护照信息，如果姚先生在一个月内入住A酒店，将无须提供护照，只需告知前台人员入境时间即可。关于房间的双早，姚先生只需在前往餐厅用餐时告知餐厅员工即可，无须额外提供身份证件。

姚先生表示对大堂副理的处理感到满意。

分析：

首先，对大堂副理积极应对的态度点赞。不过对于酒店住客证件的处理是否有欠妥当？虽然姚先生是酒店长住客，但实名制证件登记是国家公安机关要求，如果使用复印件再登记，是否会有一些投机取巧的住客提供后将房间让给其他人居住？其次，在科技发达的今天，很多酒店证件扫描系统会与公安机关系统相连，公安机关又该如何判断酒店提供的证件是否属实？

（资料来源：酒店高参微信公众号，2017-02-24.）

2. 贯彻“宾客至上，服务第一”的原则

要贯彻“宾客至上，服务第一”的原则，酒店必须以客人的活动规律为主线，以满足客人的消费需求为中心，认真贯彻质量标准，将标准化、程序化、制度化和规范化管理结合起来，加强服务的针对性，切实提高服务质量。

3. 坚持预防为主，防范结合的原则

酒店服务质量是由一次一次的具体服务所创造的使用价值来决定的，具有显现时间短和一锤定音的特点，事后难于返工和修补。因此，全面质量管理必须坚持预防为主、防管结合。其具体要求是：

必须根据各项服务的实际需要，把质量管理的重点放在事先做好准备排除各种影响服务质量的因素上面。

必须重视酒店服务质量的现场管理、动态管理和优质服务的现场发挥，从而确保提高服务质量。

4. 坚持“共性管理和个性服务相结合”的原则

酒店服务质量管理既有共性问题，又有个性问题和个性化服务。从全面质量管理的角度来看，主要是要抓住那些带有共性的、全局性的问题，同时又要重视那些影响服务质量的个性问题。另外，还要特别提倡广大服务人员的应变能力和个性化、感情化服务，要赞扬那些超越合格和标准的优质服务人员和事迹，以便切实提高服务质量，做好质量管理。

5. 坚持定性管理和定量管理相结合的原则

酒店服务是以劳动的直接形式，即活动本身来满足客人的消费需求的。这种服务的质量标准很难用数量标准来界定，大多只能用定性说明的方法来确定其质量程度和水平。但也有些部门的质量问题和标准可以用数量来反映。因此酒店全面质量管理可以将定性管理和定量管理结合起来，以定性管理为主。能够定量的质量问题、质量标准尽可能定量。特别是在质量检查、考核评估中，要尽量运用质量统计数据来说明问题以此来提高酒店质量管理的客观性和科学性。

案例分享

全面质量管理的典范——丽思·卡尔顿（Ritz-Carlton）

丽思·卡尔顿酒店管理公司是一家闻名世界的酒店管理公司，其主要业务是在全世界开发与经营豪华酒店。总部设在美国亚特兰大。

丽思·卡尔顿公司的创始人凯撒·丽思被称为世界豪华酒店之父。他于 1898 年 6 月与具有“厨师之王，王之厨师”美誉的 August Ausgofier 一起创立了巴黎里兹酒店，开创了豪华酒店经营之先河，其豪华的设施、精致而正宗的法餐，以及优雅的上流社会服务方式，将整个欧洲带入到一个新的酒店发展时期。随后于 1902 年在法国创立了丽思·卡尔顿发展公司，由它负责丽思酒店特许经营权的销售业务，后被美国人购买。

与其他的国际性酒店管理公司相比，丽思·卡尔顿酒店管理公司虽然规模不大，但是它管理的酒店却以最完美的服务、最奢华的设施、最精美的饮食与最高档的价格成了酒店之中的精品。

全面质量管理精髓

丽思·卡尔顿酒店的成功与其服务理念和全面质量管理系统密不可分。丽思·卡尔顿酒店的服务理念都来源于这个品牌的创始人凯撒·丽思先生，他的服务理念为美国豪华酒店的发展提供了一整套新的观念。

今天，“丽思”已经成为豪华和完美的代名词。在《新英汉词典》中，它的中文注释是：极其时髦的、非常豪华的。

丽思·卡尔顿酒店在其服务理念的指导下，于 1992 年，作为酒店业中的第一个也是唯一的一个获得了“梅尔考姆·鲍尔特里奇国家质量奖”。这项奖是在美国国会授权下，以美国前商业部长命名，由美国国家技术与标准学会设立的最有权威的企业质量奖。

全面质量管理最初是在生产领域产生并得以应用的，其基本含义包括以下几个方面：第一，强烈地关注顾客。第二，坚持不断地改进。第三，改进组织中每项工作的质量。第四，精确地度量。

全面质量管理的指导方针

质量管理始于公司总裁、首席经营执行官与其他 13 位高级经理，无论是总经理还是普通员工都要积极参与服务质量的改进。高层管理者要确保每一个员工都投身于这一过程，要把服务质量放在酒店经营的第一位。高层管理人员组成了公司的指导委员会和高级质量管理小组。他们每周会晤一次，审核产品和服务的质量措施、宾客满意情况、市场增长率和发展、组织指示、利润和竞争情况等，要将其四分之一的时间用于与质量管理有关的事务，并制定两项策略来保证其市场上的质量领先者的地位，其第一项质量策略就是“新成员酒店质量保证项目”，高层管理者确保每一个新成员酒店的产品和服务都必须满足集团的顾客的期望。这一项目始于一个叫“7 天倒计时”的活动，高层经理亲自教授新员工，所有的新员工都必须参加这项活动，公司总裁向员工们解释公司的宗旨与原则，并强调 100% 满足顾客的需求。100% 满足顾客是丽思·卡尔顿高层管理人员对质量的承诺。具体来说，公司遵循下列五条指导方针。

（1）对质量承担责任。

（2）关注顾客的满意度（见图 9–9）。

（3）评估组织的文化。

（4）授权给员工和小组。

（5）衡量质量管理的成就。

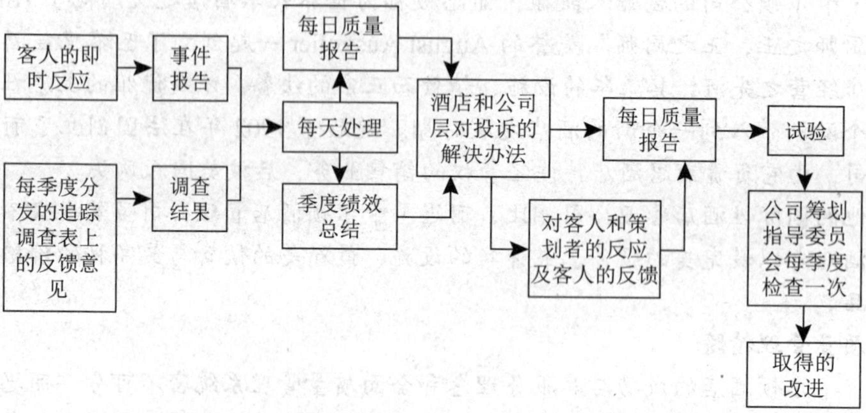

图 9–9　丽思·卡尔顿酒店公司的客人和旅行策划者满意度测量系统

全面质量管理的黄金标准

（1）信条：对丽思·卡尔顿酒店的全体员工来说，使宾客得到真实的关怀和舒适是其最高的使命。

（2）格言："我们是为女士和绅士提供服务的女士和绅士。"这一座右铭表达了两种含义：一是员工与顾客是平等的，不是主人和仆人，或上帝与凡人的关系，而是主人与客人的关系。二是酒店提供的是人对人的服务，不是机器对人的服务，强调服务的个性化与人情味。

（3）丽思·卡尔顿酒店将其服务程序概括为直观的三部曲，它们是：

①热情和真诚地问候宾客，如果可能的话，做到使用宾客的名字问候。

②对客人的需求作出预期和积极满足宾客的需要。

③亲切地送别，热情地说再见，如果可能的话，做到使用宾客的名字向宾客道别。

（4）基本准则：具有丽思特色的服务战略——注重经历，创造价值

全面质量管理使丽思·卡尔顿在竞争中处于有利位置，同时它在营销方面也不甘落后，采取了一些有效的营销战略，使其经营管理更加面向顾客，它强调顾客的特殊活动，并通过其富有创造性的营销活动为顾客创造价值。

丽思·卡尔顿公司通过对质量的严格管理取得了成功，它那枚由凯撒·丽思先生亲手设计的徽章走向了世界，由象征着财源的狮子头与英国皇家标记皇冠组合而成的图案代表着丽思·卡尔顿的胜利，它们越来越多地出现在我们的生活之中。

图 9–10　沙姆沙赫伊丽思・卡尔顿酒店

（资料来源：谷慧敏 . 世界著名饭店集团管理精要［M］. 沈阳：辽宁科学技术出版社，2001.）

四、全面质量管理的推行步骤

进行全面质量管理必须要做到“三全”。一是内容与方法的全面性。不仅要着眼于产品的质量，而且要注重形成产品的工作质量。注重采用多种方法和技术，包括科学的组织管理工作、各种专业技术、数理统计方法、成本分析、售后服务等。二是全过程控制。即对市场调查、研究开发、设计、生产准备、采购、生产制造、包装、检验、贮存、运输、销售、为用户服务等全过程都进行质量管理。三是全员性。即企业全体人员包括领导人员、工程技术人员、管理人员和工人等都参加质量管理，并对产品质量各负其责。这也是 TQM 的三个主要特点。

在具体推行过程中，我们可以从以下几个步骤来实施：

（1）通过培训教育使企业员工牢固树立“质量第一”和“顾客第一”的思想，创造良好的企业文化氛围，采取切实行动，改变企业文化和管理形态。

（2）制定企业人、事、物及环境的各种标准，这样才能在企业运作过程中衡量资源的有效性和高效性。

（3）推动全员参与，对全过程进行质量控制与管理。以人为本，充分调动各级人员的积极性，推动全员参与。只有全体员工的充分参与，才能使他们的才干为企业带来收益，才能够真正实现对企业全过程进行质量控制与管理，并且确保企业在推行 TQM 过程中，采用系统化的方法进行管理。

（4）做好计量工作。计量工作包括测试、化验、分析、检测等，是保证计量的量值准确和统一，确保技术标准的贯彻执行的重要方法和手段。

（5）做好质量信息工作。企业根据自身的需要，应当建立相应的信息系统，并建立相应的数据库。

（6）建立质量责任制，设立专门质量管理机构。全面质量管理的推行要求企业员工自上而下地严格执行。从一把手开始，逐步向下实施；TQM 的推行必须要获得企业一把手的支持与领导，否则难以长期推行。

五、全面质量管理与 ISO 9000 的对比

（一）ISO 9000 与 TQM 的相同点

首先，两者的管理理论和统计理论基础一致。两者均认为产品质量形成于产品全过程，都要求质量体系贯穿于质量形成的全过程；在实现方法上，两者都使用了 PDCA 质量循环运行模式。其次，两者都要求对质量实施系统化的管理，都强调“一把手”对质量的管理。最后，两者的最终目的一致，都是为了提高产品质量，满足顾客的需要，都强调任何一个过程都是可以不断改进、不断完善的。

拓展知识

ISO 9000 质量标准

1. ISO 9000 质量标准理念

在 ISO 9000 质量管理体系（2000 年版）的质量管理标准中，始终贯穿着一些最基本、最通用的一般规律和原则，主要是以顾客为关注焦点、领导作用、全员参与、过程方法、管理的系统方法、持续改进、基于事实的决策方法、与供方的互利关系，简称为“八项质量管理原则”。

2. ISO 9000 质量标准体系

ISO 9000 质量标准是一个不断修订完善的标准，最新一版的标准发布于 2000 年。2000 版 ISO 9000 国际标准的核心标准共有四个：ISO 9000：2000 质量管理体系——基础和术语；ISO 9001：2000 质量管理体系——要求；ISO 9004：2000 质量管理体系——业绩改进指南；ISO 19011：2000 质量和（或）环境管理体系审核指南。

ISO 9001 质量管理体系对组织的质量管理体系提出的各项要求如下：

①质量管理体系；②管理职责；③资源管理；④产品实现；⑤测量分析和改进。

（二）ISO 9000 与 TQM 的不同点

首先，期间目标不一致。TQM 质量计划管理活动的目标是改变现状。其作业只限于一次，目标实现后，管理活动也就结束了，下一次计划管理活动，虽然是在上一次计划管理活动的结果的基础上进行的，但绝不是重复上次的作业。而 ISO 9000 质量管理活动的目标是维持标准现状。其目标值为定值。其管理活动是重复相同的方法和作业，使实际工作结果与标准值的偏差量尽量减少。其次，工作中心不同。TQM 是以人为中心，ISO 9000 是以标准为中心。最后，两者执行标准及检查方式不同。实施 TQM 企业所制定的标准是企业结合其自身特点制定的自我约束的管理体制；其检查方主要是企业内部人员，检查方法是考核和评价（方针目标讲评，QC 小组成果发布等）。ISO 9000 系列标准是国际公认的质量管理体系标准，它是供世界各国共同遵守的准则。贯彻该标准强调的是由公正的第三方对质量体系进行认证，并接受认证机构的监督和检查。

TQM 是一个企业“达到长期成功的管理途径”，但成功地推行 TQM 必须达到一定的

条件。对大多数企业来说，直接引入 TQM 有一定的难度。而 ISO 9000 则是质量管理的基本要求，它只要求企业稳定组织结构，确定质量体系的要素和模式就可以贯彻实施。贯彻 ISO 9000 系列标准和推行 TQM 之间不存在截然不同的界限，我们把两者结合起来，才是现代企业质量管理深化发展的方向。

企业开展 TQM，必须从基础工作抓起，认真结合企业的实际情况和需要，贯彻实施 ISO 9000 系列标准。应该说，“认证”是企业实施标准的自然结果。而先行请人“捉刀”，认证后再逐步实施，是本末倒置的表现。并且，企业在贯彻 ISO 9000 标准、取得质量认证证书后，一定不要忽视甚至丢弃 TQM。

案例分享

ISO 9002 国际质量体系的实施

常州丽华快餐在全国快餐饭店中第一家通过 ISO 9002 国际质量体系认证。丽华快餐公司为实施这一标准，改变了员工凭感觉、凭经验的原始操作方法，对快餐质量以精练的文字、精确的数字来有效控制，如原料鸡腿规格、成品鸡颜色、生熟度和大小规格、面浆配比、油温、炸制时间等都有量化规定，甚至连一块抹布用几次都作了明确的规定。丽华快餐成功的最大原因在于它经营运作中严格坚持自己所制定的原则和标准，从一点一滴中实现科学化、标准化。例如，米饭的生产，除选择市场上最好的大米外，丽华人还对不同产地的米进行含水量分析，进行浸泡时间实验等准备工作。设备器械每天坚持用“PC98”消毒液定时清洗；不管天气多热，熟食操作人员必须戴口罩上岗。在卫生及质量的保障上，除饭店内部控制外，选用的包装材料也至关重要。廉价的木筷只能用纸简单地包裹，牙签不易包装，餐巾纸散装后暴露在外，根本无法保证万无一失的卫生要求。因此丽华人选择了高档竹筷、牙签、餐巾一体的密封包装，同时考虑到送餐当中饭盒外露等不卫生因素，丽华快餐全部采用机动车送餐。在长期的实践中，丽华人探索出一整套连锁经营的送餐方案，很好地解决了交通堵塞和饭菜保温不易的难题。

分析：获得 ISO 9002 国际质量体系认证不是目的，关键在于如何实施这一标准，将标准化服务的意识深入员工心里，通过标准化服务的提供实现饭店管理的标准化和科学化，从而达到顾客满意，这才是获得质量体系认证的最终目的。常州丽华快餐深谙此道，通过一系列严格的标准实施质量控制，赢得消费者的信赖，不仅是国内第一家获得 ISO 9002 国际质量体系认证的快餐，也是做得最好的一家。

思考与练习

1. 什么叫酒店质量管理？
2. 利用鱼骨图等分析工具解决生活中遇到的问题。
3. 分析和阐述几种酒店服务质量控制方法的利弊。
4. 什么是酒店全面质量管理？其原则有哪些？
5. 联系当地一家酒店，实地考察其质量管理的方法。

第十章 危机管理

引　言

酒店内部“不可抗拒”的客观因素或自身“产品”的因素，或是来自外界的因素均可导致危机。酒店危机具有突发性强、时间短的特点，不易被事先发觉，如防范、处理不当，则可能造成酒店和客人生命财产损失。如没有事先的处理预案，事发时惊慌失措，不能处理好各种关系，事发后又未能与社会公众和媒体做好沟通、交流工作，将直接导致酒店的形象、美誉度受到极大的损害。酒店形象的塑造，要靠平时的点滴积累和发生危机时的正确处理。特别是在危机处理上，酒店的良好表现，是重塑酒店形象的关键。本章主要阐述了酒店危机的定义、特点、危机管理的策略等，并通过案例与知识链接从不同层面对酒店危机管理、危机预案的建立等进行了介绍。

学习目标

- 掌握危机、危机管理的含义。
- 了解危机预案建立的要点。
- 掌握酒店危机处理的方法。

关键词

危机　酒店危机　酒店危机管理

导入案例

酒店欠薪有风险，辞退员工需谨慎！

2017 年 2 月 16 晚，佛山在线报道了位于佛山市魁奇路的一家丽枫酒店加盟店发生的一起前员工刺杀总经理的命案。有消息称此案系因为酒店拖欠被辞员工的工资而导致的悲剧。

专家点评：

关于欠薪：这一方面是我们的政策法律环境的问题，另一方面更主要的是雇主们普遍缺乏社会责任感和劳动者权利保护意识。在已知的各类欠薪案件中，确有一些是因为临时资金周转不足，导致的工资支付问题。虽然可以称之为非恶意欠薪，但这也不能成为欠薪的合理理由。

每聘用一名员工，都应为其预备两年的工资专项资金。在任何资金周转困难的情况下都不应动用工资专款。也就是说，在雇一个人的时候就应该能保证两年内公司不挣一分钱的情况下，也不会欠员工的薪资。

这才是体现了一个雇主的真正的社会责任感和良心，不欠薪应该成为所有雇主共同坚守的良心底线。往小处说，是维护被辞退员工权益；往大处说，是维护雇主的道德底线，维护社会公序良俗及社会稳定。

（资料来源：王兴顺．酒店高参微信公众号，2017-02-17. 资料有整理．）

第一节　危机概述

一、危机

（一）危机的含义

危机是指由客观（社会）或主观（人为）的因素，有时甚至是不可抗力所引发的意外事件，而产生的紧急或危险状态。

酒店容易遇见的、可能导致酒店经济遭受损失和酒店声誉受到损害的各类易发性、突发性事件如自然灾害、食物中毒、火灾等都可称为危机。

危机的形态多样，既有像新冠疫情这样影响面极大的公众健康危机，也有美国“9·11”事件这样的国家安全危机；既有像感冒药 PPA 这样的产品危机，也有酒楼菜肴发现异物引发的危害性较小的危机。

（二）危机的特点

1. 突发性

危机往往都是不期而至，令人措手不及，危机的发作一般是在酒店毫无准备的情况下瞬间发生，给酒店带来混乱和惊恐。

2. 破坏性

危机发作后可能会带来比较严重的物质损失和负面影响，有些危机用毁于一旦来形容一点不为过。

3. 不确定性

危机事件爆发前没有明显的征兆，决策者难以做出预测。危机出现与否与出现的时机无法完全确定。

4. 急迫性

危机的突发性特征决定了决策者对危机做出反应和处理的时间十分紧迫，任何延迟都会带来更大的损失。危机的突然发生经过传统媒体与社交媒体的传播使得影响瞬间扩大，使得立即进行事件调查与对外说明成为必须。

5. 信息资源紧缺

危机往往突然降临，决策者必须做出快速决策。在时间有限的条件下，混乱和惊恐的心理使得获取相关信息的渠道出现瓶颈现象，决策者很难在众多的信息中发现准确的信息。

6. 舆论关注

危机事件的爆发能够刺激人们的好奇心理，常常成为人们谈论的热门话题和媒体跟踪报道的内容。越是束手无策或慌乱应对，危机事件就越会增添神秘色彩从而引起各方的关注。

二、酒店危机

（一）酒店危机产生的原因

1. 外界客观原因

（1）自然原因。包括天然的灾害，如瘟疫、洪水、地震、龙卷风等。我国属于自然灾害多发的国家。沿海地区的风暴灾害，地震带的地震灾害，南方各大江、河沿岸的洪涝灾害，恶劣天气造成的冰雹灾害，甚至城市改、扩建后排水管网跟不上发展所形成的内涝等，这些不可抗拒的自然灾害都可能给酒店和宾客造成财产和生命的损害。

（2）社会原因。如金融危机、货币贬值、社会政局不稳定、新闻媒体的失实报道等，都可能造成酒店危机。

案例分享

夺命之“水”

某日，郑先生自己开车载着父母妻儿一家五口，从四川成都回到老家苏州。住进当地一家度假酒店，开了两间房，父母一间，自己与妻儿另住一间。本是一家衣锦还乡，欢欢喜喜的事情，谁曾想，入住酒店的第二天就发生了悲惨事件——郑先生在酒店因喝一口“水”而死于非命。

事件还得从郑先生父亲擅自进入楼层工作间取水说起。入住当晚，郑先生父亲因吃药、泡茶，用光了酒店免费提供的两瓶矿泉水。第二天一早，郑先生父亲向正在楼道工作的服务员索要矿泉水，服务员当即从工作车上取了两瓶水给他。也许郑先生父亲觉得两瓶不够，自己又擅自进入楼层工作间拿走一瓶。

回到房间后，住在隔壁的郑先生来到父母房间，随手拿起父亲放在桌上的矿泉水瓶，拧开就喝下一大口。顿时郑先生喊肚子痛，但喝下去的液体已吐不出来。郑先生太太找到服务员，也问不出所以然。酒店立即将郑先生送到附近医院，后又转送到大医院。等到弄清郑先生喝的是酒店放在工作间的“除锈（垢）剂”之后，已为时太晚，郑先生最终不治身亡。死亡医学证明书的死亡原因写的是“酸性液体中毒”。

经查，该酒店为节约成本，采购的是大桶装“除锈（垢）剂”，后分装到使用过的矿泉水瓶中。由于在瓶身上没有贴上“除锈（垢）剂”字样的标签，与酒店提供给客人的矿泉水瓶外观无任何差别，导致郑先生父亲误拿（经电子探头回放证实），而郑先生误喝身亡。

点评：

虽然这只是一次意外事件，由于人命关天，自然引起酒店界的强烈反响。这一事件警示我们，酒店工作的任何细节都不容放过，否则就可能发生轻则顾客不满，重则如本案殒命事件。为此，我们必须注意以下几点：

第一，利用空瓶盛装危险液体，必须在瓶身贴上标签以便识别。

第二，进出工作间要随手关门，门旁贴上“非工作人员禁止入内”告示。据报道，本案当时工作间门上虽然有此告示，但因门开着又紧贴着墙，郑先生父亲没有看到。不过，即便看到，房门洞开，难免会有“闲人”入内。因此，工作间关门应成为常态。

第三，这次事件厘清责任也多亏了楼道电子探头。由此也证明了安装和保持电子探头的正常使用十分必要和重要。

第四，楼层服务员往客房送矿泉水之类的瓶装饮料，必须注意瓶盖是否被打开过，尤其是非整箱包装的饮料瓶更要仔细察看。

（资料来源：https://www.sohu.com/a/260319770_395910.）

2. 酒店自身原因

酒店装修使用的易燃装饰物加上封闭性的结构，特别容易导致火灾等事故；酒店餐饮所提供的食品不符合要求可能出现食物中毒事件；酒店电梯事故，如关人、坠落；施工处未加警示牌等导致危机事件；酒店没有形成核心的组织文化并且结构松散，服务人员培训不够或应变能力差，管理人员素质不高，处理店客纠纷不力，或各种突发事故发生后处理不慎，从而导致媒体危机；防范不够导致治安性突发事件出现等。

（二）酒店危机的种类

1. 信誉危机

酒店在长期的生产经营过程中，公众对其产品和服务形成了整体印象和评价。信誉危机是酒店由于没有履行合同及其对消费者的承诺，而产生一系列纠纷，甚至给合作伙伴及消费者造成重大损失或伤害，使得酒店信誉下降，失去公众的信任和支持而造成的危机。

2. 决策危机

它是酒店经营决策失误造成的危机。酒店不能根据环境条件制定正确的经营策略，使酒店经营遇到困难，甚至走向绝路。决策失误如不能及时调整将会给酒店带来灭顶之灾。

3. 经营管理危机

它是酒店管理不善而导致的危机。包括产品质量引发事故的危机、环境污染危机、经营思想或经营方式引发的关系纠纷危机。

4. 灾难危机

是指由于酒店无法预测和人力不可抗拒的强制力量，如地震、台风、洪水等自然灾害以及战争、重大工伤事故、经济危机、交通事故等而造成巨大损失的危机。

5. 媒介危机

真实性是新闻报道的基本原则，但是由于客观事物和环境的复杂性、多变性，以及报道人员观察问题的立场、角度有所不同，媒体的报道出现偏颇或者失误是常有的现象，也会引起酒店的危机。

6. 法律危机

指酒店高层领导法律意识淡薄，在酒店的生产经营中涉嫌偷税漏税、以权谋私等，事件暴露后，使酒店陷入危机。

7. 财务危机

即酒店投资决策的失误、资金周转不灵、股票市场的波动、贷款利率和汇率的调整等因素使酒店暂时出现资金断流，难以使酒店正常运转，严重的最终造成酒店瘫痪。

8. 人才危机

即人才频繁流失或无充足人力资源补给所造成的危机，尤其是酒店核心员工离职，其岗位没有合适的替代人选，给酒店带来危机，也是比较严重的危机现象。

这些危机中，有的危机是可以预测的，即因生产或服务的性质而极可能发生的危机。如酒店预订取消始终是一种可能发生的危机。但是，人们不知道是否真会发生，也不知道什么时候会发生。也有不可预测的危机，即人们不能预见的突发灾难。这可能是洪水、地震之类的自然灾害，也可能是盗窃、人身伤害之类的人为危机。

三、危机管理的内涵

（一）危机管理的定义

危机管理是指组织或个人通过正确实施危机监测、危机预控、危机决策和危机处理四要素，达到避免或减少危机产生的危害，甚至将危机转化为机会的目的。

危机一旦爆发，往往会引起公众和新闻媒体关注，此时酒店组织如果不能迅速查明真相，或是正常的传播渠道不畅，无信息发布或信息发布不及时，就会造成危机传播中的信息真空，公众就会用想象来填满所有的疑问，必定生出各种各样的“小道消息”。很快，信息真空就被颠倒黑白、胡乱编造的流言所占据。

（二）危机管理的阶段

1. 危机的预防

最高明的危机管理，不在于危机形成和爆发以后的干预，而在于排除可能导致危机的种种可能性，也就是危机的预防。要预防危机，首先要将所有可能的突发危机事件一一列举出来，考虑其可能发生的后果，并且估计预防所需的花费。这样做可能很费事，但却很必要。因为组织内的任何一个人、任何一个环节的失误或疏忽都可能将整个组织拖入危机。

2. 为危机管理做准备

危机是管理工作中不可避免的，所以必须为危机做好多方面的准备，比如行动计划、通信计划、建立重要关系等。应急方案要按最坏的情况设计，不能留下盲点。

3. 危机的确认

这个阶段的任务是确认预想的危机是否是真的危机。有时候，管理者为他们假想的危机忙碌很长时间后才发现，真正的危机在别的地方，而不是他们正在忙于应对的。这个部分的危机管理通常是最富有挑战性的。经验告诉我们，在寻找危机发生的信息时，管理人员最好听听公司中不同人的看法，并与自己的看法相互印证。

4. 危机的控制

危机爆发时的破坏力最大，因此本阶段的危机管理也最重要。

第一步要做的就是遏制危机。这要求危机处理部门在最短的时间内掌握并控制危机形势，将损失降至最低。在这个时候让一部分人专职从事危机的控制工作，其他人继续正常的工作，是一种非常明智的做法。

第二步要做的是防止危机的蔓延，把危机限定在一定的范围之内。要做到这点有两种途径：一种途径是通过迅速有效的反应防止危机扩大；另一种途径是加强媒体管理，在防止谣言流传的同时，把准确和权威的信息传递给危机的冲击者。事实上人们感兴趣的往往并不是事情本身，而是管理层对事情的态度。在这一阶段，要注意对外发言内容的统一性，最好只指定一人作为对外的发言人，所有面向公众的发言都由他负责。这个经验源自另一个法则：如果有过多的管理层相互重叠，那就肯定会发生灾难。

5. 危机的解决

在这个阶段，速度是关键。危机不等人。连锁超市雄狮食品（Food Lion）曾突然间受到公众瞩目，原因是美国某电视台的直播节目指控它出售变质肉制品。结果公司股价暴跌。但是，雄狮食品公司迅速采取危机处理行动，他们邀请公众参观店堂，在肉制品制作区竖起玻璃墙供公众监督，改善照明条件，给工人换新制服，增加员工的培训，并大幅打折，通过这些措施把客户重新吸引回来，而且还吸引了很多新的客户。最终，食品与药品管理局对它的检测结果是“优秀”。此后，销售额很快恢复到正常水平。

6. 危机的善后

危机的善后工作主要是消除危机处理后遗留问题和影响。危机发生后，酒店形象受到了影响，公众对酒店会非常敏感，要靠一系列危机善后管理工作来挽回形象。

（1）进行危机总结、评估。对危机管理工作进行全面的评价，包括对预警系统的组织和工作程序、危机处理计划、危机决策等各方面的评价，要详尽地列出危机管理工作中存在的各种问题。

（2）对问题进行整顿。多数危机的爆发与酒店管理不善有关，通过总结评估提出改正措施，责成有关部门逐项落实，完善危机管理内容。

（3）寻找商机。危机给酒店制造了另外一种环境，酒店管理者要善于利用危机探索经营的新路子，进行重大改革。这样，危机可能会给酒店带来商机。

总之，危机并不等同于酒店失败，危机之中往往孕育着转机。危机管理是一门艺术，是酒店发展战略中的一项长期规划。酒店在不断谋求技术、市场、管理和组织制度等一系列创新的同时，应将危机管理创新放到重要的位置上。一个酒店在危机管理上的成败能够显示出它的整体素质和综合实力。成功的酒店不仅能够妥善处理危机，而且能够化危机为商机。危机管理的最后一个部分其实就是总结经验教训。如果一个组织在危机管理的前五个部分处理得十分妥当的话，第六个部分就可以得到至少能弥补部分损失和匡正混乱的机会。

（三）危机管理的原则

危机可能会给酒店带来营业额大幅下降、人身伤害、赔偿责任、失去市场、酒店信誉受损、丧失部分权利，甚至直接导致酒店关门或破产的后果。酒店的“危机管理”，就是对可能引发经济损失和使酒店信誉受损的人和事进行有效的防范，同时，建立起应对危机发生的有效处理预案，以达到尽量避免、及时处理、尽力挽回损失或信誉的目的。从某种意义上说，酒店的危机处理实际上是一场酒店形象的保卫战。所以有效的危机管理，对于酒店的发展十分重要，在进行酒店的危机管理时，应遵循以下几条原则。

1. 预防原则

（1）树立强烈的危机意识

危机产生的原因是多种多样的，不排除偶然的原因，但多数危机的产生有一个变化的过程。如果酒店管理人员有敏锐的洞察力，根据日常收集到的各方面信息，能够及时采取有效的防范措施，完全可以避免危机的发生或使危机造成的损害和影响尽可能减少到最低程度。

因此，酒店进行危机管理首先应该树立一种危机观念，营造一个危机氛围，使酒店的员工充满危机感，将危机的预防作为日常工作的组成部分。通过对员工进行危机管理教育使员工形成危机意识，并对危机有种使命感，提高酒店抵御危机的能力，防止危机发生。其次，开展危机管理培训。危机管理培训的目的与危机管理教育不同，是让员工掌握危机管理知识，提高危机处理技能和面对危机的心理素质，从而提高整个酒店的危机管理水平和能力。

拓展知识

危机准备方案

- 对危机持一种正确、积极的态度；
- 使公司（组织）的行为与公众的期望值保持一致；
- 通过一系列对社会负责的行为来建立公司（组织）的信誉；
- 时刻准备把握危机中的机遇；
- 组建一个危机管理小组；
- 对公司（组织）潜在的危机形态进行分类；
- 制定预防危机的方针和对策；
- 为处理每一个潜在的危机制定具体的战略和战术；
- 组建危机控制和险情审核小组；
- 确定可能受到危机影响的公众；
- 为最大限度减少危机对组织声誉的破坏性影响，建立有效的传播沟通渠道；
- 在制订危机应急计划时，多倾听外部专家的意见，以免再犯同样的错误；
- 写出书面方案；
- 对有关方案计划进行不断的试验性演习；
- 为确保处理危机时有一批训练有素的专业人员，平时应对他们进行专门培训。

（资料来源：http://wenku.baidu.com/view/61b81da0284ac850ad024285.html.）

（2）建立预防危机的预警系统

防患于未然永远是危机管理最基本和最重要的要求。危机管理的重点应放在危机发生前的预防，预防与控制是成本最低、最简便的方法。为此，建立一套规范、全面的危机管理预警系统是必要的。现实中，危机的发生具有多种前兆，几乎所有的危机都是可以通过预防来化解的。危机的前兆主要表现在产品、服务等存在缺陷，以及酒店高层管理人员大量流失、酒店负债过高长期依赖银行贷款、酒店销售额连续下降和酒店连续多年亏损，等等。因此，酒店要从危机征兆中透视酒店存在的危机，酒店越早认识到存在的威胁，越早采取适当的行动，就越可能控制住危机的发展。

预防危机必须建立高度灵敏、准确的预警系统。信息监测是预警的核心，随时搜集公众对产品的反馈信息、行业信息、竞争对手的现状等各方面的信息，及时进行鉴别、分类和分析，对未来可能发生的危机类型及其危害程度做出预测，并在必要时发出危机警报。

制订危机管理计划。酒店应该根据可能发生的不同类型的危机制订一整套危机管理计划，明确怎样防止危机爆发，一旦危机爆发立即做出针对性反应等。事先拟订的危机管理计划应该囊括酒店多方面的应对预案。在计划中要重点体现危机的传播途径和解决办法。

2. 制度化原则

危机发生的具体时间、蔓延范围、具体态势和影响程度，是难以完全预测的。这种突发事件往往会在很短时间内对酒店产生恶劣影响。因此，酒店内部应该有制度化、系统化的有关危机管理和灾难恢复方面的业务流程和组织机构。这些流程在业务正常时不起作用，但是危机发生时会及时启动并有效运转，对危机的处理发挥重要作用。因此，酒店应建立成文的危机管理制度、有效的组织管理机制、成熟的危机管理培训制度，逐步提高危机管理的快速反应能力。

3. 诚信形象原则

酒店的诚信形象，是酒店的生命线。危机的发生必然会给酒店诚信形象带来损失，甚至危及酒店的生存。矫正形象、维护形象、塑造形象是酒店危机管理的基本思路。在危机管理的全过程中，酒店要努力减少对酒店诚信形象带来的损失，争取公众的谅解和信任。只要顾客或社会公众是由于使用了本酒店的产品而受到了伤害，酒店就应该在第一时间向社会公众公开道歉以示诚意，并且给受害者相应的物质补偿。对于那些确实存在问题的产品，应该不惜代价迅速收回，立即改进酒店的产品或服务，以尽力减少影响，赢得消费者的信任和忠诚，维护酒店的诚信形象。

4. 信息应用原则

随着信息技术日益广泛地被应用于政府和酒店管理，良好的管理信息系统对酒店危机管理的作用也日益明显。信息社会中，酒店只有持续获得准确、及时、新鲜的信息资料，才能保证自己的生存和发展。预防危机必须建立高度灵敏、准确的信息监测系统，随时搜集各方面的信息，及时加以分析和处理，从而把隐患消灭在萌芽状态。在危机处理时，信息系统有助于有效诊断危机原因、及时汇总和传达相关信息，并有助于酒店各部门统一口径，协调作业，及时采取补救的措施。

5. 领导重视并参与原则

酒店高层的直接参与和领导是有效解决危机的重要措施。危机处理工作对内涉及从后勤、生产、营销到财务、法律、人力资源等各个部门，对外不仅需要与政府、媒体打交道，还要与消费者、客户、供应商、渠道商、股东、债权银行、工会等方方面面进行沟通。如果没有酒店高层领导的统一指挥协调，很难想象这么多部门能做到口径一致、步调一致、协作支持并快速行动。由于中国酒店更多趋向于人治，酒店高层的不重视往往直接导致整个酒店对危机麻木不仁、反应迟缓，因此，酒店应组建酒店危机管理领导小组，担任危机领导小组组长的一般应该是酒店一把手，或者是具备足够决策权的高层领导。

6. 临危不乱、快速反应原则

突发性和不确定性是危机的重要特点。酒店面对突如其来的危机，应做到临危不乱。乱则无法看清危机实质，乱则无法有效地进行整体公关。要牢牢抓住危机实质，尽快分析危机产生的原因，是产品质量、服务问题，还是广告误导、促销不力，抑或财物丢失、人身安全受损等，要在第一时间内迅速作出判断，并制订出相应的危机营销方案。

危机的解决，速度是关键。危机消息的出现，经常使酒店的形象受到消极的影响。危机降临时，当事人应当冷静下来，采取有效的措施，隔离危机，要在第一时间查出原因，找准危机的根源，以便迅速、快捷地消除公众的疑虑。同时，酒店必须以最快的速度启动危机应变计划并立刻制定相应的对策。如果是内因就要下狠心处置相应的责任人，给舆论和受害者一个合理的交代；如果是外因要及时调整酒店战略目标，重新考虑酒店发展方向。在危机发生后要时刻同新闻媒体保持密切的联系，借助公正、权威性的机构来帮助解决危机，承担起给予公众精神和物质补偿的责任，做好恢复酒店运营的事后管理工作，从而迅速有效地解决酒店危机。

7. 主动沟通原则

沟通是危机管理的中心内容，与酒店员工、媒体、相关酒店组织、股东、消费者、产品销售商、政府部门等利益相关者的沟通是酒店不可或缺的工作。沟通对危机带来的负面影响有最好的化解作用。在传播沟通中，要掌握对外报道的主动权；要以自己的组织为消息第一来源，主动本身也反映出来一种积极的态度。

拓展知识

做好危机传播方案

- 时刻准备在危机发生时，将公众利益放在首位；
- 掌握对外报道的主动权，以公司（组织）为第一消息发布源；
- 确定信息发布所需要的媒介；
- 确定信息传播所需针对的其他重要的外界公众；
- 准备好公司（组织）的背景材料，并不断根据最新的情况加以充实；
- 建立新闻发布会和媒介索取最新材料的场所；
- 在危机期间为新闻记者准备好通信设备；
- 设立危机新闻办公室，以接受媒体电话询问，若有必要，可24小时开通；
- 确保公司（组织）有足够训练有素的人员来应付媒体；
- 应有一名公司（组织）的高层来领导、负责危机小组的管理；
- 确保危机管理小组能有效地工作；
- 准备一份应急新闻稿，留出空白，以便在危机发生时，可直接充实并发出；

● 确保危机发生期间，通信线路的畅通。

（资料来源：http://wenku.baidu.com/view/61b81da0284ac850ad024285.html.）

一般来讲，在酒店出现危机时，最好成立一个以酒店重要人物为中心的新闻中心。这一机构可以是临时性的，也可以是长期性的；它可以由一群人或是一个人为中心的几个人组成。在危机期间，它的作用在于将危机真相告诉消费者。

新闻媒介总是传播危机消息的先锋，危机消息通过他们迅速传播给了消费者和社会各界。这些消息将长期深刻地影响着消费者的心理和购买行为。酒店必须树立强烈的沟通意识，及时将事件发生的真相、处理进展传达给公众，以正视听，杜绝谣言、流言，稳定公众情绪，争取社会舆论的支持。

另外，为了取得主动，酒店在策划方案时，就要准备一些必要的原始材料。例如：一些照片、各种设备的最新技术指标、图表等，用来给一些相关的组织和媒体做介绍，并在危机时，提供给媒体，以显示酒店与媒体充分合作的良好态度，最终赢得宝贵的时间来进一步收集危机的第一手资料。

8. 以诚相待原则

面对危机，酒店只有开诚布公地说明事情的原委，诚恳地接受批评才能淡化矛盾、转化危机。无论面对的是何种性质、类型及起因的危机事件，酒店都应该主动承担义务，积极进行处理。即使起因在受害者一方，也应首先消除危机事件所造成的直接危害。以积极的态度去赢得时间，以正确的措施去赢得顾客，创造妥善处理危机的良好氛围。以诚相待还表现为维护消费者利益，以顾客代言人的身份出现，主动补偿顾客的实际利益和心理利益。

9. 控制影响原则

成功的危机公关一定是在尽量早的阶段消除危机，尽量迅速地解决问题、平息冲突。努力尽早化解危机，对个别小范围内发生的事，想方设法减少曝光，化敌为友，消除不利影响。

案例分享

客栈民宿重要集群地的彩云之南缘何成为虎狼之地

作为客栈民宿重要集群地之一的云南，似乎最近一直被丑闻缠身。春节前，女子丽江旅游遭毁容无人问津的微博引发了广泛关注；春节期间，又爆出游客被餐饮店人员殴打的事件；春节刚过，客栈老板猥亵女客人事件，再次拨动人们的神经。云南的旅游业遭遇口诛笔伐，众多网友表示不敢前往云南旅行。

与此同时，2017年春节期间，各地网友纷纷晒出自己在各大OTA上查询到的住宿价格，动辄数千元每晚的房间令人咂舌。而云南地区更是以数万元的天价房，荣登春节“宰客”榜首。

伴随着消费观念及消费水平的升级、节假日旅游理念的普及，以及城市环境污染的日益严重，2017年的春节旅游市场格外火爆。作为旅游大省，云南更是在春节黄金周期间，接待了游客2296.62万人次（同比增长65.28%），实现旅游收入135.53亿元（同比增长70.60%）。

快速增长的数字背后，是旅游住宿需求的激增。大理莫舍阅海别院的联合创始人高平告诉记者，在春节出游高峰的正月初二到初四期间，大理住宿业市场近九成客栈实现了百分之百的入住，出现了一房难求的局面，部分客群甚至被迫分流到周边其他城市。以莫舍为例，莫舍春节期间的客房在国庆之后就已开始预订，大年三十到正月初十期间一直处于满房状态。

罗望的创始人荣滨也表示，在2017年春节游客抵达高峰期内，绝大部分经营平稳和口碑良好的客栈，一般早在半个月或一个月之前就已经被预订一空。荣滨认为，随着市场需求的增长，房价向上浮动在所难免，但合理范围内的房价涨幅一般在50%~80%。

显然，市场需求的火爆引发的房价上涨，是市场经济规律作用之下的产物。但是数千元甚至数万元房价，却显然已经丧失了合理性。那么，天价房背后，真的是云南省旅游业乱象的冰山一角？

那么，这些原本属于中低端定价的住宿业态，以千元、万元房价进行售卖，真的是想“宰客”吗？

据知情人士介绍，将价格调至数千、数万元，一则出于留房的需要；一则出于曝光率的考虑。部分客栈，由于房间售卖几乎完成，仅余少量房间希望留房，却又不想因为关房等处理方式影响在OTA上客栈的排名，所以采取调高房价、设置不合理门槛的形式，将预订房间的客人拒之门外。与此同时，也有完成房价售卖的客栈，以天价房在OTA平台博取曝光率，吸引眼球。

春节期间于丽江旅游的曾小姐告诉记者，2017年春节在丽江，如果想要实现当天预订当天入住，确实出价一两千元都难以实现，但如果提前一天预订，则是可以实现入住的，且普通客栈价格在300~600元。

实际上，在春节期间，口碑良好的商家都制订了合理的价格计划。

老馆创始人胡馨予告诉记者，在旺季用天价房费吸引眼球，在淡季用超低价房费去打价格战，都是损害酒店长远利益、扰乱市场的营销方式，也违反了广告法和互联网营销的相关法律法规。而老馆制定了严格的淡旺季定价规定，涨幅不会超过50%，在春节期间平均涨价300元每间夜。而大理莫舍阅海别院则采取的是全年统一定价的形式，营造良好的入住体验，培养回头客，稳定全年的运营成本以及入住率。

可以说，此次云南天价房事件，是部分客栈对于OTA平台制度的规避和利用，云南住宿业市场大环境仍旧是节假日的周期性上调，几乎未能实现以天价成交的情况。

但与此同时，根据知情者透露，春节期间，云南地区也存在部分客栈经营者存在杀鸡取卵式的“宰客”行为：因为提前进行网络售房之后，想要赚取春节期间到店售卖的更高房价，便毁约不再留房给早已预订的客户；利用房间的紧俏，采取到店加价的模式；与酒吧合作充当酒托，怂恿客人进行高价消费。

根据《法制晚报》的调查，超六成网友表示，丽江旅游暴力事件屡现报端，归因于政府的作为不够；近8成网友认为，古城收维护费不合理，粗暴的设卡收费无异于饮鸩止渴；41%的人认为，整治旅游乱象，要拿出诚心，有关部门应妥善处理暴力事件并作出承诺；

也有近3成网友看到系列事件后，表示不会再去丽江旅游。

曾经的彩云之南，如今似乎已经被污名化，成了豺狼虎豹之地。

事实上，中国旅游业正在逐步走向规范，而在这个进程中，诸多旅游目的地都会发生类似云南目前出现的负面情况。然而，一连串偶然事件的集中式出现，媒体高度高频的关注，病毒式传播与发酵，形成了合力，营造了一个极为恶劣的云南旅游业现状，也正式点燃了云南旅游业危机的导火索。

网络传播环境下，人们总是乐于去参与群体口诛笔伐式的狂欢，却难以冷静下来思考问题。所以，更多人看到了OTA上高企的房价，没有看到的是，面对没有预订房间、只能在车内过夜的游客，也有客栈经营者无偿提供帐篷、场地，供游客们住宿；没有看到，针对涉及天价房的酒店，大理州市场监督局已经开始进行约谈和处罚；没有看到，云南客栈民宿经营者，同样在对这些不良商家进行声讨，希望整顿市场环境。

专家点评：

我们需要理性的舆论引导，但问题真正的根源，仍旧是部分从业者杀鸡取卵般短视的发展，以及管理制度的不健全。我们期待更多理性的声音，期待从业者的自律，期待更健全的管理，还彩云之南原本的魅力。

（资料来源：木木. 酒店高参微信公众号，2017-02-15.）

第二节　酒店危机管理策略

酒店形象的塑造，要靠平时的点滴积累和发生危机时的正确处理。特别是在危机处理上，酒店的良好表现，是重塑酒店形象的关键。这就涉及如何对危机进行监测、防范、处理的问题，把最有可能发生的危机列为危机管理的对象。作为酒店来说，建立起有效的危机预警和处理机制至关重要，而这个机制的重点则是各类危机管理预案的建立。建立好各种处理预案，居安而思危、未雨而绸缪是对付危机的最佳管理策略。

一、建立酒店危机预案

（一）危机管理预案，既是处理程序，也是行动纲领

危机管理预案中必须规定危机发生时，各级人员的分工、职责、工作程序，什么样的问题由谁来处理，谁有权处理什么事，处理问题的要点和原则是什么，由谁发出酒店的紧急状态令，对外发布信息的原则是什么，现场和善后处理的指挥、协调以及对外关系处理等工作的原则是什么，特别是成立危机管理领导小组，确立对外发言人，启动已妥善制定的处理程序（人员分工、物资配备、各级的任务），以争取在第一时间内，果断地采取措施。例如新加坡的酒店，在客房楼层的管道井门后都挂着一张清房卡，他们的防火预案中规定：在火灾发生时，楼层员工必须先引导客人尽快疏散，而后，认真将清房情况填入清房卡，保证客人绝对安全。这些是战胜“危机”的关键因素。

拓展知识

酒店的危机管理预案的类型

防范火警、火灾的；

防范各类治安性突发事件的；

防范各种自然灾害的；

防范食物中毒、服务过失等多种易发性事件的；

防范各种设施、设备有安全隐患的；

防范媒体炒作的。

（资料来源：http://wenku.baidu.com/view/61b81da0284ac850ad024285.html.）

（二）危机管理预案一经制定就是制度

危机管理预案是工作实践和管理智慧长期积累、总结的结晶，制定后就是制度。用制度来规范各级人员应对危机的防范、处理的要求和职能，形成一套切实有效的预警体系，是应对危机的最有效办法。一旦酒店出现危机苗头时，就能及时给予发现、上报，并及时发出警报。为了努力避免危机爆发或使危机爆发后易于控制，在危机爆发前或爆发之时，应立即宣布酒店进入紧急状态，同时启动已制定好的危机管理预案，视情形及时采取各种应急措施，进入危机的处理程序。

（三）加强员工危机意识的教育

制定危机管理预案，更要加强对酒店员工危机意识的教育与典型案例的学习，树立全方位防御的预警意识，提高发现、防范、预警的能力。对自然灾害，要注重于事先掌握信息；对突发治安事件，要培养、训练管理人员、员工，具有善于观察蛛丝马迹的能力，提早发现、提早报警；对火警、中毒事件，则注重管理职能的发挥、制度的严抓、程序标准的严格执行；对服务质量和员工处理问题能力引发的危机，则重在培训、再培训。同时，管理预案制定后，要把它落实到员工日常培训工作中去，必要的时候，还要进行适当的演练，让所有员工都能熟练地掌握和运用。防止危机的发生，重要的是建立、锻炼对付危机的“免疫机制”。实际上，最佳的危机管理艺术就是将危机消灭在萌芽之中。

知识链接

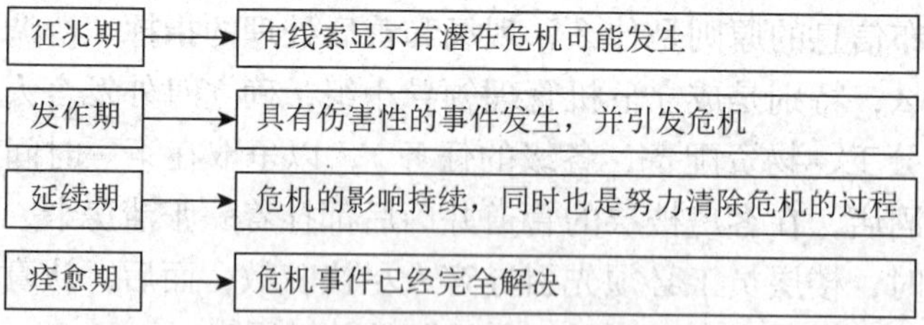

图 10-1 危机生命周期的四个阶段

（资料来源：http://www.docin.com/p-221305936.html.）

☞ **案例分享**

重视客人的投诉

酒店业的投诉处理（即服务补救），使坏事变为好事，从失去的顾客身上学习。投诉处理好了，客人就留住了，并且能变好事为美事。再优秀的星级酒店，即使是最缜密的操作流程、最优秀的服务人员，在服务时也难免会发生差错，此时迅速、及时、有效地解决问题就非常关键。优质的补救性服务可将不满意的客人转化为满意的客人，促使客人为酒店做有利的口头宣传。服务工作出现意外时，客人往往对补救性服务的过程即解决问题的过程更加重视。服务人员应设身处地为客人着想，平息客人的怒火，首先从自己这方面查找原因，而不应该固执己见，与客人争执僵持。当服务人员在自己的权限范围内解决不了问题时，就必须及时请示上级。另一方面，如果管理者做好现场服务实绩管理工作，则不必等员工来反映问题就能及时发现并解决问题了。可见，管理者和服务人员双管齐下才会有出色的补救性服务。

为客人提供完美的服务是各酒店的追求，而当由于种种原因发生了服务差错时，酒店就应该根据客人损失（如金钱、时间、心理、名誉等），及时采取有效的补救性措施，防止酒店与客人之间关系的破裂，要将不满意的客人转化为满意的客人，甚至成为酒店的忠实顾客。如此说来，服务补救“为时不晚”。

以“情”留客

以实际行动服务客人，以真挚情意感动客人。万事皆有情，人人难离一个“情”字，销售要注意捕捉客人的情感信息，采集客人的情感信息，对客人像亲人，同喜同忧。如：生日祝福，过节感恩等。

4 月下旬，某公司在某酒店新装修的会议室开会。一会议代表在使用卫生间时，遇自动冲水阀突然破裂，导致客人全身湿透。会议室领班贝贝一面向客人道歉，将客人带往洗衣房，一面通知维修。由于当天正值星期天，洗衣房蒸汽不足，洗烘达不到效果，她边与有关部门联系，边找合体的衣裤让客人换上。正午休的洗衣员工也赶来帮忙。客人的衣、裤、皮鞋完全湿透了，但见领班贝贝与总务部师傅满脸歉意一直为他吹干衣服、裤子和鞋子，同时酒店对突发事件及时处理，工作认真负责，客人的气顿时消了。

点评：就这件事情的性质来说，造成事故的原因是新装修的卫生间冲水阀出现故障，从而淋湿了客人全身。而这件事的最终结果是客人并未投诉，这是因为贝贝在事发后的第一时间赶到现场，在客人最需要的时候付诸真情，工程部赶到现场排除故障，终于，一起可能的投诉被温馨的服务化解了。如果事发后，酒店没有在第一时间帮助客人解决问题，其结果必然导致客人的投诉。由此可见，酒店业在做好规范服务的基础上，必须提供深入细致的个性化服务，真正做到在处理和服务中“真心”“热心”，如此许多纠纷是容易解决的。同时，酒店业应设身处地替客人着想，加强设施设备的检查，为客人提供舒适、安全的环境，避免不安全事故的发生。

海水冲进酒店里

受强台风“山竹”影响，2018 年 9 月 16 日 12 时 30 分，大梅沙京基喜来登酒店 –1

楼餐厅玻璃门窗被强风吹裂，出现海水倒灌，并裹挟着木屑等垃圾，积水达10厘米左右。人员已全部安全转移，无人员伤亡。深圳大梅沙京基喜来登酒店就此发布声明一则：

声明

2018年9月16日

台风“山竹”已对深圳大梅沙京基喜来登酒店负一层自助餐厅的大门、餐厅设施及同层的部分区域造成破坏。9月15日前，酒店已与盐田区政府及相关防汛部门紧密沟通并落实做好各项防御工作。

目前，除酒店负一层区域已经封闭，其余各区域包括一层大堂及客房等不受影响正常营业。酒店客人以及酒店员工均处于安全状态。

酒店已为交通受阻而无法离店的客人特别安排延迟退房或续住服务。所有在2018年9月16日和17日期间的酒店客户预订，均可免费取消：如需取消或更改客户预订，可拨打酒店电话（0755）8888 6688。

客人以及员工的安全是酒店的首要责任，我们将继续监测天气情况并采取必要措施。

如有进一步消息，酒店将及时更新，感谢大家对酒店的关心。

（资料来源：https://m.thepaper.cn/newsDetail_forward_2446899.）

二、酒店危机处理原则

我国酒店业目前危机管理的现状不容乐观。一般的酒店只有预防火警、火灾事故的处理预案，做得好一点的酒店有预防各种突发性事件的处理预案，而多数酒店没有其他内容的处理预案。在应对外部因素引发的危机上，常常充当了被动应战的角色。一旦遇上事件或危机发生，酒店不知如何处理：有的一味地将责任推向公安等有关部门或者当事人；有的拒绝媒体的采访，对外封锁消息；有的推卸责任，尽力开脱自己；有的粗暴地对待当事人或来采访的记者。因此招致了媒体和社会公众的不满与谴责，遭受重大经济损失，酒店的形象在社会上也一落千丈。

（一）及时性原则

危机处理的目的在于尽最大努力控制事态的恶化和蔓延，把因危机事件造成的损失减少到最低限度，在最短的时间内重塑或挽回酒店原有的良好形象和声誉。为此，危机一旦发生，不光是公共关系危机管理小组的成员，而是酒店的所有成员都应立即投入紧张的处理工作中。赢得时间就等于赢得了形象。有专家说：“高效率和日夜工作是做到快速反应不可缺少的条件。”

（二）理性原则

危机事件发生后，处理人员应冷静、沉稳和镇静，不要因事件头绪繁多、关系复杂使自己变得急躁、烦闷、信口开河，等等。只有在遇到危机时冷静、沉稳抱以积极的心理，才能在处理危机事件的过程中应付自如、左右逢源。

（三）全面性原则

公共关系危机事件可能会涉及或影响酒店内部和外部的诸多方面。在处理具体的公共关系危机时，应遵循全面考虑的原则。既要考虑内部公众，又要考虑外部公众；既要注意对公众现在的影响，又要注意对公众未来的或潜在的影响，等等。

（四）准确性原则

危机事件发生后，特别是在事件初期，由于种种原因，传播的信息容易失真。为了避免公众的猜测、误解和有关危机事件的谣言造成新的危机事件，公共关系危机管理小组选出的发言人不仅要及时传递有关信息，而且还要使传递的信息十分准确，不隐瞒或省略某些关键细节。

特别提示

危机处理“两个要”

要选用训练有素的人员来接受询问，防止表达不当产生歧义，而引起误解。

要有统一的对外宣传口径，尽量通过媒体或召开新闻发布会，告诉社会公众发生了什么，我们正在做什么。

危机处理“四不要”

酒店除指定的对外发言人外，任何人都不要对外发布任何消息；

在危机处理的过程中，不要企图去评定罪责，而应该立即提出问题给予解决；

任何人都不要背离危机发生后酒店商定一致的政策或措施，个人不要擅自做出其他决定；

对危机的发生和对外传播，既不要大惊小怪，也不要言过其实。

（五）公正性原则

要公正处理与受到危机事件影响或危害的公众之间的关系。在处理危机事件的过程中，要排除主观因素，公平而正确，坦诚对待受损害的公众。

（六）客观性原则

处理危机时要客观，遵循事实。处理公共关系危机事件的客观性原则包含了很多方面的内容，如事实的真实性、评估的客观性、传递信息的准确性等。

（七）灵活性原则

要随客观环境的变化而有针对性地提出有效的措施和方法。由于公共关系危机事件随着情况的发展而不断发生变化，可能原定的预防措施或抢救方案考虑不太周全，因此，为使酒店的形象和声誉不再继续受到损害，处理工作必须视具体情况灵活运作。

案例分享

淋浴间玻璃爆裂伤人案

方先生在某酒店游泳馆进入淋浴间准备洗澡，关门时玻璃门突然爆裂，致使方先生身体失衡而摔倒，并被玻璃碎片划伤。

据方先生自述，因玻璃门内侧没有把手，只能抓住为固定外侧门把手而露在内侧的短小一截来关门，由于湿滑脱手，导致玻璃门向外运动，撞击淋浴间外固定物而爆裂，自己也因此摔倒受伤。方先生认为，责任完全在酒店一方。

而酒店认为，淋浴间玻璃质量没有问题，之所以玻璃爆裂，是因为客人使用不当所致，责任完全在客人一方。

同样因双方意见分歧巨大，无法协调，最后经法院判定：方先生被划伤，一方面是因为方先生关门时，把握不牢，用力过猛，导致玻璃撞裂；另一方面，酒店提供的淋浴间玻璃门在其内侧缺少方便抓握的把手，存在隐患，引发客人关门失误。所以由客人担责三成，酒店担责七成。

点评：

玻璃门爆裂原因不外乎以下三个方面：一是玻璃本身质量有缺陷；二是安装技工技术水平差；三是使用者操作不当，如尖锐物体撞击，或推拉用力过猛，或高温热水骤然喷洒到玻璃上。

法律专家认为，不论哪一方面原因或由哪几种因素叠加，导致玻璃门爆裂而伤及客人的，酒店一方都要承担一定责任，至于承担几成，视具体情况而定。

作为酒店一方怎么做才能规避责任或降低担责程度呢？几点意见供参考。

首先，选购声誉良好品牌的钢化玻璃，玻璃上有3C认证和品牌标识，厂址明确，具有合格证，这样的产品质量可靠，售后服务也好。据工程专家建议，有条件的话不要购买普通钢化玻璃，而购买钢化夹胶玻璃。夹胶玻璃是用PFVB胶片将两片钢化玻璃高温黏合，提高5倍以上强度，还由于胶片的黏力，可以把爆裂碎片黏合，避免碎片伤人。如果条件允许，可以再贴上一层透明防爆膜，除了再提高玻璃抗击强度外，也因其黏力作用而更加有效防止碎片伤人。

其次，雇用技术水平高的工人安装。

再次，在淋浴间的明显处张贴安全提示，提醒客人规范操作，如拉门动作轻缓、水温逐步调高和在使用前铺上防滑垫或防滑巾等。

最后，酒店必须购买公众责任险。

（资料来源：https://www.sohu.com/a/260319770_395910.）

（八）公众性原则

既要考虑酒店自身利益，又要考虑公众的利益。在公共关系实务中，往往容易只考虑酒店自身的利益，忽视公众的利益。为此，我们强调公众性原则，把公众的利益放在首位。

（九）针对性原则

由于公共关系危机具有不同的类型和特征，即使类型和性质相同或相似，所面临的环境也会是不同的。因此，提出的解决措施、处理程序应具有较强的针对性和适应性，使提出的措施、方法符合危机事件的类型、性质和特征以及不同的环境要求。

（十）维护声誉原则

公共关系在危机管理中的作用是保护组织的声誉。在危机管理的全过程中，公共关系从业人员都要努力减少危机对酒店信誉带来的损失，争取公众谅解和信任。

第三节　酒店危机处理

一、处理危机的对策

酒店发生危机，是酒店同时面临危险与机遇的危急时刻。危机是一种挑战，是对酒店管理素质、酒店管理者领导能力的考验。因此，我们就必须研究、分析危机的类别和特征、危机产生的原因、危机来临时的处理方法和危机处理预案的建立。

1. 直面危机

面对危机，酒店切不可当“把头埋在沙土里的鸵鸟”，那样即使回避了一时的问题，却可能为更大的危害播下了种子。同时在向公众公布事实真相的过程中，也要避免像挤牙膏那样一点一点地报出消息，因为这会加剧人们的恐惧。

2. 态度是关键

担起社会责任不仅仅为了受到尊敬，践行社会责任能提高酒店的长期盈利能力。星巴克咖啡 CEO 奥林·史密斯说：星巴克的最大成就之一，就是说服顾客付 3 美元的高价买一杯“有社会责任的咖啡”。在星巴克之前，3 美元一杯咖啡是不可想象的。

特别提示

危机管理中的禁忌

不要等到危机发生时才匆忙应对；

不要去打官司，也不要保持沉默；

不要只是辩解，也不要手足无措；

不要逃避责任，也不要反应冷淡。

“人非圣贤，孰能无过？”在危机事件发生后，事实虽重要，但态度是关键。一个组织如果有诚意，那么，对或错就变得不再重要，重要的是公众感受到你的诚意，利益相关者恢复对你的信任。舆论总是保护弱者，而且事实上，人们感兴趣的往往并不是事情本身，而是当事人对事情的态度。从心理学的角度讲，人们的感觉胜于事实。

在危机事件发生后，公众往往有着强烈的抵触和怨恨心理，酒店在处理过程中不仅要解决直接的利益问题，也要根据公众的心理反应，采用多种方式与公众进行感情联络，化解积怨，消除隔阂，增进相互了解，尽早平息危机事件。

3. 确定发言人

当酒店在危机中要对外发布信息时，必须先明确怎样去说，谁来说，跟谁说，内部要确定统一的发言人。如果董事长一种表态，总经理又是另一种表态，基层管理人员再来一种表态，那么事情只会越弄越糟。

特别提示

做好危机中的传播工作

危机发生后，要尽快对外发布有关背景情况，以显示组织已有所准备；

只有确切了解了事故的真实原因才能对外发布信息；

了解更多事实后再发出新闻稿；

新闻发布会是有效的方法，可以减轻公众电话质询的压力；

熟悉媒介通常的工作时间，制定预防危机的方针和对策；

如果新闻报道与事实不符，应及时予以指出并要求更正；

要建立广泛的信息来源，与记者和当地的媒介保持良好的关系，及时通过他们对外发布信息；

要善于利用媒介与公众进行传播沟通，以控制危机；

在传播中要避免使用行话；

确保公司（组织）在危机处理中，有一系列对社会负责的行为，以增强社会对公司（组织）的信任。

（资料来源：http://wenku.baidu.com/view/61b81da0284ac850ad024285.html.）

因为危机的不确定性，紧要关头组织内部人员很难立刻对危机达成共识。所以，越是危机时刻，越要首先明确酒店中谁是组织对外信息发布的唯一出口，由他（她）在第一时间传递出最适当的信息。酒店进行危机公关时，要以坦诚的、解决问题的态度直面媒体和公众，并与之保持良性的互动。同时，酒店应该使自己成为对危机事件进行处理的唯一渠道，保证信息传递的正确、及时。

案例分享

万豪酒店危机公关案例及处理分析

2020 年 9 月，万豪酒店集团在发给中国会员的邮件中将西藏、香港、澳门、台湾列为“国家”。对此，国家旅游局 11 日宣布，责成上海市旅游局尽快查清事实，配合有关部门处理此事。国家旅游局重申，旅游住宿企业应立即对其网站和 APP 上的信息进行全面调查，严格遵守中国法律法规，坚决杜绝类似事件。

上海旅游局郑重强调，中国所有酒店都必须遵守中国法律，尊重中国人民的感情。责令万豪酒店管理层立即查明事实，说明情况，并向公众真诚道歉；立即实施整改，严肃对待责任人，配合有关部门依法查处。

上海市旅游局紧急约谈万豪国际上海相关负责人，并立即责成万豪酒店管理层调查事实，严肃处理相关事宜，配合相关部门依法查处。

万豪连锁酒店 CEO 索伦森当地时间 11 日在美国发表声明，对该公司最近两起涉及中国的不当行为表示道歉，并表示尊重中国的领土主权，采取措施防止类似事件再次发生。根据声明，万豪已经修改了相关声明，纠正了不当行为，并在万豪所有网站和手机应用上查看了相关内容。索伦森表示，他将积极配合中国有关部门的调查工作，并在调查结果出来后对责任人采取必要的处罚措施。

（资料来源：http://www.shuiyihui.cn/new/8328.html.）

4. 首席危机官（CCO）不能缺位

首席危机官（CCO）是一种危机发生时专门成立的以克服危机为目标的项目式组织制度，它更多的是一种象征性的称号，而并非是个常设职务。对于重大的危机，担任这个角色的往往是酒店的一把手，也可能是其他高层管理人员。但不管是由谁担任，一定要在处理问题前指定处理危机的最高指挥官，对危机的处理负总责，这是首席危机官制度的首要原则。首席危机官一经确认，他（她）要立即开展两方面的工作：一是调动内外部资源，制定危机管理的各项决策；二是代表组织形象，开展危机公关。

酒店出现危机后，首席危机官缺位的例子很多。一些酒店在危机出现后，往往是铁将军把门，或者是让保安用手封堵记者镜头，或者万般无奈之中让一两个领班级的人物出场，却都是一律的“无可奉告”之类的不合作言辞。其危机管理和公关能力令人不敢恭维。我国北方某市一大型酒楼，将变质海鲜应市，引起集体食物中毒。一时间指责铺天盖地而来，在酒店生死攸关之时，慌了手脚的酒店领导层却纷纷放“假”；员工对记者的电话问询统统是“无可奉告”，而老总的去向则是——“去外地出差了”。这种一问三不知的回答更引起了媒体的兴趣，而采取回避政策的这家酒店采取了三防政策：防火、防盗、防记者。这种势态一直持续到当地政府、卫生防疫等部门来调查，酒店领导才露面。人们如梦初醒——原来，躲记者是典型的鸵鸟行为。信息世界不能有信息真空，越躲，危机负面影响只能是越来越大。

5. 建立危机处理组织

首席危机官制度，除首席危机官本人以外，实际上还应该有他领导的三个管理团队，这三个小组分别是：紧急应对小组、解救最紧迫受害者小组和营运持续执行督导小组。其任务是尽最大可能消除危机的影响，解救受害者，保证正常的经营行为持续进行。

建立危机管理体系的组织，都有一份危机管理计划书，其中一项重要内容就是，规定发生哪些类型、级别危机，由谁出任首席危机官，承担危机管理的领导责任。

危机并不可怕，没有危机意识才是最大的危机。这句话，或许对于所有中国酒店管理者来说都应该是一句醒世警言。

特别提示

危机处理策略

面对灾难，应考虑最坏的可能，并及时采取行动；

以最快的速度控制危机，调配训练有素的人员对危机进行控制和管理；

要让危机管理人员不断了解危机管理的进展情况；

为危机管理人员设置专用的电话，以应付外界的电话；

要倾听公众的意见，把握公众情绪，若可能，通过调查研究来验证公司（组织）的看法；

设法使受到危机影响的公众站在公司（组织）的角度，帮助公司（组织）解决有关问题；

邀请公正、权威性机构来帮助解决危机，以便确保社会公众对公司（组织）的信任；

时刻准备应付意外情况，随时准备修改公司的计划，勿低估危机的严重性；

要善于创新，以便更好地解决危机；

别介意临阵退缩者，因为有更重要的事情需要解决；

把情况准确地传达给总部，不要夸大其词；

危机管理人员要有足够的承受能力；

处理完危机后，要吸取教训。

（资料来源：http://wenku.baidu.com/view/61b81da0284ac850ad024285.html.）

二、解决危机常用的方法

不同类型的危机，处理的方法存在着很大的差异。在处理危机前，酒店首先应确定危机的类型，以便于有针对性地采取对策。

1. 权威公断法

邀请或协助公正性、权威性机构（如消协、技监、媒介等）帮助解决危机，经常是酒店控制危机事态发展、转危为安的关键所在。不少危机事件的平息，很大程度上都是成功运用权威公断的结果。

2017 年 3 月，无印良品陷入“核污染区”食品事件。央视 315 晚会上曝光关于日本“核污染区”食品悄然流入中国市场的消息，“无印良品”被点名。根据晚会直播视频来看，无印良品超市所售卖的无咖啡因香茅薏仁茶和鸡蛋圆松饼因产品包装上标有“东京都”字样，所以被认为是“核污染区”食品。

3 月 16 上午，无印良品即在其官网、微博、微信发布声明称，标注“贩壳者 株式会社良品计花 RD01 东京都丰岛区东池袋 4-26-3”字样为公司母公司的法定注册地址，并非所售进口食品的产地；同时贴出《对中国出口产品原产地证明书》。无印良品快速用证据证明清白，有理有据，不少网友纷纷点赞。

2. 将事就事法

对刚刚发生的危机，事态尚未四散蔓延时，可有针对性地处理，以免事态的扩大。

2017 年 4 月的黄小厨涉嫌抄袭事件。4 月 23 日晚，一篇名为《黄老师，黄小厨方案的钱我们不要了》文章在朋友圈刷屏了。一家名为 A&A Communication 的公关公司，控诉黄小厨于北京举办的 noob 市集现场所呈现的现场方案与他们为黄小厨提案的方案重合度极高。24 日早上，黄小厨品牌创始人黄磊发布个人声明，“如黄小厨涉及抄袭，黄小厨公司自会承担责任……将实际情况不做任何的断章取义，公布于众”。黄磊的及时表态，而且态度端正，再加上对方也没有继续纠缠，此事也就过去了，此次品牌危机处理对策总的来说算比较成功的。

2019年4月初，汉堡王在Instagram上发布的一条新品汉堡广告被指涉嫌“种族歧视”，视频中的演员用一双巨型筷子艰难吃汉堡。画面存在恶搞突兀嫌疑，引发网友不满，谴责汉堡王涉嫌种族歧视。汉堡王在事件舆情处在发展阶段时迅速做出公关回应，从社交媒体上撤下这段广告。该公司市场部负责人伍德布里奇表示："我们对这则冒犯到(亚裔)社区的广告表示诚挚歉意。它并不能体现我们追求多元化以及包容性的品牌价值观。"在该舆情事件中，不少自媒体或媒体会自发报道汉堡王的后续行为，且与杜嘉班纳事件性质类似，媒体会主动将二者进行比较，在与杜嘉班纳的比较中，汉堡王的公关行为容易获得好感。汉堡王及时道歉和移除广告的行为，为自己赢得了转机，促使事件未进一步发酵，避免了舆情继续高涨造成更大影响。

3. 承担社会责任法

在将事就事来解决问题的同时，开展公益活动也可以转变公众对酒店的看法，或是转移公众的注意力（见表 10-1）。

表 10-1　危机类型及其应对策略

危机类型	应对策略
误会型危机	澄清事实。借助权威指出谣言的来源、用意及对公众的危害。真正弄清误会的原因，对症下药
事故型危机	补偿公众损失，表示道歉。寻找事故原因，避免事态恶化。公开承认错误，并负全责。调动媒体跟踪处理过程
意外型危机	公开损害情况。正确处理与公众的纠纷。告知事情的来龙去脉。制定防范措施
受害型危机（假冒伪劣）	诉诸法律，表明自己受害无辜；寻求公正评判制裁。借助媒体，制造舆论压力。强化产品差异化，形成规模效益

2020 年 2 月 8 日元宵节，不少企业面临着疫情防控和复工的双重压力。晚间，一段题为《刚刚！老乡鸡董事长手撕员工联名信》的视频通过微博、微信朋友圈等平台广为流传。视频中束从轩称由于受疫情严重影响，老乡鸡保守估计会有 5 个亿的损失，为了帮助企业渡过难关，员工提出疫情期间不拿工资，并签字按手印提交联名信。束从轩对此的回应是直接撕掉，并喊话员工，哪怕卖房子、卖车子，也会千方百计确保员工们有饭吃、有班上。董事长手撕员工联名信，在餐饮业界独树一帜，该视频迅速出圈、刷屏网络，在抖音平台的搜索量高达 500 万。该事件也被认为是餐饮业困境之下品牌公关传播的范本。

4. 现身说法法

现身说法可以消除消费者对产品的误解，重塑消费者信心。

某年 8 月 22 日，一篇题为《记者卧底"海底捞"揭秘》的报道曝出海底捞骨汤勾兑、产品不称重、偷吃等问题，引起社会轩然大波。当天 15：02，海底捞官网及官方微博发出《关于媒体报道事件的说明》，声明语气诚恳，承认勾兑事实及其他存在的危机公关问题，感谢媒体监督，并对勾兑问题进行客观澄清。此篇微博被转发 1809 次，评论 690 条，用户基本接受海底捞的态度，8 月 22 日 16：18，海底捞官网及官方微博发出《海底捞关于食品添加剂公示备案情况的通报》。

8 月 23 日 12：00，海底捞官网及官方微博发出《海底捞就顾客和媒体等各界关心问题的说明》，就勾兑问题及员工采访问题进行重点解释。23 日 20：00，海底捞掌门人张勇发出一篇这样的危机公关微博：

菜品不称重、偷吃等根源在流程落实不到位，我还要难过地告诉大家我从未真正杜绝这些现象。责任在管理不在青岛店，我不会因此次危机发生后追查责任，我已派心理辅导师到青岛以防该店员工压力太大。对饮料和白味汤底的合法性我给予充分保证，虽不敢承诺每一个单元的农产品都先检验再上桌，但责任一定该我承担。

此篇微博瞬间引来病毒式传播，转发近 4000 次，评论 1500 条，在如今遇事自保、互相推诿、丢车保帅的职场中，张勇的敢担当人情味十足，其人格魅力化解掉此次事件 80% 的危机。随后，海底捞邀请媒体记者全程记录骨汤勾兑过程，视频、照片瞬间布满网络，危机公关事件件圆满平息。

中午 11 点事件在网上流传开来，下午三点多海底捞就发出了致歉信，并在下午四点多发出了整改通知，表明自己的决心。其速度，不可谓不快。在这件事情上，海底捞的做法同样也值得借鉴。在危机过后的整改举措中，先把整改的对象归为公司的董事，之后又告诉员工无须恐慌，安抚了他们的内心。“这锅我背、这错我改、员工我养”的气魄，很少有企业能做到。

在这一危机事件解决的过程中，及时回应、正面回应、诚恳道歉、打人情牌四大关键词起到决定性作用。

拓展知识

东北某报发表了一篇牙膏对比实验报道，其中宝洁公司旗下的“佳洁士”表现欠佳，一时间，佳洁士背上了“高价格未必高品质”的恶名。为了证明自己的产品“经得住考验”，宝洁公司的人在第一时间从广州飞到北京，同时邀请众多媒体参观其北京宝洁技术中心，并当众把其在电视广告中的“佳洁士鸡蛋演示实验”又做了一遍，以显示宝洁的产品“真金不怕火炼”。

（资料来源：https://www.docin.com/p-1295795755.html.）

5. 打情感牌

在前述的海底捞事件与老乡鸡手撕员工联名信事件中，呈现一种负责任、勇于承担的形象，是很好地运用了打情感牌方法的实例。

6. 转移视线法

这种解决方法适用于小范围发生，并且容易解决的危机，而且在运用时要做最坏的打算，做多手准备加以处理，否则，一旦处理不好，引发更大危机时会难以控制。

在处理危机时，并不限于一种处理方法，有时可能是多种方法的综合运用，但关键是方法要得当。

知识链接

2021“危”中有“机”，携手共进

罗家顺

回顾 2020，携手共渡难关，社会责任担当

面对世界百年未有之大变局，加之新冠肺炎疫情所导致的不确定性，2020 年注定是不平凡的一年。正大集团唱响“爱是正大无私的奉献”主旋律，根据疫区需要，正大集团毫不犹豫再次承担起一个跨国公司应尽的责任，第一时间向中国捐资捐物超 6000 万元。与此同时出资 1 亿泰铢在泰国新建日产 300 万的口罩厂并免费发给民众，疫情过后将口罩销售各大医院，其所得全部支持泰国心脏研究机构。正大商业地产板块亦是与旗下千余租户（包含若干中国饭店协会副会长单位）携手共渡难关，2020 整年累计减免租金超过 1 亿元。

疫情“新常态”，在“危机”中寻找机会

疫情情况下，大家都在不断创新，在“危机”中寻找新机会，餐饮行业提前趋向数字化的局面，外卖成为保民生与保餐饮企业的关键策略之一。然而这次疫情恰恰激发消费者心目中对于聚会、聚餐的内在需求与渴望。随着疫情逐步好转，正大商业地产旗下的餐饮租户表现出众，营业额出现报复性反弹。而这些表现良好的餐饮租户具备以下几点特征：第一，注重用餐环境、食品安全、空气质量以及服务品质，以实现疫情期间的用餐安全、健康与美味的共存；第二，注重品类深耕和精细化管理，针对市场变化，根据大数据分析及时调整菜品与服务细节。第三，疫情情况下，为保证用餐安全，包厢聚餐成为“新常态”，消费者对于可控环境的聚餐产生强烈需求。第四，内容创新与跨界合作成为疫情情况下的创收利器。例如正大商业地产与 MUSE 餐饮娱乐集团跨界合作打造“eat n work”——结合餐饮与联合办公的创办空间，满足疫情情况下消费者对于办公与餐饮的全新需求。疫情情况下，“eat n work”严格履行防疫工作，紧跟市场与消费者的需求和动态，及时调整运营策略和产品服务方针，整年联合办公出租率达到 98%，餐饮销售额目标达成率为 130.47%。

展望 2021，重“安全”、重“健康”、重“需求”

展望 2021 年，在疫情逐渐趋于平稳，但偶有反复的情况下，餐饮业与商业受到一定的影响，为稳定“复工复产”的社会生产力，正大集团认为办公人群用餐的安全与丰富性是重中之重。位于中国北京 CBD 的正大中心双子塔，是为全球华人华侨、世界华商所打造的办公与商业之地，也是正大集团中国总部所在之处。为满足在 CBD 区域乃至全北京的消费者的宴请、聚餐、早中午餐的需求，为解决当代白领用餐选择单一化的问题，疫情当中正大中心推出“大江南北”特色餐饮、国际美食的概念，其中包含：潮州菜、淮扬菜、湘菜、川菜、粤菜、新京菜、西北菜、意大利菜、日餐、西餐、泰餐等。在保证健康、安全、卫生与美味的同时，和前沿生活方式的零售店铺完美融合，实现多元业态、多功能性的跨界交融，呈现集风味餐饮、精致零售、高科技会议会展等于一体的特色商业。2021 年 5 月正大中心即将正式开业，目前为止餐饮招商进度已经完成 95%，并与若干中饭协饭店协会会员单位达成合作。开业之际正大中心还将提供六星级物业服务，为消费者

提供正大商业旗下餐饮租户菜品的摆盘、摆桌、送餐上门服务、安保、接送机、商务住宿预订、医疗保障等人性化服务，为商务洽谈、会务宴请提供全方位的保障。希望所有在京聚首的商务、休闲人群，可以第一时间品尝地道的、安全的家乡至味，以解思乡之情，即便是在商务洽谈的情景下也能得到最温暖妥帖的满足。

（资料来源：http://www.chinahotel.org.cn/forward/enterenterSecondDaryOther.do?contentId=6ec7ff0b301e4877a74182ac76ba904d）

思考与练习

1. 什么是危机？它具有什么特点？有哪些类型？
2. 危机产生的原因有哪些？
3. 什么是危机管理？它有哪些工作阶段？
4. 危机管理的原则有哪些？
5. 解决危机常用的方法有哪些？

附录　酒店术语与缩写

A. Department	**部门**
1. Executive Office	总经理办公室
2. Personnel Department	人事部
3. Sales Department	销售部
4. Public Relation Department：PR	公关部
5. Front Office Department：FO	前厅部
6. Housekeeping Department：HSKP	管家部
7. Laundry Department	洗衣部
8. Food and Beverage Department：F&B	餐饮部
9. Account Department/Financial Department	财务部
10. Purchasing Department	采购部
11. Training Department	培训部
12. Engineering Department	工程部
13. Security Department	保安部
14. Computer Room	电脑房
15. Public Area：PA	公共区域
B. Address	**称呼**
1. General Manager：GM	总经理
2. Deputy Manager	副总经理
3. Department Head：DH	部门经理
4. Directory of Sales：DOS	销售总监
5. Front Office Manager：FOM	前厅经理
6. Assistant FOM：AFOM	前厅副经理
7. Assistant Manager：AM	大堂副理
8. Supervisor	主管
9. Assistant Supervisor	副主管
10. Captain/Shift Leader	领班
11. Financial Controller	财务总监
12. Duty Manager	值班经理

C. Front Office Section	**前厅各分部**
1. Reception：Recp（Receptionist）	接待处
2. Reservation：Rsvn	订房部
3. Concierge/Bell Counter	礼宾部
4. Operator	总机
5. Business Center：BC	商务中心
6. Front Office Cashier：FOC	前厅收银
7. Mail & Information	邮件及问询

D. Front Office Terminology	**前厅术语**
1. Check-in：C/I	入住
2. Check-out：C/O	退房
3. Register/Pre-registration	提前登记
4. Registration Card：RC	登记卡
5. Passport Number	护照号码
6. Nationality	国籍
7. Arrival Date：ARR	抵店日
8. Departure Date：DEP	离店日
9. Due out：DO	预离
10. Room Rate：RM RT	房价
11. Service Charge：SVC CHG	服务费
12. Government Tax	政府税收
13. Single Room/King Size Bed	单人房
14. Double Room/Twin Room	双人房
15. Suite	套房
16. Presidential Suite	总统套房
17. Vacant Ready：VR	空净房
18. Occupied Room：OC	占用房
19. Out Of Order：OOO	待修房
20. Occupied Dirty：OD	占用脏房
21. Vacant Dirty：VD	空房脏房
22. Assign：AS	分房
23. Master Card/Key	万能钥匙
24. Lock Room	锁房
25. Double Lock	反锁
26. Skipper	跑单
27. Discount	折扣
28. Tariff	房价

29. Brochure	小册子
30. Credit Card	信用卡
31. Deposit	保证
32. Booking	预订
33. Booking-Reservation	预订
34. Message	留言
35. Massage	按摩
36. Fax	传真
37. Cable	电挂
38. Computer	电脑
39. Telegram	电报
40. Luggage/Baggage	行李
41. Parcel	包裹
42. Room Change	换房
43. Safety Box / Safe Deposit Box	保险箱
44. Cash	现金
45. Signature	签名式样
46. Guest Folio	客单
47. Traveler's Cheque（Check）	旅行支票
48. Foreign Exchange Service	外币兑换服务
49. Coffee Shop	咖啡阁
50. Bar	酒吧
51. Shopping Arcade	商场
52. Health Center	健康中心
53. Chinese Restaurant	中餐厅
54. Western Restaurant	西餐厅
55. Lobby	大堂
56. Ball Room	舞厅
57. Banquet Room	宴会厅
58. Function Room	多功能厅
59. Corridor	走廊
60. Post Card	明信片
61. Letter Paper	信纸
62. Air Mail	航空邮件
63. Courier Mail	急件
64. Express Mail	快件
65. Airport Pick-up	机场接送
66. Amenity	赠品

67. Connection Room	相通房
68. Adjoining Room	相连房
69. Adjacent Room	相邻房
70. Advance Deposit	预付定金
71. Bill/Folio	账单
72. Black List	黑名单
73. Calculator	计算器
74. Complaint	投诉
75. Complimentary	免费
76. Commission	佣金
77. Non-commissionable	非佣金的
78. Driveway	车道
79. Front Entrance	正门
80. Room Key	房间钥匙
81. Pigeon Hole	信箱
82. Extension Number	分机号码
83. Wake-up Call	叫醒服务
84. Long Distance Call	长途电话
85. Outside Call	外线电话
86. Internal Call/Local Call	内部电话 / 本地电话
87. Cancel（Cancellation）	取消
88. Confirm（Confirmation）：CFMD	确认
89. Room Type	房间类型
90. Waiting List	等候名单
91. Sightseeing	观光
92. Travel Agent	旅行社
93. Group Breakfast	团体早餐
94. Meal Coupon	餐券
95. Corporate Rate/Commercial Rate	商业客户价格
96. Corporate Account/Commercial Account	商业客户
97. Conference Rate	会议价格
98. City Map	市内地图
99. Flight Schedule	航班时刻表
100. Forecast	预测
101. Extra Bed	加床
102. Guest Own Account	自付
103. Guest List	客人名单
104. Balance	差额

105. House Account	公司账
106. Hold for Arrival	预留
107. Hospitality	礼貌
108. Light Luggage（Baggage）	轻行李
109. Late Charge	迟退收费
110. Late C/O	迟退
111. Lost & Found	失物认领处
112. Master Card	万事达卡
113. Manual Folio	主单
114. Master System	手工操作
115. Mini-bar	小冰箱
116. Marble Floor	云石地板
117. No-show	预订未到
118. Out of Town	室外
119. Mail Transfer：M/T	传递邮件
120. Transfer Accounts Check	信汇

参考文献

参考书目

[1] 蒋丁新 . 饭店管理 [M]. 北京：高等教育出版社，2002.
[2] 翁钢民 . 现代饭店管理 [M]. 天津：南开大学出版社，2004.
[3] 秦远好 . 现代饭店经营管理 [M]. 重庆：西南师范大学出版社，2007.
[4] 徐文苑 . 现代饭店管理概论 [M]. 北京：清华大学出版社，北京交通大学出版社，2008.
[5] 陈淑君 . 饭店管理基础知识 [M]. 北京：中国劳动社会保障出版社，2005.
[6] 钟志平 . 饭店管理案例教材 [M]. 北京：中国旅游出版社，2010.
[7] 韩智力 . 员工关系管理 [M]. 广州：广东经济出版社，2007.
[8] 耿煜 . 新编现代酒店人力资源开发与管理实务全书 [M]. 北京：企业管理出版社，2007.
[9] 游富相 . 酒店人力资源管理 [M]. 杭州：浙江大学出版社，2009.
[10] 李燕萍 . 人力资源管理（第一版）[M]. 武汉：武汉大学出版社，2002.
[11] 牟昆，王林峰 . 饭店管理概论 [M]. 北京：电子工业出版社，2009.
[12] 顾沉珠，田刚 . 饭店人力资源管理实务 [M]. 南京：东南大学出版社，2007.
[13] 郭防 . 饭店管理概论 [M]. 北京：旅游教育出版社，2007.
[14] 王大悟，刘耿大 . 酒店管理 180 个案例品析 [M]. 北京：中国旅游出版社，2007.
[15] 柏杨 . 饭店管理概论 [M]. 北京：中国财政经济出版社，2008.
[16]（英）迈克尔·里杰斯特 . 危机管理 [M]. 上海：复旦大学出版社，1995.
[17]（美）劳伦斯·巴顿 . 危机管理 [M]. 北京：东方出版社，2009.
[18] 方伟群 . 酒店财务管理操作实务 [M]. 北京：中国旅游出版社，2008.
[19] 翁玉良 . 酒店财务管理 [M]. 杭州：浙江大学出版社，2009.
[20] 陈斯雯，雷雯雯 . 新编现代酒店财务管理与成本控制实务全书 [M]. 北京：企业管理出版社，2007.
[21] 丁文喜 . 突发事件应对与公共危机管理 [M]. 北京：光明日报出版社，2009.
[22] 王瑜 . 酒店公共关系 [M]. 重庆：重庆大学出版社，2008.
[23] 杜炜 . 饭店优秀公关案例解析 [M]. 北京：旅游教育出版社，2007.
[24] 陈向阳 . 最佳公共关系案例 [M]. 北京：清华大学出版社，2008.
[25] 章平 . 旅游管理基础 [M]. 北京：科学出版社，2006.

[26] 张玉峰 . 决策支持系统 [M] . 武汉：武汉大学出版社，2004.
[27] 陆均良，沈华玉 . 旅游管理信息系统 [M] . 北京：旅游教育出版社，2010.
[28] 汪戎 . 管理学 [M] . 北京：科学出版社，2010.
[29] 陈志学 . 饭店服务质量管理与案例解析（第一版）[M] . 北京：中国旅游出版社，2006.
[30] 郑向敏 . 现代饭店经营管理 [M] . 北京：清华大学出版社，2007.
[31] 华广兰，张树清 . 前厅服务技能 [M] . 北京：机械工业出版社，2008.
[32] 林璧属 . 前厅客房服务与管理 [M] . 北京：清华大学出版社，2006.
[33] 陈雪琼 . 前厅、客房的服务与管理 [M] . 北京：机械工业出版社，2004.
[34]（美）菲利普·科特勒 . 旅游市场营销（第二版）[M] . 谢彦君，译 . 北京：旅游教育出版社，2002.
[35] 王霆，卢爽 . 关系营销 [M] . 北京：中国纺织出版社，2003.
[36] 方光罗 . 市场营销学 [M] . 大连：东北财经大学出版社，2001.
[37] 穆林 . 信息化的酒店运营管理 [M] . 上海：上海交通大学出版社，2016.
[38] 蒋丁新 . 饭店管理概论 [M] . 大连：东北财经大学出版社，2007.
[39] 魏卫 . 酒店管理概论 [M] . 武汉：华中科技大学出版社，2019.

网络资源

[1] 职业餐饮网 [EB/OL] . http://www. canyin168. com.
[2] 刘伟酒店网 . http://www. liuweihotel. com/.